Oldenburg

Familie Koslowski

Khalil
Vater von Finja,
alleinerziehend,
führt einen Buchladen,
organisiert Vorlese-
stunden für Kinder

Finja (15)
weiß noch nicht,
was sie nach ihrem
mittleren Schulabschluss
machen soll, in ihrer
Freizeit arbeitet sie in
einem Repair-Cafe

Familie Meyer

Maike
Mutter,
Landwirtin

Sünke (11)
schwerhörig,
geht in die 6. Klasse,
interessiert sich für
Mode und TikTok

Vater Onno
Landwirt

Fiete (13)
Sohn, geht in die 8. Klasse,
ist überzeugter Vegetarier und
interessiert sich sehr für Ernährung

Imke (16)
macht eine Ausbildung
zur Tischlerin

#AWT

Arbeit-Wirtschaft-Technik

Band 1

Unterrichtswerk
für die Integrierte Gesamtschule

Herausgegeben von
Vera Kirchner

Bearbeitet von
Julia Alisch
Carsten Hinz
Tillmann Hoyer
Robert Löffler
Isabell Penning
Peter Poprawa
Jessica Rehse
Patric Schaubrenner
Nikita Solodilow

Mehr Informationen
www.ccbuchner.de/wirtschaft-hybrid

UpdateCodes

AudioCodes

Digitale Aufgabenkästen

Differenzierungs-material

Niedersachsen

C.C.BUCHNER

#AWT – Niedersachsen

Arbeit-Wirtschaft-Technik für die Integrierte Gesamtschule
Band 1
Für die Jahrgangsstufen 5–7

Herausgegeben von Vera Kirchner
Bearbeitet von Julia Alisch, Carsten Hinz, Tillmann Hoyer, Robert Löffler, Isabell Penning, Peter Poprawa, Jessica Rehse, Patric Schaubrenner und Nikita Solodilow

Zu diesem Lehrwerk ist erhältlich:
- Digitales Schulbuch click & study, Einzellizenz, WEB-Bestell-Nr. 823111
- Digitales Lehrermaterial **click & teach** Einzellizenz, WEB-Bestell-Nr. 823141

Weitere Lizenzformen (Einzellizenz flex, Kollegiumslizenz) und Materialien unter www.ccbuchner.de.

1. Auflage, 1. Druck 2025
Alle Drucke dieser Auflage sind, weil untereinander unverändert, nebeneinander benutzbar.

Dieses Lehrwerk folgt den aktuellen Regelungen für Rechtschreibung und Zeichensetzung. Ausnahmen bilden Texte, bei denen künstlerische, philologische oder lizenzrechtliche Gründe einer Änderung entgegenstehen. Teile des Lehrwerks wurden mithilfe gängiger Large Language Models erstellt oder bearbeitet. Sämtliche Inhalte wurden anschließend redaktionell geprüft, überarbeitet und verantwortet. Weitere Informationen finden Sie auf www.ccbuchner.de/ki-leitlinie.
Die Mediencodes enthalten ausschließlich optionale Unterrichtsmaterialien. An keiner Stelle im Schülerbuch dürfen Eintragungen vorgenommen werden. Auf verschiedenen Seiten dieses Buches finden sich Verweise (Links) auf Internetadressen. Haftungshinweis: Trotz sorgfältiger inhaltlicher Kontrolle wird die Haftung für die Inhalte externer Seiten ausgeschlossen.

Redaktion: Lisa Bauer
Layout, Satz, Illustrationen, Grafiken: tiff.any GmbH & Co. KG, Berlin
Druck und Bindung: Mohn Media Mohndruck GmbH, Gütersloh

produktsicherheit@ccbuchner.de

www.ccbuchner.de

ISBN 978-3-661-**82311**-9

Inhaltsverzeichnis

Übersicht: Gemeinsam Aktiv

Übersicht: Methoden

Zur Arbeit mit dem Buch

#AWT Band 1 wurde nach den Vorgaben des neuen Kernlehrplans für die Sekundarstufe I der Integrierten Gesamtschule in Niedersachsen für den Unterricht „AWT" der Jahrgangsstufen 5 bis 7 konzipiert. Es ermöglicht euch, liebe Schülerinnen und Schüler, die zentralen Inhalte und Kompetenzen des Faches anhand vieler Beispiele aus eurem Leben und eurer Umgebung zu erwerben. Für eure Lehrkräfte ist das Buch eine Hilfe, einen modernen und binnendifferenzierenden Unterricht zu verwirklichen.

1

#Holz und Metall: Technik umgibt uns überall

Technik umgibt dich überall: egal ob du auf deinem Smartphone die Nachrichten checkst, den Wasserkocher einschaltest oder den öffentlichen Bus nutzt, um zur Schule zu fahren. Häufig verwendest du Technik fast nebenbei. Aber Technik wird nicht nur von Menschen genutzt, sondern auch von ihnen entwickelt, hergestellt und bewertet. Damit hast du sicherlich schon selbst Erfahrung gesammelt, indem du zum Beispiel beim Einrichten deines Zimmers Möbel zusammengebaut oder ein Bild an der Wand befestigt hast. Und vor dem Kauf eines Smartphones hast du bestimmt auch die technischen Details bewertet.

Was weißt du schon?

1. Beschreibe, worin sich die oben dargestellten Stifthalter unterscheiden: Welche Materialien wurden verwendet? Welche Funktionen erfüllen die Stifthalter?
2. Tauscht euch zu zweit aus:
   a) Welche(n) Stifthalter hättet ihr gerne zu Hause und warum?
   b) Könnte man eure [illegible]
   c) Habt ihr schon einmal selbst etwas aus Holz, Metall oder Kunststoff hergestellt? Welche Erfahrungen habt ihr dabei gemacht?
3. a) Entwickelt in Gruppen Ideen zu einem eigenen Stifthalter, der sich von den abgebildeten unterscheidet.
   b) Legt fest, über welche Funktionen der Stifthalter verfügen soll.
   c) Erstellt hierzu eine Skizze.
   d) Präsentiert eure Ideen in der Klasse und gebt euch gegenseitig Feedback.

Was lernst du in diesem Kapitel?

… [illegible] Werkstoffe Holz und Metall zu benennen.
… die Gewinnung von Holz und die Verarbeitung von Metall zu erklären.
… die Werkstoffe Holz und Metall unter dem Aspekt der Nachhaltigkeit zu bewerten, u. a. am Beispiel der Alufolie.
… Berufe rund um Holz und Metall zu beschreiben.
… Produkte aus verschiedenen Werkstoffen zu entwickeln, planen und fertigen.
… Maßnahmen der Arbeitsorganisation und des Arbeitsschutzes einzusetzen.
… Fertigungsverfahren zur Bearbeitung von Werkstoffen anzuwenden.
… Werkzeuge und Maschinen sach- und sicherheitsgerecht zu nutzen.

1 Auftaktdoppelseite

Jedes Kapitel beginnt mit einer Auftaktdoppelseite. Material und offene Aufgaben ermöglichen euch eine erste Annäherung an die Inhalte des neuen Kapitels. Dabei könnt ihr auch zeigen, was ihr schon über das Thema wisst. Außerdem hilft euch ein kleiner Einführungstext, einen Überblick zu bekommen. Über welches Wissen und Können ihr am Ende des Kapitels verfügt, könnt ihr ebenfalls nachlesen.

2 Gemeinsam aktiv

Auf den ersten zwei Seiten im Kapitel wird euch immer ein Weg vorgestellt, über den ihr weitgehend selbstständig das Kapitel bearbeiten könnt. Dazu müsst ihr euch projektartig mit den Materialien und Inhalten des Kapitels auseinandersetzen und abschließend ein Produkt dazu erstellen.

3 Aufbau eines Unterkapitels

Das Thema wird in der Überschrift und wenige Zeilen darunter erläutert.
Danach folgt das Einstiegsmaterial. Im Anschluss folgen die Erarbeitungsmaterialien. Die Materialien bilden verschiedene Perspektiven auf einen Sachverhalt ab und vertiefen zentrale Themenaspekte. In den Randspalten werden zentrale Begriffe knapp erklärt. Zudem finden sich dort u. a. Erklärfilme zu ausgewählten Themen. Am Ende jeder Unterrichtseinheit ist ein Aufgabenblock platziert. Die Aufgaben zeigen euch, wie ihr mit den Materialien arbeiten könnt.

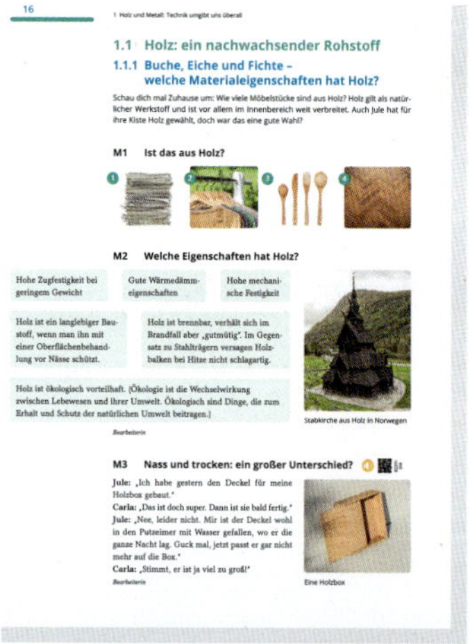

16

1 Holz und Metall: Technik umgibt uns überall

1.1 Holz: ein nachwachsender Rohstoff

1.1.1 Buche, Eiche und Fichte – welche Materialeigenschaften hat Holz?

Schau dich mal Zuhause um: Wie viele Möbelstücke sind aus Holz? Holz gilt als natürlicher Werkstoff und ist vor allem im Innenbereich weit verbreitet. Auch Jule hat für ihre Kiste Holz gewählt, doch war das eine gute Wahl?

M1 Ist das aus Holz?

M2 Welche Eigenschaften hat Holz?

Hohe Zugfestigkeit bei geringem Gewicht

Gute Wärmedämmeigenschaften

Hohe mechanische Festigkeit

Holz ist ein langlebiger Baustoff, wenn man ihn mit einer Oberflächenbehandlung vor Nässe schützt.

Holz ist brennbar, verhält sich im Brandfall aber „gutmütig". Im Gegensatz zu Stahlträgern versagen Holzbalken bei Hitze nicht schlagartig.

Holz ist ökologisch vorteilhaft. (Ökologie ist die Wechselwirkung zwischen Lebewesen und ihrer Umwelt. Ökologisch sind Dinge, die zum Erhalt und Schutz der natürlichen Umwelt beitragen.)

Bearbeiterin

Stabkirche aus Holz in Norwegen

M3 Nass und trocken: ein großer Unterschied?

Jule: „Ich habe gestern den Deckel für meine Holzbox gebaut."
Carla: „Das ist doch super. Dann ist sie bald fertig."
Jule: „Nee, leider nicht. Mir ist der Deckel wohl in den Putzeimer mit Wasser gefallen, wo er die ganze Nacht lag. Guck mal, jetzt passt er gar nicht mehr auf die Box."
Carla: „Stimmt, er ist ja viel zu groß!"

Bearbeiterin

Eine Holzbox

4 Begleitfiguren

Durch #AWT Band 1 begleiten euch verschiedene Personen durch die Kapitel. Sie werden gleich im vorderen Vorsatz des Buches vorgestellt. Die Figuren erscheinen nicht permanent, sondern treten immer wieder in Erscheinung. Trotzdem lassen sich alle Unterkapitel ohne Kenntnis der einzelnen Charaktere bearbeiten und unterrichten.

5 Differenzierung von Aufgaben und Materialien

Nicht jede Person lernt gleich schnell. In der Randspalte sind Aufgaben zum Helfen H und Fordern F platziert, sodass ihr als Schülerinnen und Schüler möglichst selbsttätig arbeiten könnt. Weitere Hilfen zu den Aufgaben finden sich im Digitalen Aufgabenkasten (→ 8).

Zu einigen Materialien gibt es zusätzliche Erschließungshilfen: Zum Beispiel werden Texte sprachlich vereinfacht oder mit Zwischenüberschriften oder Begriffserklärungen versehen. Schaubilder und Statistiken können mit Lesehilfen ergänzt sein. Dieses Material findet ihr hinter den QR-und Mediencodes, die neben diesem Symbol stehen: .

6 Audiocodes

Ausgewählte Materialien wurden mithilfe von KI-Stimmen vertont. Wenn ihr das AudioCode Icon neben einer Materialüberschrift seht, gibt es zu diesem Material eine Vertonung. Ihr könnt sie mithilfe des QR- und Mediencodes abrufen.

7 Methodenkarten

Im Fach AWT sollt ihr nicht einfach Fakten auswendig lernen und wiedergeben. Ihr sollt euch kritisch und selbstständig mit Problemstellungen auseinandersetzen. Mithilfe der **Methoden** lernt ihr Schritt für Schritt, wie ihr strukturiert und selbstständig arbeitet. Das **Methodenglossar** am Ende des Buches bietet euch wichtige Methoden, um die Aufgaben besser bearbeiten zu können.

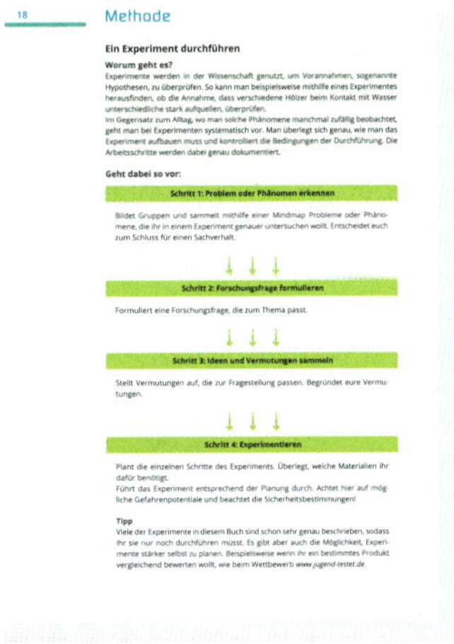
18 Methode

Ein Experiment durchführen

Worum geht es?
Experimente werden in der Wissenschaft genutzt, um Vorannahmen, sogenannte Hypothesen, zu überprüfen. So kann man beispielsweise mithilfe eines Experimentes herausfinden, ob die Annahme, dass verschiedene Hölzer beim Kontakt mit Wasser unterschiedliche stark aufquellen, überprüfen.
Im Gegensatz zum Alltag, wo man solche Phänomene manchmal zufällig beobachtet, geht man bei Experimenten systematisch vor. Man überlegt sich genau, wie man das Experiment aufbauen muss und kontrolliert die Bedingungen der Durchführung. Die Arbeitsschritte werden dabei genau dokumentiert.

Geht dabei so vor:

Schritt 1: Problem oder Phänomen erkennen
Bildet Gruppen und sammelt mithilfe einer Mindmap Probleme oder Phänomene, die ihr in einem Experiment genauer untersuchen wollt. Entscheidet euch zum Schluss für einen Sachverhalt.

Schritt 2: Forschungsfrage formulieren
Formuliert eine Forschungsfrage, die zum Thema passt.

Schritt 3: Ideen und Vermutungen sammeln
Stellt Vermutungen auf, die zur Fragestellung passen. Begründet eure Vermutungen.

Schritt 4: Experimentieren
Plant die einzelnen Schritte des Experiments. Überlegt, welche Materialien ihr dafür benötigt.
Führt das Experiment entsprechend der Planung durch. Achtet hier auf mögliche Gefahrenpotentiale und beachtet die Sicherheitsbestimmungen!

Tipp
Viele der Experimente in diesem Buch sind schon sehr genau beschrieben, sodass ihr sie nur noch durchführen müsst. Es gibt aber auch die Möglichkeit, Experimente stärker selbst zu planen. Beispielsweise wenn ihr ein bestimmtes Produkt vergleichend bewerten wollt, wie beim Wettbewerb *www.jugend-testet.de*.

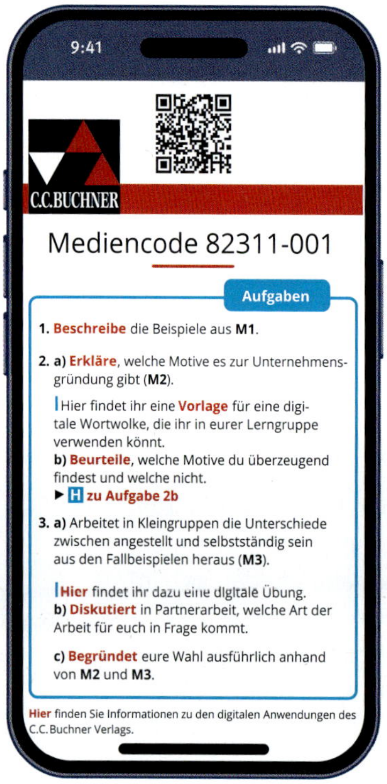

8 Digitale Aufgabenkästen

#AWT gibt allen Aufgabenkästen einen „digitalen Zwilling". Mithilfe der QR- und Mediencodes in den Kopfzeilen der Aufgabenkästen könnt ihr die jeweiligen Aufgaben digital abrufen. Diese digitalen Aufgaben sind identisch mit den jeweiligen Aufgaben im Schulbuch, bieten aber folgenden Mehrwert:

- Aufgaben aus dem Schulbuch werden um digitale, interaktive Anwendungen (z. B. Abstimmungen, Wortwolken, Rankings, ...) erweitert. Diese digitalen Anwendungen sind sowohl im Klassenraum (z. B. moderiert durch die Lehrkraft) als auch im ganzen Bundesland Niedersachsen (moderiert durch den Verlag) möglich.
- Operatoren- und Methodenkarten werden zu den jeweils passenden Operatoren und Methoden verlinkt.

Weitere Informationen findet ihr im nebenstehenden QR- und Mediencode.

Erklärfilm
73000-520

9 UpdateCodes

Zahlreiche Grafiken, Schaubilder und Tabellen mit dem Icon werden regelmäßig für euch aktualisiert und stehen mithilfe eines QR- und Mediencodes neben der jeweiligen Grafiküberschrift kostenfrei zum Download zur Verfügung. Die Grafiken sind wie folgt konzipiert:

- Unter der Grafiküberschrift findet sich der jeweilige Stand der Grafik-Aktualisierung, z. B. „Stand: 2025". Dieser Stand zeigt immer die letzte Datenüberprüfung an.
- Die Quellenangabe unter der Grafik informiert über den jeweiligen Datenerhebungszeitpunkt.

Lesebeispiel zur nebenstehenden Grafik: Die Daten stammen vom statistischen Bundesamt (DESTATIS). Die letzte Datenüberprüfung, ob es neuere Daten gibt, fand im Jahre 2025 statt.

Weitere Informationen zu den UpdateCodes finden sich im nebenstehenden QR- und Mediencode.

73000-520

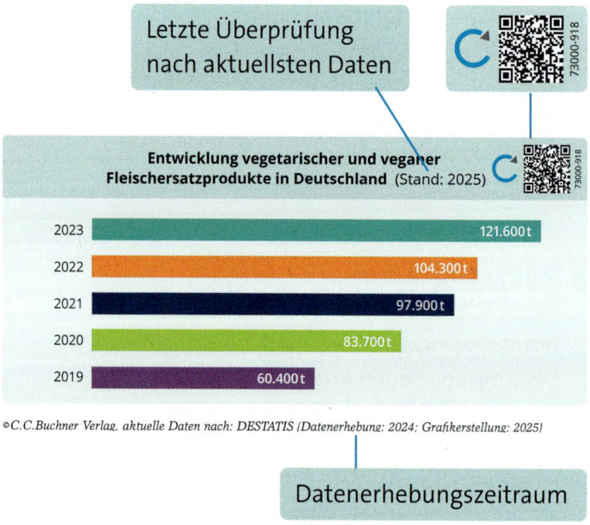

10 Allgemeine Hinweise

- Das Methodenglossar am Ende des Buches bietet euch einen Überblick über wichtige Methoden, um die Aufgaben besser bearbeiten zu können.
- Das Register zum Auffinden von Querverweisen kann ein wichtiges Hilfsmittel sein und das selbstständige Arbeiten mit dem Buch erleichtern.
- Eigens für das Lehrbuch erstellte Zusatzmaterialien oder Erklärfilme könnt ihr auf der Verlagshomepage (www.ccbuchner.de/medien) kosten- und werbefrei jederzeit abrufen. Mithilfe von Mediencodes könnt ihr sie entweder direkt (Quick-Response-Code ↔ Smartphone/Tablet) oder über die Eingabe des jeweiligen Mediencodes in das Suchfeld der Verlagshomepage beziehen.
- Geschlechtergerechte Sprache: Die Reihe „#AWT – Niedersachsen" lebt Vielfalt und Gleichheit unabhängig von Alter, Herkunft, Handicap, sexueller Orientierung, Geschlecht und individueller Identität. Daher wurde auch eine geschlechtergerechte Sprache verwendet. Eine Ausnahme stellen Quellen dar, die in ihrer originalsprachlichen Form belassen wurden. Sie beziehen aber selbstverständlich auch alle Menschen mit ein.
- Sofern bei Materialien aus dem Internet kein Verfasserdatum ermittelt werden konnte, wird das „Abrufdatum" genannt.
- Die URL/vollständigen Internetadressen aller verwendeten Materialien aus dem Internet könnt ihr über den nebenstehenden QR- und Mediencode einsehen.

QR- und Mediencodes in #AWT Band 1

82311-168

URL aller verwendeten Materialien aus dem Internet

82311-169

1

2

3

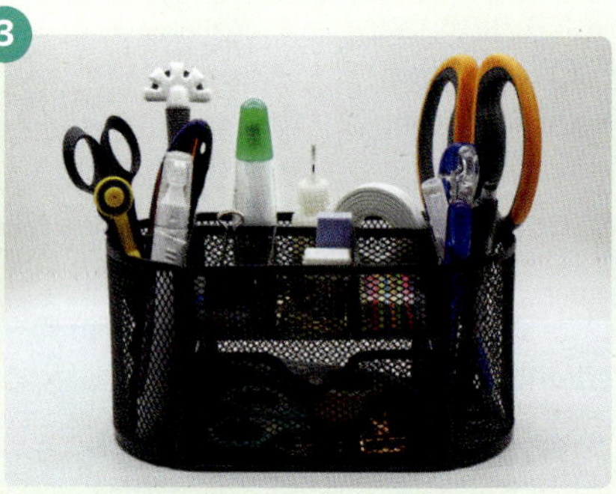

4

5

6

Was weißt du schon?

82311-013

1. Beschreibe, worin sich die oben dargestellten Stifthalter unterscheiden: Welche Materialien wurden verwendet? Welche Funktionen erfüllen die Stifthalter?
2. Tauscht euch zu zweit aus:
   a) Welche(n) Stifthalter hättet ihr gerne zu Hause und warum?
   b) Könnte man eure „Lieblingsstifthalter“ im Unterricht herstellen?
   c) Habt ihr schon einmal selbst etwas aus Holz, Metall oder Kunststoff hergestellt? Welche Erfahrungen habt ihr dabei gemacht?
3. a) Entwickelt in Gruppen Ideen zu einem eigenen Stifthalter, der sich von den abgebildeten unterscheidet.
   b) Legt fest, über welche Funktionen der Stifthalter verfügen soll.
   c) Erstellt hierzu eine Skizze.
   d) Präsentiert eure Ideen in der Klasse und gebt euch gegenseitig Feedback.

1

Holz und Metall: Technik umgibt uns überall

Technik umgibt dich überall: egal ob du auf deinem Smartphone die Nachrichten checkst, den Wasserkocher einschaltest oder den öffentlichen Bus nutzt, um zur Schule zu fahren. Häufig verwendest du Technik fast nebenbei. Aber Technik wird nicht nur von Menschen genutzt, sondern auch von ihnen entwickelt, hergestellt und bewertet. Damit hast du sicherlich schon selbst Erfahrung gesammelt, indem du zum Beispiel beim Einrichten deines Zimmers Möbel zusammengebaut oder ein Bild an der Wand befestigt hast. Und vor dem Kauf eines Smartphones hast du bestimmt auch die technischen Details bewertet.

Was lernst du in diesem Kapitel?

... die Eigenschaften der Werkstoffe Holz und Metall zu benennen.
... die Gewinnung von Holz und die Verarbeitung von Metall zu erklären.
... die Werkstoffe Holz und Metall unter dem Aspekt der Nachhaltigkeit zu bewerten, u. a. am Beispiel der Alufolie.
... Berufe rund um Holz und Metall zu beschreiben.
... Produkte aus verschiedenen Werkstoffen zu entwickeln, planen und fertigen.
... Maßnahmen der Arbeitsorganisation und des Arbeitsschutzes einzusetzen.
... Fertigungsverfahren zur Bearbeitung von Werkstoffen anzuwenden.
... Werkzeuge und Maschinen sach- und sicherheitsgerecht zu nutzen.

Ein Produkt fertigen

„Learning by doing" heißt ein Spruch, der besagt, dass man beim Selbst-aktiv-sein lernt. Gerade bei technischen Fähigkeiten trifft das zu. Wenn ihr selbst ein Produkt herstellt, werdet ihr eine Menge lernen. Auf geht's: Baut euch ein eigenes Produkt!

Geht dabei so vor:

Start

1. Tauscht euch in der Klasse darüber aus, welche Fachraumregeln man beachten muss, wenn man in der Werkstatt arbeitet (→ Methode: Fachraumordnung).

2. Bildet Vierergruppen und entscheidet, welches Produkt ihr fertigen wollt (→ Praxisseiten zu Produktideen Metall / Holz).

3. Informiert euch zu den Materialeigenschaften eures Produktes (→ Kap. 1.1 und Kap. 1.2).

4

Erläutert welche Fertigungstechniken ihr für die Herstellung eures Produktes benötigt (→ Kap. 1.4).

5

Entscheidet, ob ihr euer Produkt in Serien- oder Einzelfertigung produzieren wollt. Fertigt euer Produkt an und haltet euch dabei an die Sicherheitsregeln.

6

Bewertet euren Arbeitsprozess und das Produkt: Wie ist das Produkt gelungen?

1.1 Holz: ein nachwachsender Rohstoff

1.1.1 Buche, Eiche und Fichte – welche Materialeigenschaften hat Holz?

Schau dich mal Zuhause um: Wie viele Möbelstücke sind aus Holz? Holz gilt als natürlicher Werkstoff und ist vor allem im Innenbereich weit verbreitet. Auch Jule hat für ihre Kiste Holz gewählt, doch war das eine gute Wahl?

M1 Ist das aus Holz?

1

2

3

4

M2 Welche Eigenschaften hat Holz?

Hohe Zugfestigkeit bei geringem Gewicht

Gute Wärmedämmeigenschaften

Hohe mechanische Festigkeit

Holz ist ein langlebiger Baustoff, wenn man ihn mit einer Oberflächenbehandlung vor Nässe schützt.

Holz ist brennbar, verhält sich im Brandfall aber „gutmütig“. Im Gegensatz zu Stahlträgern versagen Holzbalken bei Hitze nicht schlagartig.

Holz ist ökologisch vorteilhaft. (Ökologie ist die Wechselwirkung zwischen Lebewesen und ihrer Umwelt. Ökologisch sind Dinge, die zum Erhalt und Schutz der natürlichen Umwelt beitragen.)

Stabkirche aus Holz in Norwegen

Bearbeiterin

M3 Nass und trocken: ein großer Unterschied?

82311-014

Jule: „Ich habe gestern den Deckel für meine Holzbox gebaut.“
Carla: „Das ist doch super. Dann ist sie bald fertig.“
Jule: „Nee, leider nicht. Mir ist der Deckel wohl in den Putzeimer mit Wasser gefallen, wo er die ganze Nacht lag. Guck mal, jetzt passt er gar nicht mehr auf die Box.“
Carla: „Stimmt, er ist ja viel zu groß!“

Bearbeiterin

Eine Holzbox

QUELLEN UND SCHWINDEN

Holz kann Feuchtigkeit aufnehmen und wieder abgeben. Je nachdem wie viel Feuchtigkeit im Holz enthalten ist, verändern sich die Eigenschaften des Holzes: Es quellt und schwindet. **Beim Trocknen verringert sich das Volumen des Holzes, es wird kleiner. Das nennt man schwinden.** Da Holz in unterschiedlichen Richtungen verschieden stark schwindet, wölben sich beispielsweise Holzbretter. Manchmal bilden sich dabei auch Risse. **Wenn das getrocknete Holz wieder in eine feuchte Umgebung kommt, nimmt es wieder Feuchtigkeit auf. Das Volumen des Holzes vergrößert sich und es quillt auf.**

Bearbeiterin

M4 Holz, verzieh dich

1. Schneide mit einer Schere aus einem Stück Furnier zwei Streifen mit den Maßen 4 × 8 cm aus. Achte darauf, dass bei einem Streifen die Holzfasern in Längsrichtung liegen und beim anderen in Querrichtung.
2. Lege die Furnierstreifen in eine Schale mit Wasser. Warte 5 Minuten.
3. Nimm die Furnierstreifen heraus und betrachte die Veränderungen des Holzes. Notiere deine Beobachtungen und messe die Länge.
4. Lege beide Furnierstreifen auf eine warme Heizung oder in einen Backofen mit niedriger Hitze (ca. 50 Grad). Trockne sie dort 10 bis 20 Minuten.
5. Miss erneut die Längen und dokumentiere deine Ergebnisse.

Nach: LEIFIphysik / Joachim Herz Stiftung: Masse, Volumen und Dichte. Holz als Feuchtigkeitsmesser. In: www.leifiphysik.de, Abruf am 18.12.2023

Furnier
dünne Holzblätter mit einer Stärke von 0,5 bis 0,8 mm. Furnier wird unter anderem genutzt, um Oberflächen zu veredeln, zum Beispiel im Möbelbau.

Holzfaser längs

Holzfaser quer

AUFGABEN

82311-015

1. a) Beschreibe, wo Holz genutzt wird (**M1**).
   b) Benenne weitere Beispiele für die Verwendung von Holz.
2. Analysiere, warum die Stabkirche aus Holz gebaut wurde (**M2**).
3. Erkläre, was Jule passiert ist (**M3**, **#Quellen und Schwinden**).
4. Führt das Experiment aus **M4** in Partnerarbeit durch.
   a) Beschreibt, was passiert ist.
   b) Fasst das Ergebnis des Experiments in einem Satz zusammen.
5. Beurteile, in welche Richtung sich ein Holzbrett mit Längsfasern wölbt, wenn man es z. B. auf eine feuchte Wiese legt.

F zu Aufgabe 5
a) Stelle Vermutungen darüber an, wie im QR-Code der Nagel ins Vollholz gekommen ist.
b) Überprüfe deine Ideen. Recherchiere, was man unter „Impossible Nail" versteht.

Bilder zu „Impossible Nail"

82311-002

Ein Experiment durchführen

Worum geht es?

Experimente werden in der Wissenschaft genutzt, um Vorannahmen, sogenannte Hypothesen, zu überprüfen. So kann man beispielsweise mithilfe eines Experimentes herausfinden, ob die Annahme, dass verschiedene Hölzer beim Kontakt mit Wasser unterschiedliche stark aufquellen, überprüfen.
Im Gegensatz zum Alltag, wo man solche Phänomene manchmal zufällig beobachtet, geht man bei Experimenten systematisch vor. Man überlegt sich genau, wie man das Experiment aufbauen muss und kontrolliert die Bedingungen der Durchführung. Die Arbeitsschritte werden dabei genau dokumentiert.

Geht dabei so vor:

Schritt 1: Problem oder Phänomen erkennen

Bildet Gruppen und sammelt mithilfe einer Mindmap Probleme oder Phänomene, die ihr in einem Experiment genauer untersuchen wollt. Entscheidet euch zum Schluss für einen Sachverhalt.

Schritt 2: Forschungsfrage formulieren

Formuliert eine Forschungsfrage, die zum Thema passt.

Schritt 3: Ideen und Vermutungen sammeln

Stellt Vermutungen auf, die zur Fragestellung passen. Begründet eure Vermutungen.

Schritt 4: Experimentieren

Plant die einzelnen Schritte des Experiments. Überlegt, welche Materialien ihr dafür benötigt.
Führt das Experiment entsprechend der Planung durch. Achtet hier auf mögliche Gefahrenpotentiale und beachtet die Sicherheitsbestimmungen!

Tipp
Viele der Experimente in diesem Buch sind schon sehr genau beschrieben, sodass ihr sie nur noch durchführen müsst. Es gibt aber auch die Möglichkeit, Experimente stärker selbst zu planen. Beispielsweise wenn ihr ein bestimmtes Produkt vergleichend bewerten wollt, wie beim Wettbewerb *www.jugend-testet.de*.

Schritt 5: Beobachten und dokumentieren

Beobachtet den Verlauf des Experiments und dokumentiert diesen.

Tipp: Für die Bearbeitung und Dokumentation eines Experimentes könnt ihr den Begleitbogen nutzen oder auch ein digitales Tool, wie zum Beispiel Book Creator.

Schritt 6: Auswerten und reflektieren

Wertet eure Ergebnisse aus. Interpretiert eure Ergebnisse, indem ihr sie mit eurem Vorwissen und euren Vermutung vergleicht. Überlegt, welche Schlüsse ihr ziehen könnt.

Bearbeiterin

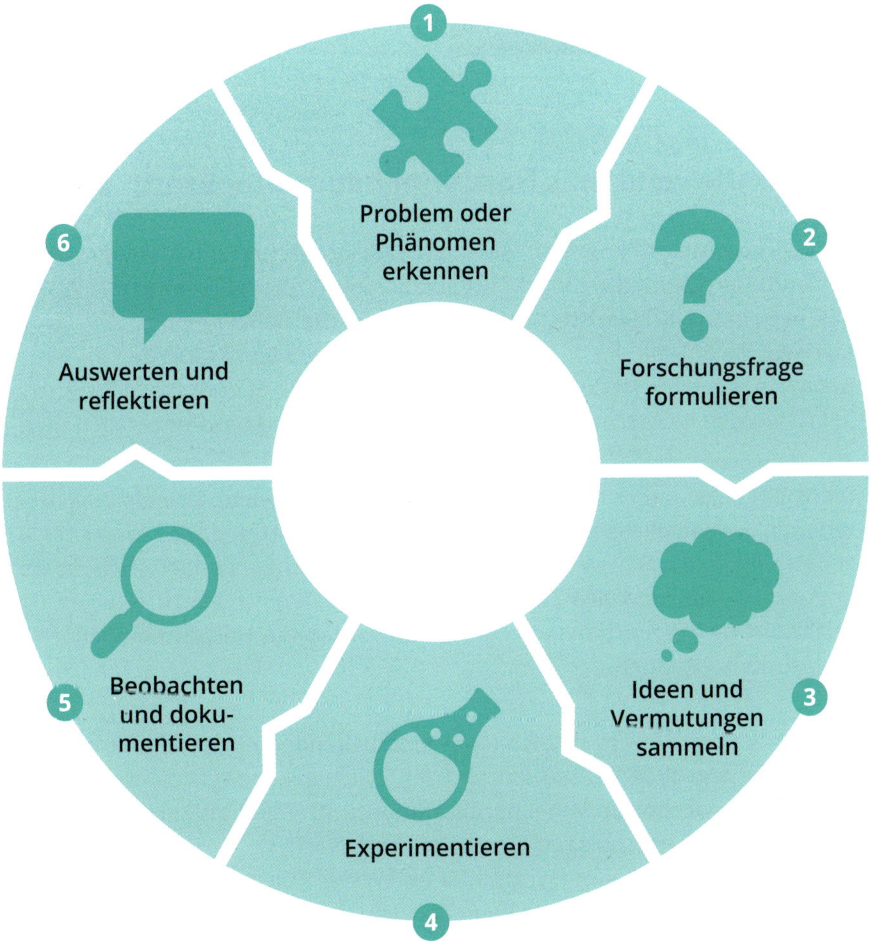

Nach: © Siemens Stiftung, in: https://medienportal.siemens-stiftung.org, Abruf am 14.08.2025

1.1.2 Wie wird Holz hergestellt und verarbeitet?

Holz wird aus Bäumen gewonnen. Doch welche Schritte sind notwendig, damit aus dem ganzen Baum halbwegs handliche Hölzer entstehen? Und was ist der Unterschied zwischen Holz und Holzwerkstoffen?

M5 Produkte eines Sägewerks

Balken
- Balkon
- Dachstuhl („Gebälk“)

Latten
Unterkonstruktion für Fassaden an Decken, Wänden, Böden oder Dächern

Bretter
- Türen
- Gartenzaun
- Möbel

Bohlen
- Holzbau
- Schiffsbau
- Gerüstbau
- Brückenbau

Bearbeiterin

M6 Berufe rund ums Holz: vom Baum zum Brett

82311-016

1 **Forsteinrichtungen** kümmern sich um Waldflächen und ermitteln den Baumbestand. Sie planen die Ernte von Bäumen sowie die Verjüngung des Waldes, das heißt das Nachwachsen jüngerer Bäume. Die Försterin oder der Förster markiert die Bäume, die für die Ernte in Frage kommen. Es werden aber auch Bäume markiert, die noch länger stehen bleiben sollen oder die besonders rasch gefällt werden müssen, wenn sie zum Beispiel vom Borkenkäfer befallen sind.

Borkenkäfer
Insekt, das sich unter der Borke oder im Holz von Bäumen fortpflanzt: Für die Fortwirtschaft sind vor allem jene Arten schädlich, die bei Nadelbäumen zum Absterben lebender Bäume führen.

2 Die Waldpflege und Holzernte übernehmen die **Forstwirte**, also die Waldarbeiterinnen und Waldarbeiter. Sie nutzen häufig Harvester, spezielle Fahrzeuge zur Holzernte, um die Bäume zu fällen. Mit dieser Maschine können auch die Äste entfernt werden und der Zuschnitt auf eine bestimmte Länge erfolgen. Das erleichtert den Weitertransport. Zunächst werden die Holzstämme jedoch an Waldstraßen gestapelt.

3 An der Waldstraße wird das Holz von Mitarbeitenden eines Sägewerks begutachtet und gekauft. Anschließend wird das Holz zum Sägewerk transportiert, wo es von **Holzbearbeitungsmechanikerinnen und -mechanikern** mithilfe von hochautomatisierten Anlagen verarbeitet wird. Nach der Verarbeitung wird das Holz getrocknet. Schließlich wird es für den Weitertransport verpackt und dann vielfach über Händler, wie dem Baumarkt, vertrieben.

Bearbeiterin

M7 Holzwerkstoffe: eine Alternative zum Vollholz?

Naturhölzer gibt es in verschiedenen Formen zu kaufen, zum Beispiel als Leisten, Bohlen oder Bretter. Allen gemein ist, dass sie bei der Herstellung zwar bearbeitet wurden, aber aus einem Stück Holz bestehen. Man sagt dazu auch Vollholz. Sobald Holz jedoch zusammengesetzt wird, spricht man von Holzwerkstoffen. Um diese herzustellen kann man beispielsweise Holzfasern oder -späne verwenden und diese mit Leim wieder verkleben. Dies wird beispielsweise bei der Spanplatte gemacht oder auch der Faserplatte. Meistens sind diese Werkstoffe günstiger als Naturholz, weil man bei der Herstellung auch kleine Reststücke verwenden kann. Sie haben darüber hinaus noch den Vorteil, dass man sie in großen Maßen herstellen kann und dass sie sich nicht oder nur wenig verformen.

Bearbeiterin

M8 Vollholz oder Holzwerkstoff?

Maike: Meinen neuen Nachttisch möchte ich selbst bauen, aber es soll nicht so teuer werden.

Finja: Ich möchte einen Kaninchenstall für eine Freundin bauen, der die Tiere gut vor Kälte schützt.

Sünke: Wenn ich schon etwas selbst herstelle, soll es besonders schön und natürlich aussehen.

Opa Fritz: Ich möchte für meine Enkel ein Schaukelgerüst im Garten aufbauen. Das soll auf jeden Fall stabil sein.

Fiete: Ich brauche ein neues Regalbrett für meine IT. Das soll haltbar sein und sich nicht verbiegen.

Bearbeiterin

AUFGABEN

82311-017

1. a) Beschreibe die verschiedenen Arten von Schnittholz, die ein Sägewerk herstellt (**M5**).
   b) Benenne weitere Beispiele für Gegenstände, in denen Balken, Latten und Bretter verwendet werden.
2. a) Bildet Dreiergruppen und teilt euch die Berufsgruppen aus **M6** auf (Försterinnen oder Förster, Forstwirte, Holzbearbeitungsmechanikerinnen oder -mechaniker). Erläutert, welchen Beitrag eure Berufsgruppe bei der Erstellung eines Regalbrettes leistet.
   b) Erstellt einen Ablauf der Arbeitsschritte, den ihr mit Bildern oder Zeichnungen veranschaulicht.
3. Arbeite aus **M7** die Vorteile von Holzwerkstoffen gegenüber Naturhölzern heraus.
4. Beurteilt zu zweit, welcher Werkstoff für die jeweiligen Projekte in **M8** geeignet ist.

1.1.3 Wie wird ein Farbstift produziert?

Sünke sitzt an ihrem Schreibtisch und arbeitet an einer Geburtstagskarte für ihren Großvater. Dabei kaut sie gedankenverloren an ihrem Stift. Obwohl sie gerne malt und zeichnet, hat sie sich noch nie Gedanken darüber gemacht, wie Farbstifte eigentlich hergestellt werden.

M9 Welche Stifte gibt es?

1

Wachsmalstifte

2
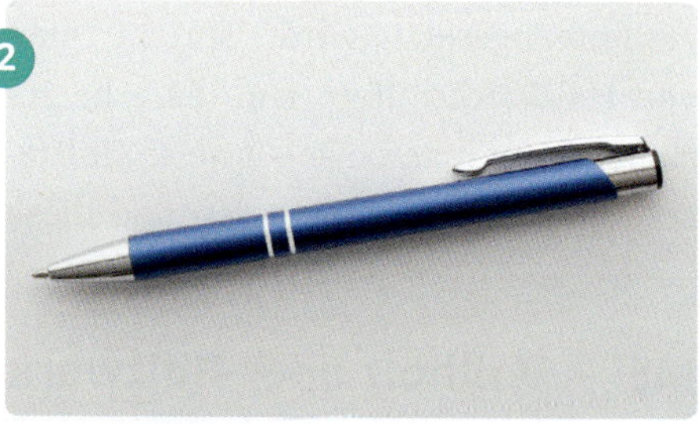
Kugelschreiber

3

Filzstifte

4

Bleistift

M10 Wie wird ein Stift hergestellt?

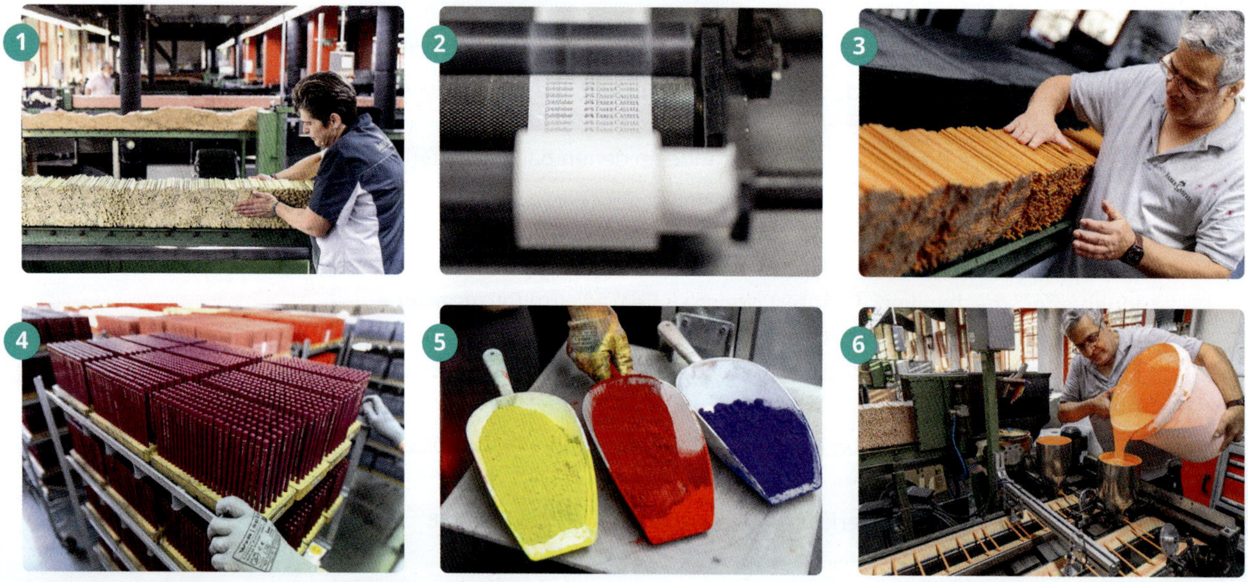
Herstellung von Stiften beim Unternehmen Faber-Castell

M11 Sägen, feilen, schleifen: Was braucht man wirklich?

A Urformen: Beim Urformen wird ein Werkstück aus einem Material hergestellt, dass zuvor noch keine definierte Form hatte. So wie beispielsweise eine Flüssigkeit. Wenn wir einen Kuchen in einer Form backen, ist das „urformen". Aus dem Teig, entsteht ein Gebäckstück mit einer definierten Form, die durch die verwendete Kuchenform bestimmt wird.

B Stoffeigenschaften ändern: Wie der Name dieser Gruppe schon verrät, werden hier Stoffeigenschaften verändert. Beispielsweise beim Backvorgang deines Kuchens: Wenn du ihn in den Ofen stellst, wird aus dem flüssigen Teig ein fester Teig.

C Trennen: Beim Trennen verändert man eine Form durch Zerteilen oder den Materialabtrag. Wenn ich mir beispielsweise eine Scheibe vom Kuchen abschneide, habe ich ein trennendes Verfahren angewendet.

D Beschichten: Bei Beschichten wird eine fest haftende Schicht auf ein Werkstück aufgetragen. Das machst du beispielsweise, wenn du deinen Kuchen nach dem Backen mit Kuvertüre bestreichst.

E Fügen: Hierbei verbindet man mehrere Werkstücke. Zum Beispiel klebt man beim Backen in der Weihnachtszeit zwei Kekse mit Zuckerguss zusammen.

1 Stift: Durch das Trocknen und Brennen der Minen verändern diese sich in der Eigenschaft. Zunächst sind sie noch weich und biegbar, nach der Behandlung sind sie hart und bruchfest.

2 Stift: Zwei geriffelte Holzbrettchen werden nach dem Einlegen der Minen miteinander verklebt.

3 Stift: Die Stifte werden in verschiedenen Farben lackiert.

4 Stift: Die weiche Mischung aus Graphit und Ton wird durch ein Profil gepresst, so dass die Stiftminen entstehen.

5 Stift: In die Holzbrettchen werden Rillen reingefräst.
Nachdem die Minen in die Holzbrettchen eingelegt und diese verleimt wurden, werden die einzelnen Stifte aus dem Holzbrettchen ausgefräst.
Die Stifte werden abgeschliffen, so dass die Bleistiftspitze ansteht.

Bearbeiterin

AUFGABEN

82311-018

1. a) Benenne für die abgebildeten Schreibwerkzeuge ein Einsatzgebiet, in dem sie genutzt werden (**M9**).
   b) Erklärt zu zweit die unterschiedlichen Bauweisen der Schreibwerkzeuge: Warum wurden sie jeweils so gewählt?
2. a) Erläutere den Herstellungsprozess eines Farbstiftes in der zeitlich richtigen Reihenfolge (**M10**).
   b) Ordnet in der Gruppe die Herstellungsschritte zum Erstellen eines Farbstiftes den technischen Fertigungsverfahren zu (**M11**).
3. Nehmt Stellung zu der folgenden Aussage: „Farbstifte wird man immer aus Holz fertigen."

F zu Aufgabe 2
Gestalte einen Kugelschreiber selbst, bei dem du für eine gekaufte Miene das Gehäuse schnitzt oder drechselst.

Im Internet recherchieren

Worum geht es?

Im Internet findet man viele Informationen. Bei einer Suche kann man sich schnell verirren. Jede Menge Onlineshops und unseriöse Seiten sind daran interessiert, sich mit Falschinformationen Vorteile zu verschaffen. Daher sollte eine Internetrecherche immer strukturiert angegangen werden.

Geht dabei so vor:

1. Schritt: Wähle die passende Suchmaschine aus

Eine Suchmaschine ist eine Internetseite, auf der du einen Suchbegriff eingibst und diese dir dann die zu deinem Begriff passenden Internetseiten auflistet. Sie hilft also dabei, die Unmengen an Informationen, die sich im Internet befinden, zu durchsuchen. Du öffnest eine Suchmaschine, indem du ihre Internetadresse in deinem Browser eingibst.

www.google.de
Die wohl bekannteste Suchmaschine der Welt.

www.ecosia.org
Verwendest du diese Suchmaschine, werden Bäume zur Klimarettung gepflanzt.

www.duckduckgo.de
Suchmaschinen sammeln deine Daten. DuckDuckGo hingegen verspricht, keine Daten von dir zu sammeln.

2. Schritt: Gib den Suchbegriff ein

Die Suchmaschine kann nur dann gut nach Informationen suchen, wenn du deine / n Suchbegriff(e) möglichst präzise formulierst, zum Beispiel: Klimawandel, Mensch, Gesundheit,

3. Schritt: Wähle die passenden Ergebnisse aus

Bei den meisten Suchmaschinen erhältst du eine Liste mit den Ergebnissen deiner Suche. Abgebildet sind meistens Überschriften mit kurzen Textauszügen passender Internetseiten. Klickst du sie an, gelangst du zu dieser Internetseite.

Achtung! Besuche nur Internetseiten, die dir seriös erscheinen. Internetseiten, bei denen in kürzester Zeit viele Werbeanzeigen aufblenden, du ständig zum „Bestelle hier“ aufgefordert wirst oder die unangemessene Bilder zeigen, gehören nicht zu den seriösen Internetquellen.

Du hast die richtigen Informationen gefunden?
Dann weiter mit Schritt 4.

Du hast keine passenden Informationen gefunden?
Gehe zurück zu den Ergebnissen der Suchmaschine und versuche es bei anderen Internetseiten aus der angezeigten Liste. Passe notfalls deine Suchbegriffe (Schritt 2) an, um zu besseren Ergebnissen zu kommen.

4. Schritt: Prüfe die Informationen und speichere sie ab

Jeder kann im Internet Informationen veröffentlichen, daher prüfe, ob dir die Informationen plausibel vorkommen.
Passende Textstellen oder Bilder kannst du mit gedrückter rechter Maustaste markieren. Drücke die Tastenkombination Strg + C, um zu kopieren. Füge die Texte oder Bilder mit der Tastenkombination Strg + V zum Beispiel in ein Textverarbeitungsprogramm ein. Beachte das Urheberrecht und gib die Quelle deiner Informationen mit dem Namen, dem Link (URL) und dem Datum, an dem du die Information gefunden hast, an. Das sieht dann zum Beispiel so aus:

Quelle: Verbraucherzentrale, https://www.verbraucherzentrale.de/wissen/umwelt-haushalt/wohnen/smart-home-das-intelligente-zuhause-6882 (Abruf am 24.07.2025)

Bearbeiterin

1.1.4 Wie kann Holz nachhaltig sein?

Schau dich mal in deinem Zuhause um: Was ist hier eigentlich aus Holz? Vielleicht findest du einige Möbelstücke, die aus Holz gefertigt sind, oder auch Deko-Artikel oder vielleicht auch das ein oder andere Spielzeug jüngerer Geschwister. Da Holz ja aus Bäumen gefertigt wird, ist es bestimmt nachhaltig, oder etwa nicht?

M12 Holz von überall

1

Douglasie

2

Teak

3

Mahagoni

Fichte	Kiefer	Lärche
Tanne	Esche	Ahorn
Buche	Walnuss	Akazie

Bearbeiterin

M13 Die lange Reise von Mahagoniholz

Mahagoni weist eine rötlich, braune Färbung auf. Es gilt als exklusives Holz für hochwertige Möbel und luxuriöse Innenausstattungen und wird beispielsweise für Yachten verwendet. Bis es in Deutschland ankommt, hat es jedoch einen weiten Weg hinter sich.

A Mahagoni stammt aus tropischen Regionen wie zum Beispiel Brasilien und Bolivien in Südamerika oder Ghana in Westafrika. Hier wird das Holz in den Wäldern geschlagen.

B Die Möbelstücke aus dem gefertigten Mahagoniholz werden zum Händler transportiert.

C Nach Ankunft in europäischen Häfen wie Hamburg oder Rotterdam wird das Holz per LKW oder Bahn zu den Verarbeitungsbetrieben transportiert, die daraus zum Beispiel Möbel fertigen.

D Am Hafen werden die Hölzer für den Transport vorbereitet und in Containern auf Frachtschiffen zum Zielhafen verschifft. Die Seeroute dauert oft mehrere Wochen.

E Vom Sägewerk aus, werden die Holzbretter zum nächstgelegenen Hafen transportiert. Gerade bei abgelegeneren Regionen können hier lange Transportstrecken auf auch auf schlechten Straßen anfallen.

F Die geschlagenen Hölzer werden in Sägewerke transportiert, wo sie zu transportfähigen Brettern zugesägt und getrocknet werden.

Bearbeiterin

M14 Holz: ein nachhaltiger Rohstoff?

82311-019

Fiete: Im AWT-Unterricht sammeln wir gerade Ideen für unseren Schulhof. Ich habe überlegt eine Bank zu konstruieren.

Imke: Das ist ja nützlich! Weißt du schon aus welchem Material deine Bank sein soll?

Fiete: Natürlich aus Holz! Es soll ja nachhaltig sein und Holz ist ja ein nachwachsender Rohstoff.

Imke: Meinst du wirklich? Ich habe gehört, dass sie dafür zum Teil ganze Regenwälder abholzen. Die armen Tiere, die dann ihr zu Hause verlieren. Und die Menschen, die in der Forstwirtschaft arbeiten, verdienen meist auch noch viel zu wenig.

Fiete: Ich muss ja kein Tropenholz aus Asien, Afrika oder Lateinamerika kaufen, wie zum Beispiel Mahagoni, Teak oder Palisander. Ich kann ja auch einheimische Hölzer nehmen, zum Beispiel Fichte, Buche oder Eiche.

Imke: Du hast bestimmt recht, dass die Arbeitsbedingungen in Deutschland meist besser sind. Aber wenn alle Menschen Holz nutzen, kann der Wald doch gar nicht schnell genug nachwachsen. Überleg doch mal, wie lange eine Eiche braucht, um zu wachsen.

Fiete: Hm, das stimmt. Aber was soll ich denn nun tun?

Bearbeiterin

NACHHALTIGKEIT

Nachhaltig zu konsumieren bedeutet, bei seiner Lebensweise auch auf die Umwelt und das soziale Miteinander zu achten. Zum Beispiel geht es darum, Produkte zu kaufen, die möglichst wenige Rohstoffe verbrauchen und die umweltschonend hergestellt werden. Die Verteilung der Güter soll weltweit möglichst gerecht erfolgen.

Nachhaltiger Konsum bedeutet, Ressourcen zu schonen und Rücksicht auf die Generationen der Zukunft zu nehmen. Vom Wohlstand sollen möglichst alle profitieren, also auch die Hersteller der Konsumgüter.

Erklärfilm über Nachhaltigkeit

82311-020

Bearbeiterin

M15 Welche Siegel gibt es für Holzprodukte?

PEFC (Programme for the Endorsement of Forest Certification Scheme)

FSC (Forest Stewardship Council)

Naturland

VERBRAUCHERSIEGEL

Ein Verbrauchersiegel stellt bestimmte Anforderungen an ein Produkt (z. B. biologischer Anbau, fair produziert, energiesparend, ...). Das Siegel auf der Verpackung bestätigt, dass das Produkt den gestellten Anforderungen entspricht.

Vergeben werden Siegel vom Staat (z. B. der Grüne Knopf, Blauer Engel) und von unabhängigen Organisationen (z. B. Demeter, FairTrade). Siegel bieten Verbraucherinnen und Verbrauchern eine gute Möglichkeit, sich beim Einkaufen zu orientieren, wenn sie auf bestimmte Merkmale Wert legen. Gleichzeitig sind sie für Unternehmen eine gute Werbemöglichkeit. Deshalb werden auch Siegel von Unternehmenszusammenschlüssen einzelner Branchen angeboten, die eher geringe Anforderungen an das Produkt haben (z. B. Initiative Tierwohl).

Bearbeiterin

M16 Möbelhaus verklagt: Herkunft von Holz unklar

82311-021

Der Bundesverband Verbraucherzentralen eröffnete das Verfahren gegen einen großen Möbelhersteller. Aus welchem Holz ein Möbelstück gemacht ist und woher es stammt, muss für die Kundschaft ersichtlich sein. Dem Möbelhersteller wird vorgeworfen, gegen diese Regel verstoßen zu haben. An einigen Produkten fehlen diese Informationen völlig, bei anderen werden sehr ungenaue Sammelbezeichnungen genutzt. Beispielsweise wurden Möbelstücke mit „Fichtenholz aus Europa" gekennzeichnet. Hierbei kann man nicht erkennen, woher das Holz tatsächlich stammt und ob es aus nachhaltig bewirtschafteten Wäldern entnommen wurde. So wird beispielsweise in Rumänien und der Ukraine illegaler Holzschlag vorgenommen, der die Natur dauerhaft schädigt oder sogar zerstört. Der Möbelhersteller weist diese Vorwürfe von sich. Da die Label von Hand angebracht werden müssen, komme es immer mal wieder vor, dass solche Labels fehlen.

Bearbeiterin

M17 Das Streichholzspiel

Du hast einen Wald geerbt. Das bietet dir Wohlstand und finanzielle Sicherheit. Wenn da nur nicht die anderen beiden Erben wären! Ihr seid so verstritten, dass ihr nicht miteinander redet. Jeder sieht den anderen als Konkurrenz an und versucht so viele Bäume wie möglich für sich selbst zu ernten.

Bearbeiterin

Wald im Sonnenlicht

Link zum Streichholzspiel

82311-174

Konkurrenz bedeutet „zusammen um die Wette laufen“: Es geht hier also um einen Wettbewerb, bei dem jede und jeder versucht, seine eigenen Vorteile und Ziele zu erreichen.

AUFGABEN

82311-022

1. a) Benenne die einheimischen Holzsorten (**M12**).
b) Stelle Vermutungen darüber an, wo die anderen Holzsorten wachsen.

2. a) Erläutere den Verlauf des Transports von Mahagoni, indem du die Schritte in die richtige Reihenfolge bringst (**M13**).
b) Veranschaulicht zu zweit einen möglichen Transportweg von Mahagoni aus Bolivien bis hin zum Möbelhaus in Oldenburg, indem ihr ihn auf einer Karte nachzeichnet.
c) Bewertet in der Klasse, wie sich der Transportweg verändert, wenn einheimische Hölzer verwendet werden.

3. a) Arbeite Pro- und Kontra-Argumente zur Nachhaltigkeit von Holz heraus (**M14**).
b) Erkläre, was nachhaltiger Konsum für Umwelt, Wirtschaft und das soziale Miteinander bedeutet (**#Nachhaltigkeit**).

4. a) Recherchiere nach den Siegeln und vergleiche die Vergabekriterien von mindestens zwei Siegeln miteinander (**M15**).
b) Bewerte, welches Siegel du Fiete empfehlen würdest, wenn er besonders nachhaltig handeln möchte.

5. a) Erörtert zu zweit, ob das Ausweisen des Holznachweises eine ausreichende Maßnahme ist, um eine bewusste Verkaufsentscheidung herbeizuführen (**M16**).
b) Entwickelt in Gruppenarbeit Ideen, wie man Holz aus illegalem Holzschlag verhindern kann.

6. a) Bildet Viererteams und spielt das Streichholzspiel (**M17**). Stellt Vermutungen darüber an, was das Spiel mit nachhaltigem Handeln zu tun hat und haltet euer Ergebnis schriftlich fest.
b) Erläutert die Dimensionen von Nachhaltigkeit am Beispiel des Streichholzspiels (**#Nachhaltigkeit**).
c) Entwickelt zwei Forderungen, die helfen, dass der Wald nachhaltig bewirtschaftet wird.

7. Erörtert in der Klasse, ob es nachhaltig ist, wenn Gegenstände aus eurem Haushalt aus Holz gefertigt sind.

1.1.5 Welche Berufe gibt es rund ums Holz?

Imke macht eine Ausbildung zur Tischlerin. Beim Bau einiger Schränke, Fenster und Türen und beim Innausbau eines Ladens in Oldenburg konnte sie schon ihre Kreativität und ihr handwerkliches Geschick zeigen. Doch das ist längst nicht der einzige Beruf, den es rund um den Werkstoff Holz gibt.

M18 Vom Wald bis in dein Zimmer

82311-023

Damit ein Möbelstück entsteht, wird in verschiedenen Berufen Holz bearbeitet. Zuerst fällt die Forstwirtin oder der Forstwirt die Bäume mit einer Kettensäge oder großen Maschinen. Danach bringt eine Holzbearbeitungsmechanikerin oder ein Holzbearbeitungsmechaniker die Baumstämme in die Produktionshalle. Dort zerkleinert sie oder er das Holz zu Brettern und Platten. Dazu bedient sie oder er große Maschinen und Anlagen. Aus Holz können verschiedene Gegenstände hergestellt werden. Die Zimmerin oder der Zimmerer baut aus Holz Dachstühle und Holzhäuser. Dabei arbeitet sie oder er mit Bohrmaschinen und Messwerkzeugen. Die Tischlerin oder der Tischler bearbeitet die Holzteile und baut daraus Möbel wie Tische, Schränke oder Betten. Das fertige Möbelstück bringt eine Fachkraft für Möbel-, Küchen- und Umzugsservice zu dir nach Hause. Hättest du gedacht, dass es so viele verschiedene Berufe gibt, die mit Holz arbeiten?

Planet-Beruf: Der Weg vom Baum zum Tisch.
In: www.planet-beruf.de, Abruf am 18.12.2024

M19 Berufe rund um Holz

Video: Arbeiten mit Holz

82311-175

- Bootsbauer/in
- Böttcher/in
- Bürsten- und Pinselmacher/in
- Drechsler/in (Elfenbeinschnitzer/in)
- Fachkraft – Holz- und Bautenschutzarbeiten
- Fachkraft – Möbel-, Küchen- und Umzugsservice
- Flechtwerkgestalter/in
- Holz- und Bautenschützer/in
- Holzbearbeitungsmechaniker/in
- Holzbildhauer/in
- Holzmechaniker/in
- Parkettleger/in
- Fachpraktiker/in für Bürstenherstellung (§66 / §42r HwO)

1

Böttcherinnen und Böttcher stellen Gefäße aus Holz her, z. B. Holzfässer.

- Holzspielzeugmacher/in
- Fachpraktiker/in für Holzverarbeitung (§66 BBiG / §42m HwO)

2 

Eine Tischlerin bearbeitet ein Holzstück.

Bearbeiterin

3 

Ein Zimmermann richtet einen Dachstuhl aus Holz.

Tischler/in

Zimmerer/Zimmerin

Fachpraktiker/in – Möbel-, Küchen- und Umzugsservice (§66 BBiG/§42r HwO)

M20 Mit Holz in die Selbstständigkeit

1 

Fahrräder aus Holz von „My Esel"

2 

„Holzpost" stellt z. B. Teelichtuntersetzer ähnlich wie dieser aus Holz her.

3 

Fliegen aus Holz von „BeWooden"

AUFGABEN 82311-024

1. Beschreibe, welche Berufe notwendig sind, damit aus einem Baum ein Möbelstück in deinem Zimmer wird (**M18**).
2. Teilt die holzverarbeitenden Berufe in eurer Klasse auf, sodass jeweils ein Zweier-Team einen Beruf übernimmt (**M19**).
   a) Erstellt einen Steckbrief für euren Beruf.
   b) Präsentiert eure Ergebnisse in der Klasse.
   c) Entwickelt für euren Beruf drei Quizfragen, über die man den Beruf in Abgrenzung zu anderen holzverarbeitenden Berufen erraten kann.
   d) Führt das Quiz durch, indem ihr alle Fragen einsammelt und eine Spielleitung bittet, diese vorzulesen.
3. a) Stellt zu zweit Vermutungen an, warum die abgebildeten Start-ups Holz als Material verwendet haben (**M20**).
   b) Entwickelt gemeinsam eine Geschäftsidee für ein Produkt aus Holz, das ein Alleinstellungsmerkmal aufweist.
   c) Präsentiert eure Idee in einem Kurzvortrag vor der Klasse.
4. Bewerte, ob das Berufsfeld Holz zu deinen Interessen und Stärken passt.

Start-up
neu gegründetes Unternehmen, das eine neue und innovative Geschäftsidee verfolgt: Es will etwas Einzigartiges schaffen und wächst normalerweise sehr schnell, um sich auf dem Markt zu etablieren.

1.2 Metall: ein recyclingfähiger Rohstoff

1.2.1 Was macht Metalle aus?

Du benutzt täglich Gegenstände, die aus Metall sind: Die Türklinke deines Zimmers, den Wasserhahn in der Küche oder dein Fahrradschloss. Ist dir aufgefallen, wie viele verschiedene Formen Metall annehmen kann?

M1 Wo werden Metalle eingesetzt?

Schmuck-industrie	Möbel-branche	Verpackungs-material	Herstellung von Münzen	Elektro-technik	Fahrzeug-bau	Flugzeug-bau	Magneten

Bearbeiter

M2 Welche Eigenschaften haben Metalle?

1

2

3

Verschiedene Gegenstände aus Metall

A Metalle leiten elektrischen Strom. Sie verfügen somit über eine elektrische Leitfähigkeit. Insbesondere Kupfer leitet Strom gut.

B Metalle haben auch eine große Wärmeleitfähigkeit. Wenn du mit einem langen Metalllöffel in einem warmen Kochtopf rührst, wird auch das Ende des Löffels warm, obwohl dieser weit vom Herd entfernt ist. Die Wärme aus dem Topf wird im Metalllöffel weitergeleitet.

C Metalle sind gekennzeichnet durch ihren metallischen Glanz. Für Schmuckstücke werden vor allem Gold, Silber und Platin verwendet.

Bearbeiter

METALLE UND LEGIERUNGEN

Metalle sind Elemente, die über eine gute Wärmeleitfähigkeit verfügen, einen metallischen Glanz aufweisen, verformbar sind und elektrischen Strom leiten.
Bekannte Metalle sind unter anderem: Silber, Kupfer, Gold, Aluminium. Mit Stoffgemischen kann man die Eigenschaften von Metallen gezielt verändern. Man nennt diese Stoffgemische Legierungen. Dazu gehören zum Beispiel Messing, das aus Kupfer und Zink besteht, und Stahl. In anderen Eigenschaften unterscheiden sich Metalle aber deutlich voneinander. Während Eisen beispielsweise sehr hart ist, kann man Natrium mit einem Messer zerschneiden.

Bearbeiter

M3 Metall in Bauwerken: stabil und manchmal problematisch

Im September 2020 ereignete sich auf der A40 ein folgenreicher Unfall: Ein Tanklastzug geriet außer Kontrolle, kam unter einer Eisenbahnbrücke zum Stehen und geriet in Flammen. 35.000 Liter Kraftstoff verbrannten unter der Brücke und das Feuer konnte erst nach mehr als einer Stunde gelöscht werden. Die Flammen waren mit 15–20 Metern sehr hoch und entwickelten eine Wärme von bis zu 1.000 Grad. Statikerinnen und Statiker prüften nach dem Unfall die Brücke, die mit Stahlträgern errichtet wurde und stellten fest, dass diese abbruchreif ist.

Bearbeiter

Feuerwehrleute stehen an dem abgebrannten Tanklaster auf der A40.

AUFGABEN

82311-025

1. a) Nenne jeweils ein eigenes Beispiel für die Verwendung von Metall in den einzelnen Bereichen (**M1**).
   b) Beschreibe Eigenschaften von Metall, die dafür, deine Beispiele aus Metall zu fertigen und welche möglicherweise dagegen sprechen.
2. a) Erläutere die Eigenschaften von Metallen (**M2**, **#Metalle und Legierungen**).
   b) Begründe, aufgrund welcher Eigenschaft bei deinen Beispielen in Aufgabe 1 Metall verwendet wird.
3. a) Entwickelt in Gruppen Ideen, warum Stahl allein als Baustoff für große Bauwerke oft nicht optimal ist (**M2**, **#Metalle und Legierungen**, **M3**).
   b) Diskutiert, welche Vorteile es haben könnte, Stahl mit Beton zu schützen.
   c) Überprüft eure Ideen anhand der Materialien.

F zu Aufgabe 3
a) Schaut euch das Video bis zur Minute 7:36 an.
b) Stellt Vermutungen an, warum in dem Beton Stahl eingegossen ist.
c) Schaut euch den Rest des Videos an und überprüft eure Vermutungen.

Erklärvideo zu Stahlbeton

82311-026

1.2.2 Wie stellt man Metalle her?

Metalle sind eng verbunden mit unserem technischen Fortschritt – sei es in Autos, Computern oder Kabeln. Die Gewinnung von Metallen veränderte die Welt enorm, so dass ganze Epochen nach ihnen benannt wurden, wie zum Beispiel die Bronzezeit oder die Eisenzeit.

M4 Kupfersteinzeit: wie alles begann ...

82311-027

Die Gewinnung von Metallen begann vor ungefähr 10.000 Jahren in Vorderasien. Dort konnten unsere Vorfahren Kupfererz gewinnen. Durch Hitze wurde das Kupfer aus dem erzhaltigen Gestein herausgeschmolzen. Aus dem splitternden erzhaltigen Gestein wurde dabei ein geschmeidiges, glänzendes, neues Material. Dieses ließ sich im weichen Zustand relativ mühelos zu Äxten oder zu Meißeln formen. Beim Abkühlen wurde das Material wieder fest.

Die Gletschermumie Ötzi, die 1991 in den Alpen gefunden wurde, ist die einzige erhaltene Leiche aus der Kupfersteinzeit. Ötzi hatte ein Kupferbeil bei sich. Vermutlich nutzte er das Beil, um damit Bäume zu fällen. Historikerinnen und Historiker sind nicht sicher, ob es ihm auch als Waffe diente. Für eine Waffe sind nämlich härtere Materialien geeigneter. Viele Werkzeuge waren zu dieser Zeit noch aus Stein gefertigt. Die Herstellung war zwar aufwendiger, dafür hatte es den Vorteil einer größeren Härte. Zudem war Kupfer sehr wertvoll und man nimmt an, dass Ötzi ein wohlhabender Mann war.

Bearbeiter

Dieses Beil trug Ötzi bei sich.

Südtiroler Archäologiemuseum – www.iceman.it

Historikerinnen und Historiker
Wissenschaftlerinnen bzw. Wissenschaftler, die die Vergangenheit erforschen.

M5 Wie wurde Eisen gewonnen?

A mit Wasser auswaschen

B metallhaltiges Gestein wird durch Feuer erhitzt, dann mit Wasser abgekühlt

C Schichten von Erz und Holzkohle im Ofen auf über 1000 °C erhitzen

D mit einem Schlägel ausschlagen

E Metallbarren

F mit Stein zermahlen

Bearbeiter

M6 Eine Brücke aus Eisen

Gusseisenbrücke über den Fluss Severn in Großbritannien

ROST

Rost ist eine braune oder rötliche Schicht, die auf Metall entsteht, wenn es nass wird. Das passiert, wenn Metall mit Wasser und Luft in Kontakt kommt. Dann verbindet sich das Metall mit dem Sauerstoff aus der Luft und bildet Rost. Der Fachbegriff dafür ist „Oxidation".
Das ist wie eine Art „Metall-Krankheit", die das Metall schwächer und brüchiger macht. Um Rost zu verhindern oder zu bekämpfen, kannst du verschiedene Dinge tun. Du kannst Metall streichen oder lackieren, damit kein Wasser und keine Luft an das Metall kommen. Auch eine Schicht Öl oder Fett schützt das Metall vor Rost, wie bei Fahrradketten.

Bearbeiter

AUFGABEN

82311-028

1. Beschreibe, wie Kupfer hergestellt wird (**M4**).
2. a) Erläutere, welche Bedeutung das Kupferbeil von Ötzi hatte (**M4**).
   b) Erörtert zu zweit, warum das Beil zum Fällen von Bäumen geeignet war und die Verwendung als Waffe historisch nicht gesichert ist.
3. Ordne die einzelnen Schritte zur historischen Herstellung von Eisen in die richtige Reihenfolge (**M5**).
4. Früher wurden Brücken aus Gusseisen gefertigt. Diskutiert in der Klasse, warum man heutzutage Brücken nicht so baut (**M6**, **#Rost**).

F zu Aufgabe 4
Vergleicht zu zweit den heutigen Herstellungsprozess zur Gewinnung von Eisen mit dem Prozess aus der Römerzeit.

Wie werden Metalle heute gewonnen und hergestellt?

82311-029

1.2.3 Wie nachhaltig sind Metalle?

Wenn bei einer Brücke Metall verwendet wird, hält die sicherlich länger als eine Holzbrücke. Klingt nach einer nachhaltigen Lösung, oder? Doch wusstest du, dass Metall auch in vielen anderen Produkten verwendet wird und die Rohstoffgewinnung problematisch ist?

Ein Viertel der Rohstoffe sind Metalle, insgesamt rund 30 verschiedene. Die wichtigsten sind: Kupfer (15 %), Aluminium (3 %), Nickel (2 %), Zinn (2 %), Andere (1 %). Zu den weiteren Metallen gehören: Eisen, Gold, Silber, Platin, Palladium, Kobalt, Tantal / Coltan, Wolfram, Indium und sogenannte Seltene Erden.

M7 Metalle im Smartphone: Viel hilft viel?

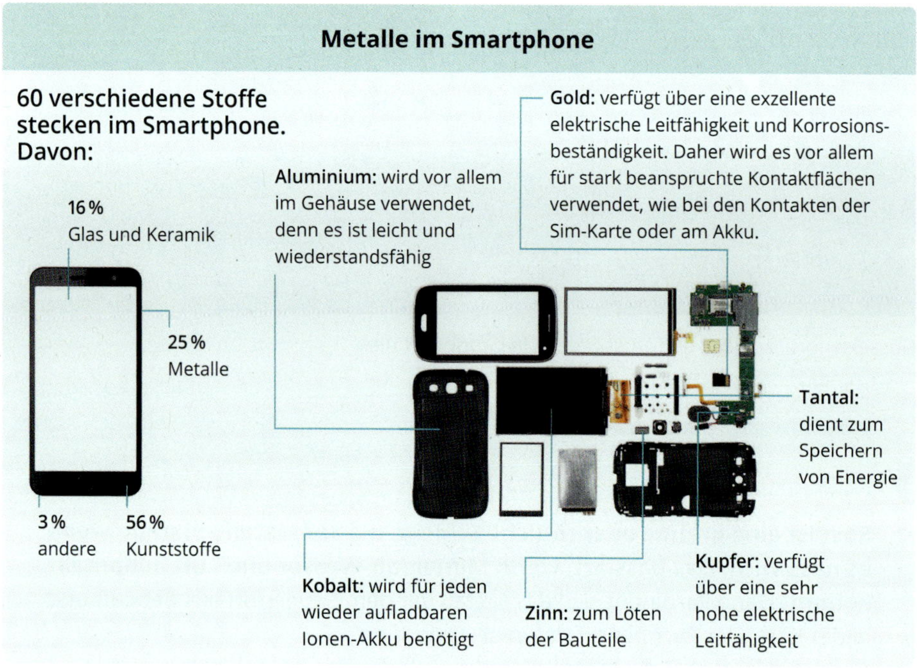

Bearbeitergrafik

M8 Metallgewinnung: eine Gefahr für Mensch und Umwelt?

Bilder und weitere Infos zu Kobalt- und Kupferminen

82301-107

1 Kobalt wird u. a. in der Demokratischen Republik Kongo gewonnen. Die Bergwerke sind häufig ungesichert. Es kommt immer wieder zu Einstürzen mit Verletzten und Toten. Die alltäglichen Arbeitsbedingungen sind schlecht. Zum Teil wird mit bloßen Händen oder einfachen Werkzeugen gearbeitet und auch Kinderarbeit kommt vor. Bis zu 12 Stunden am Tag tragen sie schwere Lasten durch die Tunnel.

2 In Chile wird Kupfer aus Erzen, Kies und Sand gewonnen. Um die Kupfererze zu gewinnen, werden riesige Krater gegraben. Dadurch werden Bergwälder vernichtet und die dort wohnenden Menschen und andere Lebewesen vertrieben. Beim Abbau werden giftige Chemikalien verwendet, die Böden und Gewässer verseuchen. Das Land ist damit für Jahrzehnte nicht bewohnbar.

Basierend auf: Abenteuer Regenwald e. V.: Was hat mein Handy mit dem Regenwald zu tun? In: www.abenteuer-regenwald.de, Abruf am 25.07.2025

M9 Schlummernde Schätze: Brauchen wir ein Handy-Pfandsystem?

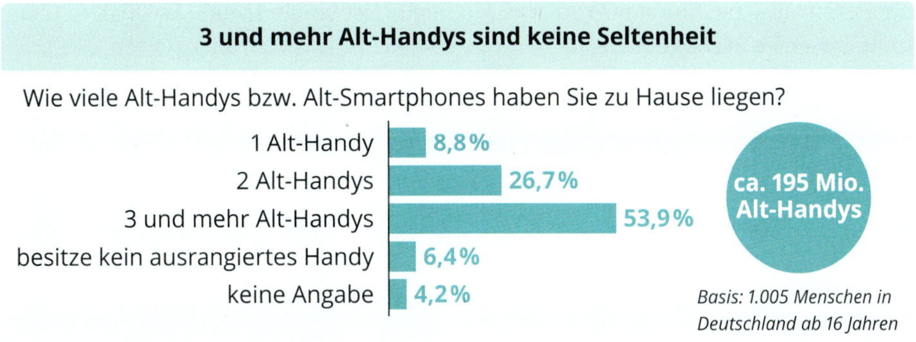

Nach: Bitkom Research, 2025

Pfandsystem für Handys
Die Deutsche Bundesstiftung Umwelt schlägt ein Pfandsystem für Handys vor. Ähnlich wie bei Getränkedosen erhält man bei Abgabe des alten Gerätes einen Geldwert. Aus den gesammelten Geräten werden die Rohstoffe entnommen und wiederverwertet.

M10 Und was nun? Alternativen im Alltag

1

Döner Kebab

2

Einweggrill

3

Getränkedose

4

Metalldosen

AUFGABEN

82311-030

1. Beschreibe, welche Bedeutung Metalle in einem Smartphone haben (**M7**).
2. Erläutere, welche Gefahren die Metallgewinnung für Umwelt und Mensch haben kann (**M8**).
3. a) Analysiert zu zweit die Grafik in Bezug auf die Frage, ob wir ein Handy-Pfandsystem benötigen (**M9**).
   b) Bewertet, ob ein Pfandsystem eine gute Lösung ist.
4. a) Erkläre den Einsatz von Metallen bei den Beispielen in **M10**.
   b) Entwickelt Alternativen für die gezeigten Lebensmittelverpackungen in **M10**.

1.2.4 Was macht Aluminium besonders?

Einige Metalle haben spezielle Eigenschaften. Dadurch eignen sie sich besonders für die Herstellung bestimmter Produkte. Aluminium ist so ein Metall. Es spielt in unserem Alltag eine wichtige Rolle.

M11 Alles aus „Alu“: Hättest du es gewusst?

1

2

3

4

5

Produkte aus Aluminium

A

B

Kennzeichnung auf Produkten mit Aluminium

M12 Welche Eigenschaften hat Aluminium?

Aluminium ist korrosionsbeständig (es „rostet“ nicht). Wenn Aluminium mit Feuchtigkeit und Luft in Berührung kommt, bildet es eine Schutzschicht („Oxidschicht“).

Aluminium ist nicht magnetisch.

Aluminium wird im Gegensatz zu anderen Metallen bei niedrigen Temperaturen stärker.

Aluminium ist gut dehnbar und kann leicht verformt werden.

Aluminium lässt sich besonders gut recyclen.

Aluminium ist ein guter Wärme- und Stromleiter.

Aluminium ist besonders leicht und dabei sehr belastbar.

Aluminium ist geruchs- und geschmacklos.

Bearbeiter

M13 Wie wird Aluminium hergestellt?

82311-031

Die Herstellung von Aluminium ist viel aufwändiger als bei anderen Metallen: Aluminium kommt in der Natur nur selten in seiner Reinform vor. Man findet Aluminiumverbindungen vor allem in Bauxiten. Das sind Gesteine. Sie entstehen bei der Verwitterung von Kalk- und Silikatgesteinen. Darin liegt es meist als sogenanntes Aluminiumoxid vor. Das ist eine Verbindung aus Aluminium und Sauerstoff. Um das Aluminiumoxid aus dem Stein zu lösen, werden große Mengen Bauxit in einem speziellen Verfahren gemahlen und unter Zugabe von Natronlauge in einem „Rohrreaktor" unter Druck erhitzt. Dabei löst sich das Aluminiumoxid in der Natronlauge und kann später durch gezieltes Abkühlen in einem Kristallisationsgefäß als Kristall wieder aus der Lauge entnommen werden. Diese Kristalle werden dann bei 1.200 °C in einem Ofen zu Tonerde umgewandelt. Tonerde ist ein feines weißes Pulver, das durch erneutes Erhitzen auf 1.000 °C, die Zugabe weiterer Chemikalien und unter der Zufuhr von Strom (Elektrolyse) vom eingebundenen Sauerstoff getrennt wird. Übrig bleibt reines Aluminium.

Bearbeiter

1

Bauxit Gesteinsbrocken

2

Aluminiumoxid (Kristall)

3

Aluminiumoxid (Tonerde)

RECYCLING

Recycling bedeutet, dass alte oder gebrauchte Materialien wiederverwendet werden, anstatt sie wegzuwerfen.
So werden zum Beispiel Plastikflaschen, Papier oder Glas nicht in den Müll geworfen, sondern gesammelt und in Fabriken gereinigt und aufbereitet. Aus dem alten Material können dann neue Dinge hergestellt werden. Es wird weniger Müll produziert und Rohstoffe wie Bäume, Erdöl oder Metalle werden gespart. Recycling ist gut für die Umwelt, weil es die Abfallmenge reduziert und hilft, die Natur zu schützen.

Bearbeiter

M14 Wie wird Aluminium recycelt?

Die Herstellung von Aluminium verschlingt viel Energie und ist extrem aufwändig. Dabei kann Aluminium aufgrund seiner geringen Schmelztemperatur und Eigenschaften besonders gut recycelt werden. Das Recycling von Aluminium benötigt nur etwa 5 Prozent der Energie, also zwanzigmal weniger, als das Herstellen von neuem Aluminium. Trotzdem werden weltweit durchschnittlich nur 62 Prozent des gesamten produzierten Aluminiums recycelt. Bauxit, dass zur Herstellung von Aluminium abgebaut werden muss, kommt häufig in den Böden von Regenwäldern vor. In den Abbaugebieten müssen daher oft große Waldgebiete abgeholzt werden.

Rotschlamm, der beim Auswaschen des Aluminiumoxids aus dem Bauxit-Gestein als Abfallprodukt entsteht, ist hochgiftig und muss aufwändig auf speziellen Mülldeponien entsorgt werden.

Bearbeiter

1

Massive Abholzung von Regenwald in Brasilien

2

Rotschlamm-Deponie in Stade

AUFGABEN

82311-032

1. a) Benenne mithilfe von **M11** Produkte, bei denen Aluminium zum Einsatz kommt.
   b) Schaut euch gemeinsam Gegenstände an, die aus Aluminium sind. Analysiert zu zweit, woran es liegen könnte, dass dieses Metall für die Produkte verwendet wurde (**M12**).
2. Vergleiche die Herstellung von Aluminium mit der von anderen Metallen (**M13**): Welche Unterschiede kannst du feststellen?
3. a) Führe eine Woche lang ein Mülltagebuch. Notiere, welche Produkte du benutzt hast, die Aluminium enthalten, wofür du sie benutzt hast und wie diese am besten recycelt werden sollten.
   b) Bildet Gruppen und fügt eure Tabellen nach einer Woche zusammen.
   c) Analysiert gemeinsam, für welche Produkte oder Anwendungen es möglicherweise Alternativen gibt. Welche Produkte oder Anwendungen lassen sich nicht so einfach ersetzen? Bei welchen Produkten oder Anwendungen ist der Einsatz von Aluminium sogar besser als Alternativen? (**M14**)
   d) Präsentiert und diskutiert eure Ergebnisse in der Klasse.
4. Erörtert, ob es sinnvoll ist, Aluminium zum Verpacken von Lebensmitteln einzusetzen: Was spricht dafür, was dagegen?

H **zu Aufgabe 2**

Die Gewinnung von anderen Metallen wird hier erklärt:
1.2.2, M5
1.2.3, M8

H **zu Aufgabe 3a**
Mülltagebuch

82311-176

1.2.5 Wie wird Alufolie hergestellt?

In Alufolie kannst du Lebensmittel einwickeln, um sie zu schützen. Oft werden auch Behälter damit abgedeckt, die Lebensmittel enthalten. Alufolie findest du aber auch an Orten, wo du sie vielleicht nicht vermutet hättest.

M15 Wofür nutzen wir Alufolie?

1
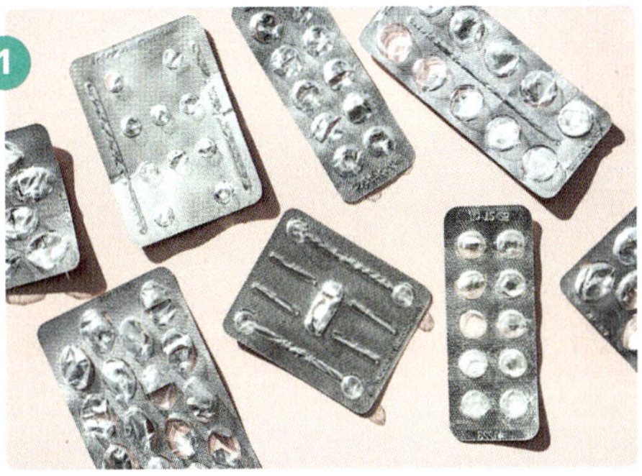
Tablettenverpackung

2

Ofenkartoffel mit Quark und Lachs

3

Alufolie mit Bauwolle zum Isolieren

4
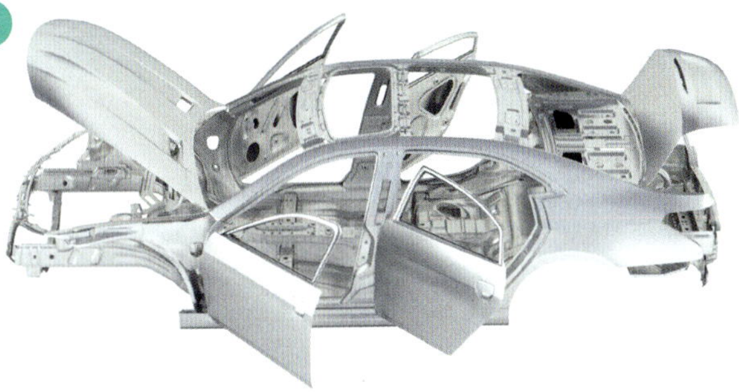
Ein Autorahmen

M16 Wie wird Aluminium gewalzt?

1. Flüssiges Aluminium wird in einen großen Quader („Barren") gegossen.

2. Der Barren wird dann ins „Walzwerk" transportiert und dort von allen Seiten geglättet („gefräst").

3. Nachdem der Barren auf über 500 °C erhitzt wurde, wird er über ein Förderband zwischen zwei großen Walzen hindurchgeführt. Diese Walzen sind härter als das Aluminium und drücken den Barren zusammen.

4. Bei jeder Durchfahrt des Barrens werden die Walzen ein Stück enger zusammengeschoben. Dadurch wird der Barren nach und nach dünner und länger.

5. Am Ende entsteht ein dünnes Aluminiumblech, das noch 2,3 mm dick ist. Diese wird aufgerollt und später zu Alufolie weiterverarbeitet.

6 Das Aluminiumblech wird nach dem Abkühlen in einer weiteren Maschine von nah aneinander stehenden Walzen immer dünner gewalzt („Kaltwalzen").

7 Am Ende ist die Folie so dünn, dass immer zwei übereinander liegende Folien gleichzeitig durch die Walzen geführt werden müssen. Die Folien würden sonst dem Druck der Walzen nicht standhalten und reißen. Nach dem Walzen werden sie wieder getrennt und einzeln aufgerollt.

Bearbeiter

Walzen von Aluminium

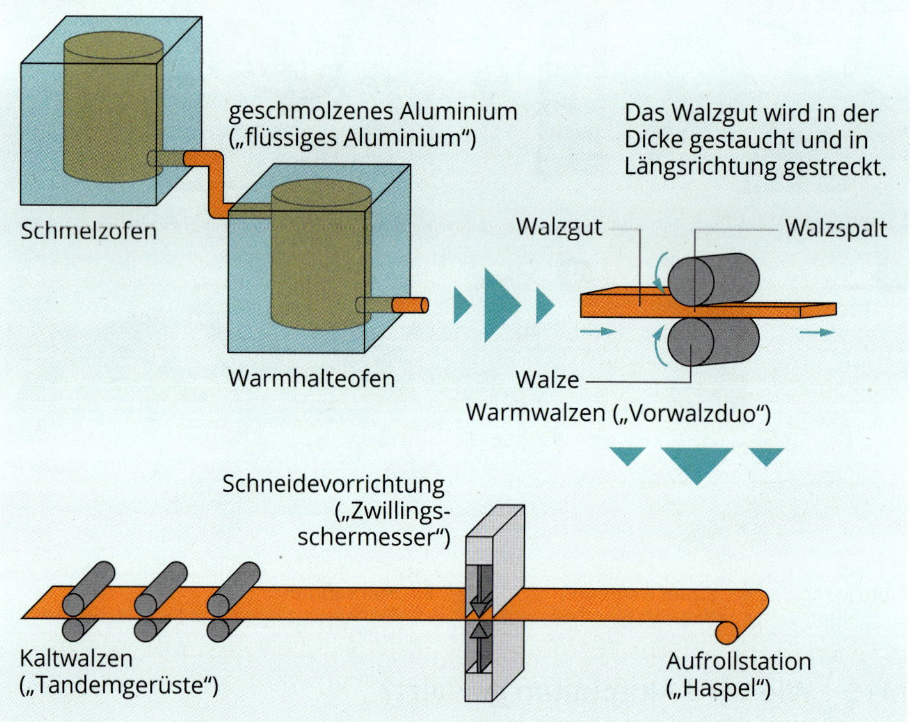

Bearbeitergrafik

AUFGABEN

82311-033

1. Welche Verpackungsmittel benutzt du zu Hause, um Lebensmittel frisch zu halten? Stelle eine Liste mit Beispielen zusammen (**M15**).
2. a) Häufig glänzt Alufolie auf einer Seite und ist eher matt auf der anderen Seite. Recherchiert dazu zu zweit im Internet.
   b) Erklärt, wodurch dieses Merkmal von Alufolie beim Walzen entsteht (**M16**).
3. a) Beurteile den Energiebedarf beim Warmwalzen von Aluminium und begründe deine Einschätzung.
   b) Nimm Stellung zu der Frage, ob Aluminium wirklich ein gutes Verpackungsmittel ist (**M16**).

H zu Aufgabe 2a
Link zur Recherche von Alufolie

82311-034

1.2.6 Welche Berufe gibt es rund um Metall?

So vielseitig wie die Einsatzmöglichkeiten von Metall sind, sind auch die Berufe, die mit dem Werkstoff zu tun haben.

M17 Steckbriefe: Berufe rund um Metall

82311-035

Industriemechanikerin und -mechaniker

Industriemechaniker/-innen kümmern sich um Maschinen und große Anlagen, die in Fabriken oder Werkstätten stehen. Wenn eine Maschine kaputt ist, reparieren Industriemechaniker/-innen sie. Sie bauen auch neue Maschinen zusammen oder sorgen dafür, dass alle Teile gut miteinander funktionieren. Dabei benutzen Industriemechaniker/-innen oft verschiedene Werkzeuge und Maschinen, um Metallteile zusammenzubauen oder zu verarbeiten.

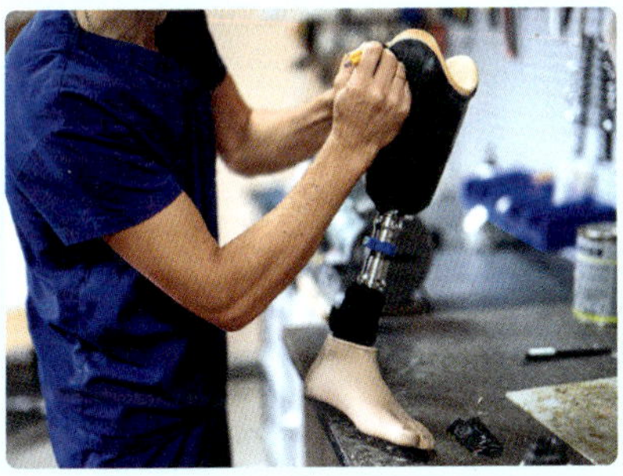

Orthopädiemechanikerin und -mechaniker

Orthopädiemechaniker/-innen helfen Menschen mit körperlichen Beeinträchtigungen, sich besser zu bewegen oder wieder schmerzfrei am Alltag teilzuhaben. Dafür stellen sie Hilfsmittel wie Prothesen (künstliche Arme oder Beine) und Schienen her, die zum Beispiel das Bein oder den Arm unterstützen. Orthopädiemechaniker/-innen nehmen Maß, passen die Hilfsmittel genau an und sorgen dafür, dass sie bequem sitzen. Sie arbeiten oft mit Materialien wie Kunststoff, Metall und Leder.

Diese Brücke befindet sich in Kroatien. Konstruktionsmechanikerinnen und -mechaniker haben hierzu einen wichtigen Beitrag geleistet.

Konstruktionsmechanikerin und -mechaniker

Konstruktionsmechaniker/-innen stellen große Metallteile für Gebäude, Brücken oder Maschinen her. Dazu schneiden, biegen und schweißen sie Metall, um stabile Teile zu bauen, die genau zusammenpassen. Oft arbeiten Konstruktionsmechaniker/-innen mit Plänen und Zeichnungen, die zeigen, wie alles zusammenpassen muss. So sorgen sie dafür, dass am Ende große, stabile Metallkonstruktionen entstehen, die sicher und langlebig sind – zum Beispiel Hallen, Brücken oder Kräne.

Zerspanungsmechanikerin und -mechaniker

Zerspanungsmechaniker/-in ist ein Beruf, in dem Metallteile mit hoher Präzision geformt und bearbeitet werden. Dazu werden spezielle Maschinen benutzt, die die Teile schneiden, fräsen oder schleifen, damit sie genau die richtige Form bekommen. Oft programmiert man dazu computergesteuerte Maschinen, die sehr genau arbeiten. Zerspanungsmechanikerinnen und -mechaniker stellen also zum Beispiel kleine Zahnräder, Schrauben oder andere Teile her, die genau passen müssen, damit sie in Maschinen oder Autos eingebaut werden können.

Diese Maschinen drucken und transportieren Zeitungen und Zeitschriften einer Druckerei. Sie wurden von Maschinenbauingenieurinnen und -ingenieuren entworfen und werden auch von ihnen gewartet.

Maschinenbauingenieurin und -ingenieur

Maschinenbauingenieurinnen und -ingenieure planen und entwickeln Maschinen und Geräte. Sie denken sich neue Maschinen aus oder verbessern bestehende, zum Beispiel für Autos, Flugzeuge oder Fabriken. Maschinenbauingenieurinnen und -ingenieure müssen viel über Physik und Technik wissen, damit die Maschinen am Ende ihre Aufgabe sicher und kostengünstig erfüllen. Sie zeichnen, rechnen und bauen manchmal auch Modelle am Computer, bevor die Maschinen in Wirklichkeit gebaut werden. Der Beruf ist wichtig, damit neue und bessere Maschinen entstehen, die den Menschen im Alltag und bei der Arbeit helfen.

Bearbeiter

AUFGABEN

82311-036

1. a) Beschreibt zu zweit die Berufe in **M17**.
b) Sammelt weitere Berufe, in denen mit Metall gearbeitet wird.

2. Recherchiere im Internet zu einem dieser Berufe, der dich besonders interessiert (→ Methode auf S. 24).

3. a) Wie beurteilst du die Bedeutung der gefundenen Berufe für dein tägliches Leben? Erkundige dich dazu auch in deiner Umgebung nach Personen, die in diesen Berufen arbeiten.
b) Ordne Gegenstände aus deinem Haushalt Berufsbildern aus dem Metallbereich zu.
c) Stellt zu zweit Vermutungen an: Was würde in eurem Leben fehlen, wenn es einen (oder mehrere) dieser Berufe nicht gäbe?
d) Nimm Stellung: Welchen der vorgestellten Berufe könntest du dir am ehesten für dich vorstellen? Begründe deine Entscheidung.

Eine Expertenbefragung durchführen

Worum geht es?

Die Expertenbefragung ist eine Möglichkeit, um schnell an zuverlässige Informationen zu einem Thema zu kommen. Um dabei möglichst viel zu lernen und zu erfahren, muss eine Befragung gut vorbereitet werden. Strukturierte Fragen helfen euch dabei, viele Informationen im Gespräch zu erhalten.

Geht dabei so vor:

Schritt 1: Vorbereitung der Fragen

1. **Bildet Kleingruppen und klärt folgende Punkte:**

2. **Was möchtet ihr mit eurer Befragung herausfinden?**
   Beispiel: Wie sieht die Arbeit einer Zerspanungsmechanikerin oder eines Zerspanungsmechanikers aus?
   Hinweis: Es bietet sich an, pro Gruppe andere Fragen zu bearbeiten. So erhaltet ihr mehr Informationen.

3. **Wen möchtet ihr befragen?**
   Beispiel: Auszubildende, Personalmitarbeiter/-innen eines Unternehmens, Berater/-innen der Bundeszentrale für Arbeit
   Hinweis: Je nachdem, wer eure Ansprechperson ist, wird sie oder er euch über verschiedene Themengebiete etwas erzählen können. Vielleicht schlägt sie oder er sogar ein bestimmtes Thema vor.

4. **Entscheidet euch für eine Befragungsart.**
   Beispiel: Es gibt verschiedene Möglichkeiten, eine Befragung durchzuführen:
   - Schriftlich: als Fragebogen in Papierform oder über eine Online-Umfrage
   - In Form eines Interviews (persönlich, telefonisch, über eine Web-Konferenz)

   Hinweis: Die schriftliche Befragung eignet sich insbesondere dann, wenn eine größere Anzahl an Personen befragt werden soll.

5. **Sammelt geeignete Fragestellungen. Einigt euch anschließend auf die besten Fragen.**
   Beispiel:
   - Geschlossene Fragen: Nutzen Sie häufig digitale Geräte bei Ihrer Arbeit?
   - Offene Frage: Welche Geräte und Arbeitsmittel nutzen Sie an einem typischen Arbeitstag?

   → bei der offenen Frage kann die befragte Person von dem Einsatz digitaler Geräte berichten, nennt aber vermutlich darüber hinaus noch weitere Arbeitsmittel.

   Hinweis: Wenn ihr offene Fragen stellt, erfahrt ihr oft noch weitere Informationen, nach denen ihr sonst nicht gefragt hättet. Die oder der Befragte hat dadurch mehr Möglichkeiten, interessante Aspekte zu nennen.

6. **Gestaltet euren Fragebogen am Computer mithilfe eines geeigneten Textverarbeitungsprogramms oder direkt in einem Online-Fragetool.**

Schritt 2: Vorbereitung des Interviews

1. **Nehmt Kontakt zur Person auf, die ihr befragen möchtet (E-Mail, Telefon). Stellt euch freundlich vor und erklärt euer Anliegen. Fragt die Person, ob sie sich den Fragen stellen würde und ob ihr einen Interviewtermin vereinbaren könntet.**
   Beispiel: Nennt eure Namen, eure Schule, euer Thema und wofür ihr die Befragung durchführt.
   Hinweis: Prüft zunächst Termine in eurer Gruppe, die ihr dann vorschlagen könnt. Gebt eine Einschätzung, wie lange die Befragung dauert. Ihr könnt die Fragen vorab per E-Mail zuschicken, damit sich die Expertinnen und Experten vorbereiten können.

2. **Ihr wollt das Gespräch digital aufnehmen? Fragt zuvor um Erlaubnis und informiert darüber wie lange und wo ihr die Daten abspeichert und wann sie gelöscht werden.**
   Beispiel: Video- oder Tonaufzeichnung
   Hinweis: Prüft, ob und wie ihr die Aufnahme verwenden dürft. Muss dafür ein Dokument ausgefüllt werden?

3. **Verteilt die Rollen im Gespräch. Schreibt die Antworten stichpunktartig mit.**
   Beispiel: Wer stellt welche Frage? Wer schreibt wann mit?
   Hinweis: Die Stichpunkte müssen kurz, aber später nachvollziehbar sein. Am besten teilt ihr euch das Mitschreiben untereinander auf, z. B. jeder eine Frage.

Schritt 3: Durchführung des Interviews

1. **Erscheint pünktlich und vorbereitet zum Termin.**
   Hinweis: Habt alle Materialien dabei. Ist die Technik bereit? Sind die Rollen klar?

2. **Führt das Interview durch.**
   Hinweis: Verfallt nicht in Panik, wenn etwas nicht wie vorgesehen klappt.
   Verhaltet euch ruhig und konzentriert.

3. **Bedankt euch am Ende für die Teilnahme an eurer Befragung.**
   Hinweis: Es ist nicht selbstverständlich, dass sich Expertinnen und Experten Zeit für eine Befragung nehmen können, da sie in der Regel bereits viele andere tägliche Aufgaben haben.

Schritt 4: Auswertung

Fasst die Antworten zusammen und visualisiert sie.
Hinweis: Überlegt zuvor, welche Visualisierung geeignet ist, damit sie gut in eurer Präsentation wirkt.

Bearbeiter

1.3 Metall und Holz verarbeiten

1.3.1 Gefahren im Fachraum – wie sicher bist du?

Finja kann heute Morgen gar nicht schnell genug in der Schule sein, denn sie möchte ihren Freundinnen und Freunden ihre neuen Klamotten zeigen. Allerdings schickt ihre AWT-Lehrerin Frau Riemer sie erstmal zusammen mit Malik in die benachbarte Klasse, da beide nicht „die passende Kleidung" für den Technikunterricht im Fachraum tragen. Frustriert verlassen sie den Raum, während die anderen an ihren Projekten weiterarbeiten.

M1 Im Fachraum: Welche Kleidung ist die Richtige?

AUFGABEN 82311-037

1. Beschreibe das Erscheinungsbild von Finja und Malik (**M1**).
2. Erarbeite mithilfe der Methode auf der nächsten Seite die Gründe dafür, dass Finja und Malik nicht am Unterricht teilnehmen dürfen (**M1**).
3. Erläutere anhand einer Gefährdungsbeurteilung einer Tischbohrmaschine, welche Gefahren für Finja und Malik bestehen, wenn sie sich nicht umziehen.
4. Entwickelt gemeinsam Tipps, die ihr den beiden geben würdet, um zukünftig am AWT-Unterricht im Fachraum teilnehmen zu können.

Gefährdungsbeurteilung
Prüfung von bestimmten Tätigkeiten auf mögliche Gefahren und Risiken

H zu Aufgabe 3
Analysiere, an welchen Bauteilen die Maschinen das größte Gefahrenpotenzial aufweisen.

Fachraumordnung

Erklärvideo „Fachraumordnung“

82302-101

Wann darfst du rein und arbeiten?

- Betrete den Technikfachraum und den Maschinenraum nur in Begleitung deiner Lehrkraft.
- Trage eng anliegende, geeignete Kleidung und geschlossenes Schuhwerk.
- Binde lange Haare zusammen und lege herabhängenden Schmuck ab.
- Lege deine Jacke und Tasche an den dafür vorgesehenen Ort ab.
- Erst wenn du durch deine Lehrkraft eingewiesen wurdest, darfst du an Maschinen arbeiten.

Was ist beim Arbeiten zu beachten?

- Halte Fluchtwege und Einrichtungen zur Brandbekämpfung frei.
- Stelle die Bewegungs- und Arbeitsfreiheit am Arbeitsplatz und an der Maschine her.
- Verlasse bei Pausenzeiten den Fachraum in Absprache mit deiner Lehrkraft, wenn du essen und trinken möchtest.
- Prüfe den ordnungsgemäßen Zustand der Werkzeuge und Geräte.
- Melde Gefahren und Schäden oder Mängel, die du an Werkzeugen entdeckst.
- Melde deiner Lehrkraft Verletzungen – auch wenn sie klein erscheinen.
- Lese Arbeitsanleitungen sorgfältig und befolge sie.
- Beachte, dass an jeder Maschine nur eine Person arbeiten kann und halte den Sicherheitsabstand ein, wenn du wartest oder zusiehst.
- Spanne Materialien und Werkstücke zur Bearbeitung sorgfältig ein.
- Nutze festgelegte Schutzausrüstung, wie z. B. Schutzbrille und Gehörschutz, bei Arbeiten, wo dies vorgeschrieben oder empfohlen wird.

Woran musst du nach der Arbeit denken?

- Reinige Geräte und Werkzeuge.
- Säubere deinen Arbeitsplatz: Räume größere Materialreste weg und nutze den Staubsauger zur Entfernung von Holzstaub und -spänen.
- Lagere Werkzeuge, Geräte und Material an den dafür vorgesehenen Orten sachgerecht.
- Verstaue deine Arbeitskleidung.
- Wasche deine Hände vor dem Verlassen des Raumes.

Bearbeiter

1.3.2 Wo gesägt wird, fallen Späne – wie funktioniert eine Säge?

Eines Morgens bemerkt Khalil, dass in seinem Buchladen ein Regalboden dem Gewicht der Bücher nicht standgehalten hat und an der Verschraubung gebrochen ist. Seine Tochter Finja schlägt vor, einen neuen Regalboden anzufertigen, um das Regal zu reparieren. Ein passendes Holzbrett hat sie bereits vorbereitet. Wie kann sie das Brett passend zuschneiden, und worauf sollte sie dabei achten?

M2 Welche Sägen gibt es?

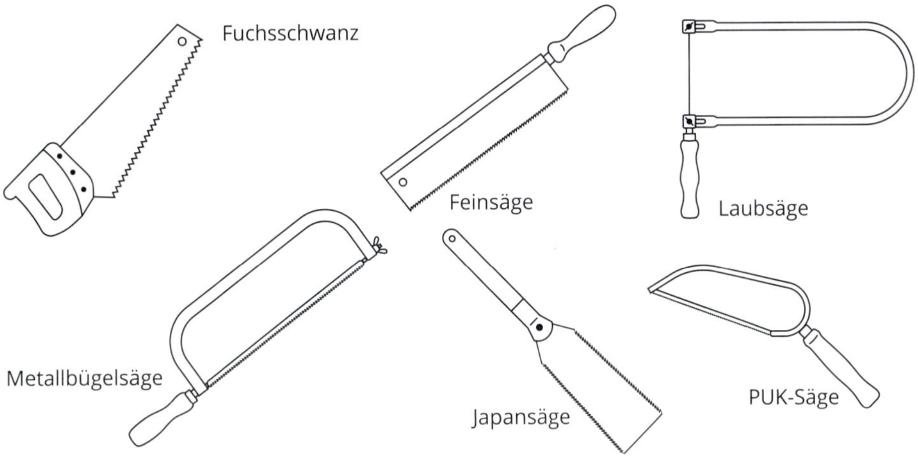

Bearbeiter

Bei dem Wort „PUK" handelt es sich um einen Markennamen, der sich bei dieser Art von Säge durchgesetzt hat. Eine PUK-Säge ist nichts anderes als eine kleine Bügelsäge.

M3 Wie sind Sägen aufgebaut?

Für die Fertigung des Regalboden muss Finja mehrmals sägen. Sie ist erstaunt, wie viele unterschiedliche Sägen ihr zur Auswahl stehen. Doch es gibt ein paar wesentliche Merkmale, die allen Sägen gemein sind: Sie haben ein Heft, das ist der Griff, an dem die Säge angefasst wird. Es gibt auch noch ein Sägeblatt mit Sägezähnen.

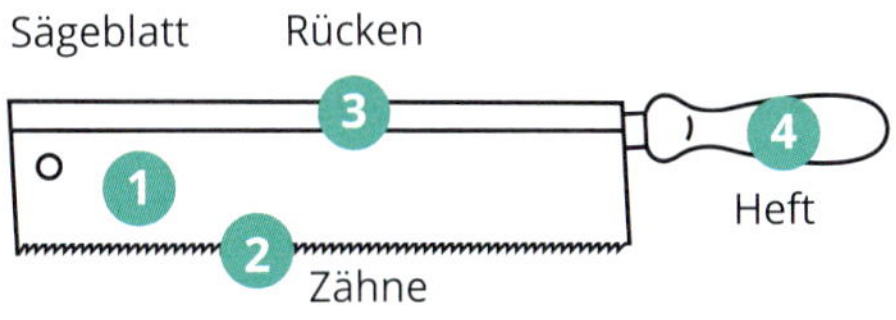

Bearbeiter

M4 Wie wirken Sägen?

82311-038

Finja hat festgestellt, dass die Sägezähne der einzelnen Sägen unterschiedlich angeordnet sind. Khalil hat ihr daraufhin erklärt, dass es drei verschiedene Wirkungsweisen von Sägen gibt: Sägen können auf Stoß, auf Zug, oder auf Zug und Stoß arbeiten. Sind die Sägezähne schrägt in Richtung des Hefts ausgerichtet, so arbeitet die Säge auf Zug. Beim Arbeiten mit einer solchen Säge trägt Finja Material ab, wenn sie sie auf sich zuzieht. Wenn die Sägezähle schräg zum vorderen Ende des Sägeblattes ausgerichtet sind, arbeiten die Sägen auf

Stoß. Material wird abgetragen, wenn sich die Säge vom Körper wegbewegt. Bei einer Säge, die auf Stoß und Zug arbeitet, sind die Sägezähne gerade ausgerichtet, also weder in die Richtung des Hefts noch in die Richtung des vorderen Sägeblattendes geneigt. Eine solche Säge trägt in beide Richtungen Material ab: auf den Körper zu und vom Körper weg.

Bearbeiter

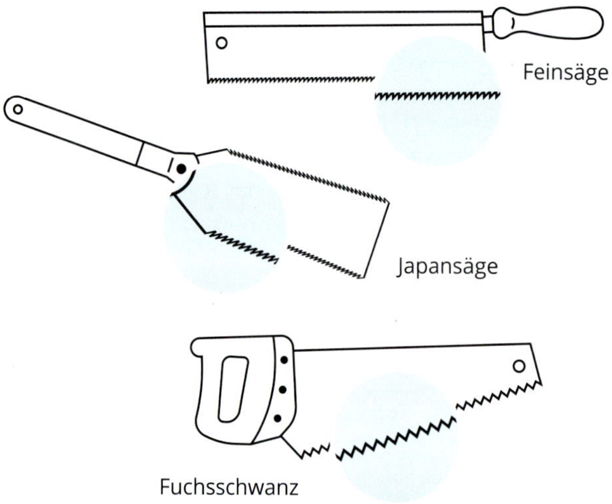

SCHRÄNKUNG

Die Sägeblätter von Hand- und maschinellen Sägen bestehen überwiegend aus gehärtetem Stahl und weisen scharfe Sägezähne auf. In den meisten Fällen sind diese Zähne geneigt, wodurch sich das Sägeblatt freischneidet und nicht stecken bleibt. Bei Sägeblättern für die Holzbearbeitung sind die Zähne in der Regel abwechselnd nach links und rechts geneigt. Für die Metallverarbeitung hingegen sind die Zähne in einer Wellenform angeordnet.

Sägeblatt für die Holzverarbeitung

Sägeblatt für die Metallverarbeitung

Bearbeiter

AUFGABEN

82311-039

1. Beschreibe Gemeinsamkeiten und Unterschiede der abgebildeten Sägen (**M2**).
2. Erkläre den Aufbau einer Säge (**M3**).
3. Gib die Wirkungsweise der in **M2** dargestellten Sägen an (**M4**).
4. Untersuche mindestens drei verschiedene Sägen aus dem Fachraum hinsichtlich ihres Aufbaus, der Wirkungsweise und der Einsatzmöglichkeiten. Stelle deine Ergebnisse der Klasse vor (**M3**, **M4**, **#Schränkung**).
5. Beurteilt zu zweit, in welchen Situationen Handsägen trotz elektrischer Alternativen nützlich sein könnten.

Was man beim Sägen beachten sollte

Wer in der Werkstatt arbeitet, wird früher oder später auf die Herausforderung stoßen, dass das Material auf eine bestimmte Größe gekürzt werden muss. Hierfür wird in den meisten Fällen zu einer Säge gegriffen.

Hilfs- und Arbeitsmittel

1. **Bleistift, Stahlmaßstab, Gliedermaßstab und Tischlerwinkel:** Diese Arbeitsmittel benötigst du, um die Maße aus der technischen Zeichnung auf dein Werkstück zu übertragen.
2. **Gehrungslade (auch Schneidlade oder Gehrungskasten genannt):** Es gibt sie in verschiedenen Ausführungen. Sie kommt immer dann zum Einsatz, wenn Werkstücke in einem bestimmten Winkel, z. B. 45 ° oder 90 ° gesägt werden sollen.
3. **Säge:** Es gibt sie in verschiedenen Ausführungen. Sie werden genutzt, um Werkstoffe auf die richtige Größe abzulängen oder in Form zu sägen.
4. **Werkbank:** Sie ist vielseitig einsetzbar. Beim Sägen brauchst du sie vor allem, um das Werkstück oder die Gehrungslade fest einzuspannen.

Alternativ zur Gehrungslade können auch spezielle Gehrungssägen verwendet werden.

Erklärvideo zum Thema Sägen am Beispiel der Feinsäge

82301-84

Hilfs- und Arbeitsmittel beim Sägen

Sicherheit geht vor

- Die Säge wird vor der Verwendung auf Schäden, z. B. fehlende Zähne oder ein geknicktes Sägeblatt, untersucht.
- Zum Sägen von Rundhölzern wird immer eine Gehrungslade verwendet.
- Keine beschädigten Sägen verwenden.
- Beim Durchsägen wird darauf geachtet, Reststücke festzuhalten.

Zu bearbeitende Werkstoffe werden vorab auf Fremdkörper wie bspw. Nägel überprüft.

Die Wirkungsweise der Säge wird berücksichtigt und eine sichere Führung gewährleistet.

Eine geeignete Säge auswählen.

Für Gehrungsschnitte wird eine Gehrungslade verwendet.

Steifigkeit des Sägeblatts prüfen, ggf. nachspannen.

Die Hand wird nach dem Erstellen der Schnittfuge sofort aus dem Sägebereich entfernt.

Werkstücke werden vor dem Sägen fest eingespannt, z. B. in einen Tischschraubstock oder eine Bankzange.

Arbeitsschritte beim Sägen

1 Zuerst werden die Umrisse des Werkstücks aus der technischen Zeichnung mit Bleistift, Gliedermaßstab und Tischlerwinkel auf das Material übertragen. Hierbei muss darauf geachtet werden, dass das Werkstück winklig ist und die Maße exakt übernommen werden. Die so entstandenen Linien werden „Anriss“ genannt.

2 Eine zum Vorhaben passende Säge muss ausgewählt werden. Hierbei müssen sowohl das Material und die Wirkungsweise der Säge, die Hinweise zum sicheren Arbeiten mit der Säge sowie die Wirkweise der Säge berücksichtigt werden. Die Hinweise zum sicheren Arbeiten mit der Säge sind einzuhalten.

3 Für kleinere Werkstücke, wie bspw. Holzleisten oder wenn das Werkstück in einem bestimmten Winkel, z. B. 45 ° oder 90 ° gesägt werden soll, wird eine Gehrungslade genutzt. Diese wird in der Bankzange der Hobelbank fixiert. Das zu bearbeitende Werkstück wird in die Gehrungslade eingelegt. Durch die Führung des Sägeblattes ist ein sicheres und sauberes Arbeiten gewährleistet.

4 Die Säge wird vorsichtig außerhalb des Bereiches angesetzt, der gesägt werden muss. Hierbei muss der Anriss noch sichtbar bleiben.

5 Jetzt wird die volle Länge des Sägeblattes genutzt und die Säge leicht nach vorn geneigt hin und her bewegt, um zunächst eine kleine Schnittfuge zu erhalten. Hierbei muss die Wirkungsweise der ausgewählten Säge beachtet werden.

6 Nun wird gleichmäßig in der Schnittfuge weitergesägt, bis ein vollständiger Schnitt entsteht. Es muss darauf geachtet werden, dass das Abfallstück langsam abgesägt und dabei gesichert wird, damit das Holz nicht aufreißt.

Was tun, wenn ...

... das Material nach dem Ablängen noch immer nicht die gewünschte Größe hat?	Ist das Material zu kurz, muss es recycelt und für ein anderes Produkt verwendet werden. Wenn das Material nach dem Ablängen noch zu groß ist, kann entweder noch einmal gesägt, oder für feinere Arbeiten gefeilt, geraspelt bzw. geschliffen werden.
... das Holz beim Sägen ausgerissen ist?	Das Holz kann etwas abgeschliffen und ggf. mit Leim und Holzspänen ausgebessert werden. Besser ist es aber, dem Ausreißen vorher entgegenzuwirken, indem das Holz langsam und gleichmäßig gesägt und das Abfallstück beim Durchsägen gut festgehalten wird.
... die Säge einfach kein Material abträgt?	Überprüft die Säge: Gibt es Unregelmäßigkeiten wie bspw. verbogene Sägezähne? Ist sie für das Material geeignet? Ist die Säge auf den ersten Blick intakt, kann es sein, dass sie mit der Zeit stumpf geworden ist. Das erkennt man am besten daran, dass die Schnittstellen ausgefranst und die entstehenden Späne meist fein wie Mehl sind. Eine stumpfe Säge macht auch häufig lautere Geräusche als eine scharfe Säge und verkantet beim Sägevorgang. Sie sollte der Lehrkraft übergeben werden.

1.3.3 Kreisrund – wie funktioniert das Bohren?

Finja hat einen Regalboden vorbereitet, um das Bücherregal im Buchladen ihres Vaters zu reparieren. Allerdings fehlen noch einige Löcher, um den Regalboden später befestigen zu können. Wie bekommt sie ein Loch in das Holzbrett hinein und worauf sollte sie dabei achten?

M5 Überall Löcher

Hühnergott

Hosenknopf

„Knopf" im Ohr

Tackernadel

M6 Wie ist eine Ständerbohrmaschine aufgebaut und wie funktioniert das Bohren?

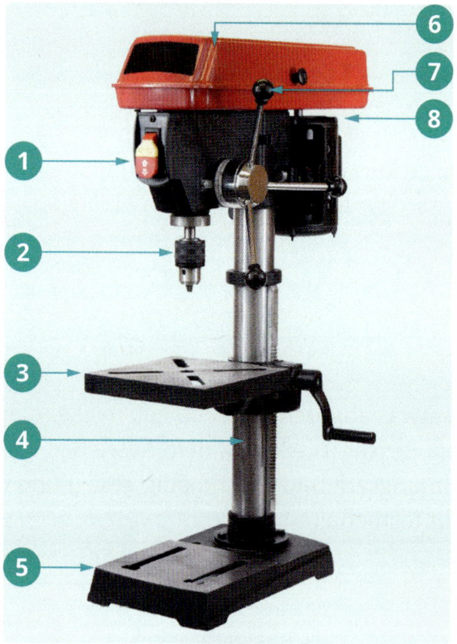

Die Ständerbohrmaschine wird von einem Motor angetrieben und bietet die Möglichkeit das Werkstück auf den Bohrtisch abzulegen, während der Bohrer in das Bohrfutter eingespannt wird. Mithilfe eines seitlichen Handhebels wird der Bohrer während des Bohrvorgangs abgesenkt. Der Bohrer selbst verfügt über eine Haupt- und Nebenschneide, die, je nach Verwendungszweck in einem bestimmten Winkel zueinander angeordnet sind. Durch die schnelle Drehung um die eigene Achse dringt der Bohrer in das Material ein, wobei der entstehende Span über die Spannut hinausgeführt wird.

Bearbeiter

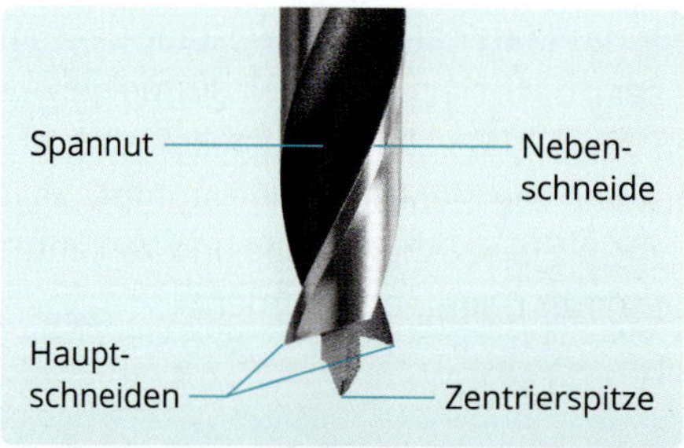

Aufbau eines Holzbohrers

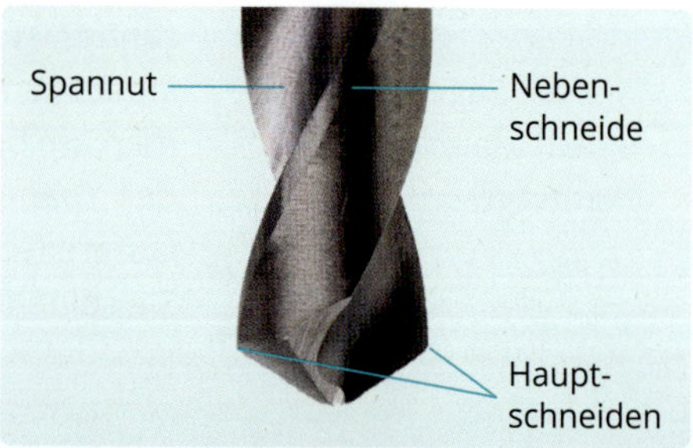

Aufbau eines Metallbohrers

M7 Die verschiedenen Bohrverfahren

Grundlochbohrung (links) und Durchgangsbohrung (rechts)

M8 Tunnelbau: Bohrer der Superlative

Die Tunnelvortriebsmaschine „Bärlinde"

In Berlin wurde über einige Jahre hinweg die U-Bahnlinie 5 mit der U-Bahnlinie 55 zusammengeführt. Hierfür kam die 74 m lange Tunnelvortriebsmaschine „Bärlinde" zum Einsatz. Mit einem Durchmesser von 6,67 m und einem Vortrieb von 8 m/Tag hat sich die Maschine durch den Berliner Untergrund gegraben.

Bearbeiter

AUFGABEN

82311-040

1. Erkläre, welche Funktion die Löcher in den Gegenständen haben und wie sie entstanden sind (**M5**).
2. Ordne die folgenden Begriffe dem Aufbau der Ständerbohrmaschine zu: Motor, Handhebel für Vorschub, Schalter, Säule, Abdeckung (darunter Riemenscheibe zur Drehzahländerung), verstellbarer Bohrtisch, Bohrfutter, Maschinenfuß mit Bohrtisch (**M6**).
3. Erklärt euch mithilfe von **M6** gegenseitig die folgenden Begriffe: Motor, Haupt- und Nebenschneide, Spannut und Bohrfutter.
4. Erkläre das Bohren anhand der Ständerbohrmaschine (**M6**).
5. Erläutere die unterschiedlichen Arten von Bohrverfahren. Gib jeweils mindestens zwei Beispiele an, wo diese eingesetzt werden (**M7**).
6. a) Recherchiere im Internet zu aktuellen Tunnelbauprojekten.
   b) Erörtert zu zweit die Herausforderungen des Tunnelbaus mit einem Bohrer (**M8**).
   c) Vergleicht die Herausforderungen des Tunnelbaus mit denen des Bohrens von Holz bzw. Metall.

H zu Aufgabe 3
Erläutere aus welchen Gründen der Holzbohrer nicht für die Metallverarbeitung geeignet ist.

So gelingt die Bohrung

Bei der Herstellung vieler Werkstücke muss gebohrt werden. Häufig wird die Ständerbohrmaschine für Bohrungen genutzt, um Kraft zu sparen. Die Ständerbohrmaschine muss richtig eingestellt und verwendet werden, damit es nicht zu Unfällen kommt.

Hilfs- und Arbeitsmittel

1. **Bleistift, Stahlmaßstab, Gliedermaßstab, Anreißnadel und Tischlerwinkel:** Diese Arbeitsmittel werden benötigt, um die Maße aus der technischen Zeichnung auf dein Werkstück zu übertragen.
2. **Maschinenschraubstock:** Er ist in verschiedenen Größen erhältlich. Hierin können die Werkstücke für die Bearbeitung fest und sicher eingespannt werden.
3. **Ständerbohrmaschine:** Sie ist gut geeignet, um mit wenig Kraftaufwand in ein Werkstück zu bohren.
4. **Bohrer:** Es gibt viele verschiedene Bohrer. Bevor mit dem Bohrvorgang gestartet wird, muss der richtige Bohrer ausgewählt werden.
5. **Schleifpapier oder Handsenker:** Da die beim Bohren entstehenden Kanten oft sehr scharf sind und ein Verletzungsrisiko darstellen, müssen sie „gebrochen" werden.
6. **Körner und Hammer:** Wenn Metall gebohrt wird, muss hiermit zunächst eine kleine Führung für den Bohrer hergestellt werden.
7. **Schneidöl:** Beim Bohren in Metall sollte ein Schneidöl verwendet werden, um das Werkstück zu kühlen und den Verschleiß des Bohrers zu reduzieren.

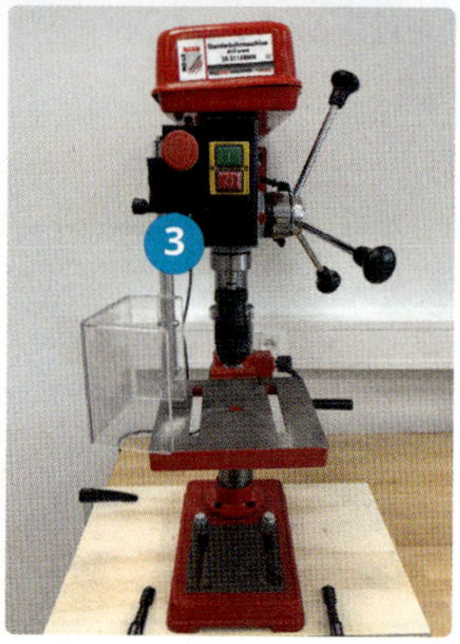

Erklärvideo „Bohren mit der Ständerbohrmaschine"

82301-86

Spiralbohrer, Forstnerbohrer, Glockensäge? Auswahl des richtigen Bohrers

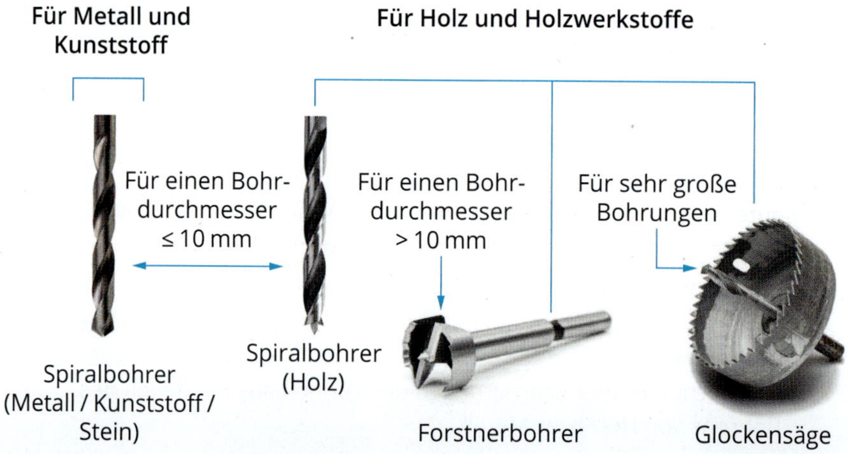

Sicherheit geht vor

Bohrungen an der Ständerbohrmaschine werden immer unter Aufsicht einer Lehrkraft durchgeführt.

Nach erfolgter Bohrung werden die entstandenen Bohrspäne abgesaugt und nicht mit der Hand entfernt.

Die persönliche Kleidung wird vor der Arbeit an der Bohrmaschine überprüft. Insbesondere werden Schmuck und lose Kleidungsstücke abgelegt sowie bei langen Haaren eine Mütze bzw. ein Haarnetz verwendet.

Der Bohrer wird bis zum Anschlag in das Bohrfutter geschoben und fest eingespannt. Der hierfür verwendete Spannschlüssel wird sofort abgezogen.

Das Werkstück wird in einen Maschinenschraubstock eingespannt und so gegen ein Verdrehen gesichert.

Beim Bohren wird ein Gefahrenradius von 1,5 m um die Ständerbohrmaschine eingehalten.

Es werden **keine** Handschuhe getragen.

Beim Bohren von spröden Materialien wird eine Schutzbrille getragen.

Arbeitsschritte beim Bohren

1 Zuerst wird die Bohrung aus der Zeichnung auf das Werkstück übertragen. Dafür nutzt du bei Holz einen Bleistift, ein Stahlmaßstab und einen Anschlagwinkel. Bei Metallarbeiten kommt statt des Bleistifts eine Anreißnadel zum Einsatz, um die Markierungen sauber und genau anzureißen.

1

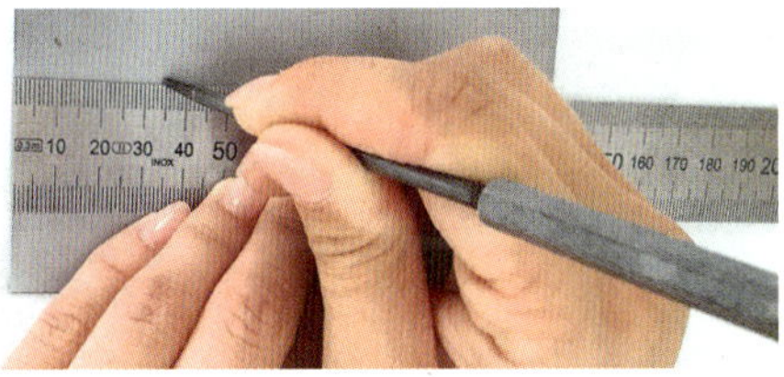

2

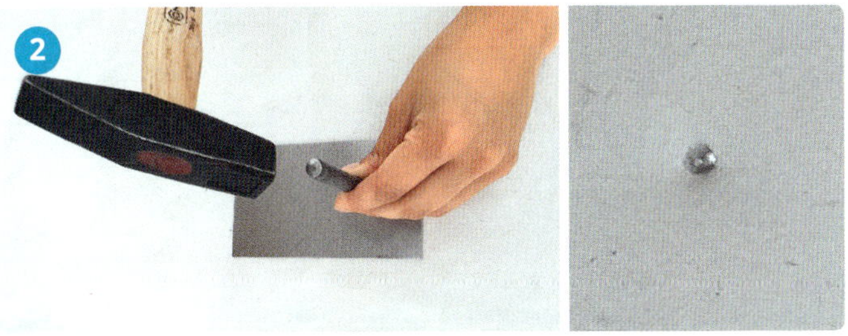

2 Bei Werkstücken aus Metall muss die Bohrung zuerst gekörnt werden, um ein Abrutschen des Bohrers zu verhindern. Hierfür wird der Körner auf dem Anriss platziert und mit dem Hammer kräftig darauf geschlagen.

3 Wähle einen geeigneten Bohrer für dein Vorhaben aus.

3

Arbeitsschritte beim Bohren

4 Der Bohrer wird bis zum Anschlag fest in das Bohrfutter der Bohrmaschine eingespannt. Der Spannschlüssel wird sofort abgezogen. Die Bohrmaschine wird kurz angeschaltet und der Rundlauf des Bohrers geprüft. Die Drehzahl wird eingestellt. Hierbei gilt: Je kleiner der zu bohrende Durchmesser und je weicher der zu bohrende Werkstoff, desto größer sollte die Drehzahl gewählt werden.

5 Das im Maschinenschraubstock eingespannte Werkstück wird auf dem Bohrtisch platziert. Bei ausgeschalteter Ständerbohrmaschine wird der Bohrer kurz abgesenkt, um das Werkstück so zu platzieren, dass die markierte bzw. gekörnte Stelle gebohrt wird.

6 Die Ständerbohrmaschine wird angeschaltet und der Bohrer langsam und gleichmäßig abgesenkt. Bei tiefen Bohrungen solltest du den Bohrer regelmäßig vollständig aus der Bohrung führen, um so den Span abzutransportieren. Wenn in Metall gebohrt wird, werden ein paar Tropfen Schneidöl auf die gekörnte Stelle gegeben.

7 Wenn die Bohrung durchgeführt ist, wird der Bohrer wieder nach oben geführt und die Ständerbohrmaschine wird ausgeschaltet. Die beim Bohren entstandenen Späne werden abgesaugt.

8 Die entstandenen Kanten sind oft scharfkantig. Bei der Arbeit mit Metall sollten sie mit einem Handsenker entgratet, bei der Arbeit mit Holz mit Schleifpapier oder einer Feile gebrochen werden.

Was tun, wenn …

… die Bohrung so klein ist, dass die Kante nicht mit Schleifpapier gebrochen werden kann?

Für das Entgraten bzw. Kantenbrechen von sehr kleinen Bohrungen gibt es ein besonderes Werkzeug: die Schlüsselfeilen. Diese haben einen extra kleinen Durchmesser und verschiedene Formen, bspw. rund, halbrund, quadratisch oder flach.

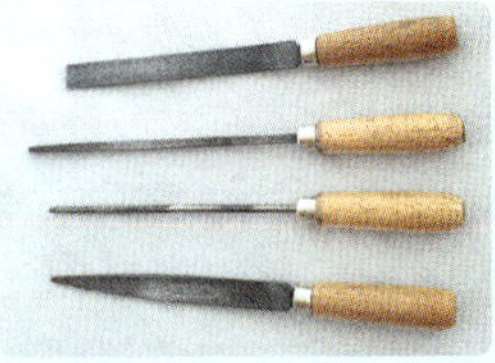

… die Bohrung an der falschen Stelle ist?

Wenn bereits an der falschen Stelle gebohrt wurde, ist es oft schwer, das Werkstück noch zu retten – es muss recycelt und für ein anderes Produkt verwendet werden. Wenn das Material noch nicht abgelängt wurde, kann es sein, dass der Anriss nachträglich noch einmal korrigiert werden kann, um das Werkstück doch noch herstellen zu können.

… der Bohrer einfach kein Material abträgt?

Wenn der Bohrer kaum oder überhaupt kein Material abträgt, sollte im ersten Schritt überprüft werden, ob er für das Vorhaben geeignet und ob an der Ständerbohrmaschine die richtige Drehzahl eingestellt ist. Wenn diese Parameter stimmen, kann es sein, dass der Bohrer mit der Zeit stumpf geworden ist. Das erkennt man, ähnlich wie bei der Säge, am ehesten daran, dass die Bohrkanten ausgefranst und die entstehenden Späne meist fein wie Mehl sind. Ein stumpfer Bohrer macht auch häufig lautere Geräusche als ein scharfer Bohrer und verkantet beim Bohrvorgang. Er sollte der Lehrkraft übergeben werden.

Bearbeiter

1.3.4 Wie lässt sich Metall abtragen?

In der Metallverarbeitung spielt das sogenannte Abtragen von Material mit Handwerkzeugen eine besondere Rolle, um Oberflächen zu glätten oder komplizierte Formen zu gestalten. Doch welches Werkzeug eignet sich dafür am besten, und worauf sollte man dabei achten?

M9 Welche Feile für welches Material?

1 Holztruhe

2 Schlüssel

3 Filzstifte

FEILE

Feilen sind wichtige Werkzeuge für die Bearbeitung ebener Flächen und verschiedener Werkstückformen wie Rundungen.
Die Zähne der Feile, die auf dem Feilenblatt angebracht sind, greifen in das Material und tragen es bei der Vorwärtsbewegung unter Druck ab. Der Griff der Feile (das Feilenheft) ist über das spitze Ende des Feilenblattes (die Angel) mit der Feile verbunden. Um ein Spalten des Griffs zu verhindern, wird ein Metallring (die Zwinge) angebracht.
Feilen ermöglichen präzises Arbeiten und sind je nach Hiebart für unterschiedliche Aufgaben geeignet:
Raspelhieb (Raspel): Eine sehr grobe Feile, die sehr viel Material abträgt und tiefe Spuren in der Oberfläche hinterlässt. Sie ist ausschließlich für die Bearbeitung von Holz und Kunststoff geeignet.
Einhieb: Eine grobe Feile, die viel Material abträgt und sich für Holz, Kunststoff und Metalle eignet.
Kreuzhieb: Eine feine Feile, die glatte und präzise Oberflächenbearbeitung ermöglicht. Sie sollte nur für Metalle verwendet werden.

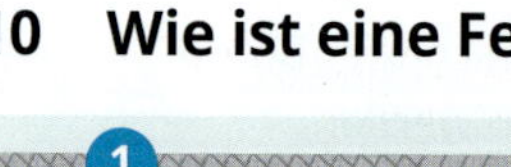

Raspelhieb

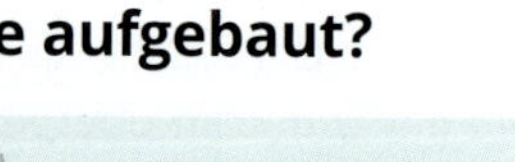

Einhieb

Kreuzhieb

Bearbeiter

M10 Wie ist eine Feile aufgebaut?

Bearbeitergrafik

M11 Welche unterschiedlichen Formen haben Feilen?

Halbrundfeile	rundförmig	eignet sich besonders für das Feilen schmaler Kerben
Flachfeile	dreieckig	Eine Seite kann grob und die andere feiner sein, um unterschiedliche Abtragungsgrade zu ermöglichen.
Dreikantfeile	eine flache und eine halbrunde Seite	kombiniert die Vorteile von flachen und runden Feilen
Vierkantfeile	quadratisch	ideal für präzise Feilen von Ecken
Rundfeile	flach und rechteckig	Der gleichmäßige Durchmesser ermöglicht eine gleichmäßige Abtragung auf runden Flächen.

Bearbeiter

M12 Mögliche Verwendungsszenarien

Holzbank

Rostige Mutter

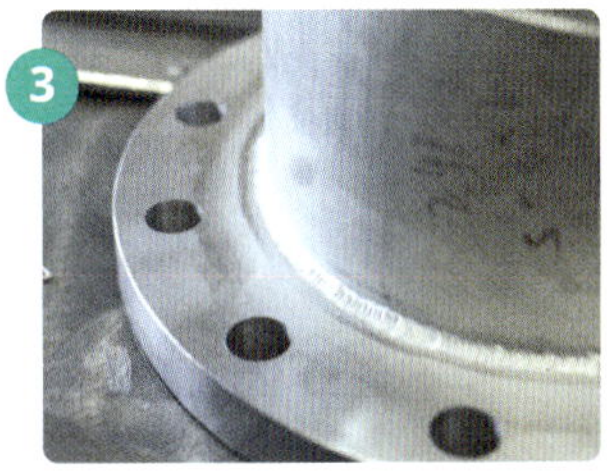

Ein rundes Metallstück

AUFGABEN

82311-041

1. Formuliere Vermutungen, welche Werkstoffe in den Abbildungen dargestellt sind (**M9**).
2. Benenne, welche Feile für die grobe Bearbeitung der jeweiligen Werkstoffe geeignet ist (**M9**, **#Feilen**).
3. Erkläre den Aufbau einer Feile und notiere die passenden Bezeichnungen (**#Feile**).
4. Ordne den Feilen die passende Form der Feilblätter und deren Eigenschaft in einer Tabelle zu (**M11**).

Bezeichnung	Form des Blattes	Eigenschaften
Flachfeile	...	...

5. Beurteilt zu zweit, welche Feilenform sich für die Bearbeitung der in den Abbildungen gezeigten Werkstücke am besten eignet (**M11**, **M12**).

F zu Aufgabe 2
Recherchiere, weshalb eine Feile mit Kreuzhieb nicht für die Holzverarbeitung verwendet sollte.

So wird gefeilt

Das Feilen ermöglicht durch seine vielfältigen Einsatzmöglichkeiten die präzise Bearbeitung unterschiedlicher Werkstücke und Formen. Um dies zukünftig wie ein Profi zu können, sind einige wichtige Schritte zu beachten.

Sicherheit geht vor

Prüfe zu Beginn, ob das Heft fest mit dem Feilenblatt verbunden ist. Feilen mit einem lockeren Heft dürfen nicht verwendet werden.
Entferne die Späne nicht durch Pusten oder mit den Händen, sondern verwende dafür einen Staubsauger.
Das Werkstück muss immer vorher in den Schraubstock eingespannt werden.
Die Feile mit beiden Händen halten.

Glätten einer Fläche

Diese Hilfs- und Arbeitsmittel sind notwendig:

- Werkstück: Ein Metallstück mit einer rauen oder unebenen Fläche, das gefeilt werden soll.
- Flachfeile: Eine Feile, die sich gut zur Bearbeitung von Flächen eignet.
- Tischschraubstock: zum Einspannen des Werkstücks

Gehe wie folgt vor:

Schritt 1:

Spanne das Metallstück in einen Schraubstock ein, sodass die zu bearbeitende Fläche frei zugänglich ist. Achte darauf, dass das Werkstück knapp oberhalb der zu feilenden Stelle eingespannt wird, um ein Federn zu vermeiden.

Schritt 2:

Halte die Flachfeile mit beiden Händen: eine Hand am Heft (Griff) und die andere Hand liegt flach nahe der Blattspitze der Feile.

Schritt 3:

Führe die Feile in gleichmäßigen, geraden Bewegungen über die Fläche. Arbeite mit Druck nach vorne und ohne Druck beim Rückzug.

Schritt 4:

Überprüfe regelmäßig die bearbeitete Fläche, um sicherzustellen, dass sie gleichmäßig geglättet wird. Entferne entstandene Späne, die sich in den Zahnlücken der Feile sammeln, mit einer Feilenbürste.

Schritt 5:

Feile weiter, bis die Fläche glatt und gleichmäßig ist.

Schritt 6:

Die Feile wird nach dem Gebrauch mit der Feilenbürste gereinigt.

Feilen einer Rundung mit der Flachfeile

Diese Hilfs- und Arbeitsmittel sind notwendig:

- Werkstück: Ein Metallstück, in das eine Rundung gefeilt werden soll.
- Flachfeile: Eine Feile, die sich gut eignet, um Radien anzufertigen.
- Anreißzirkel: zum Markieren des Radius auf dem Werkstück
- Tischschraubstock: zum Einspannen des Werkstücks

Gehe wie folgt vor:

Schritt 1:

Reiße eine Rundung auf das Metallstück mit einem Anreißzirkel an.

Schritt 2:

Spanne das Metallstück in einem 45 Grad-Winkel in den Schraubstock, sodass die zu bearbeitende Fläche frei zugänglich ist.

Praxisseite

Schritt 3:

Halte die Flachfeile mit beiden Händen – eine Hand am Heft und die andere nahe der Blattspitze der Feile.

Schritt 4:

Die Feile wird waagerecht an das Ende der Rundung gesetzt. Bewege die Feile in einer Schwenkbewegung zum Anfang der Rundung. Danach wird die Feile in derselben Bewegung ohne Druck zurückgezogen, bis sie wieder waagerecht steht.

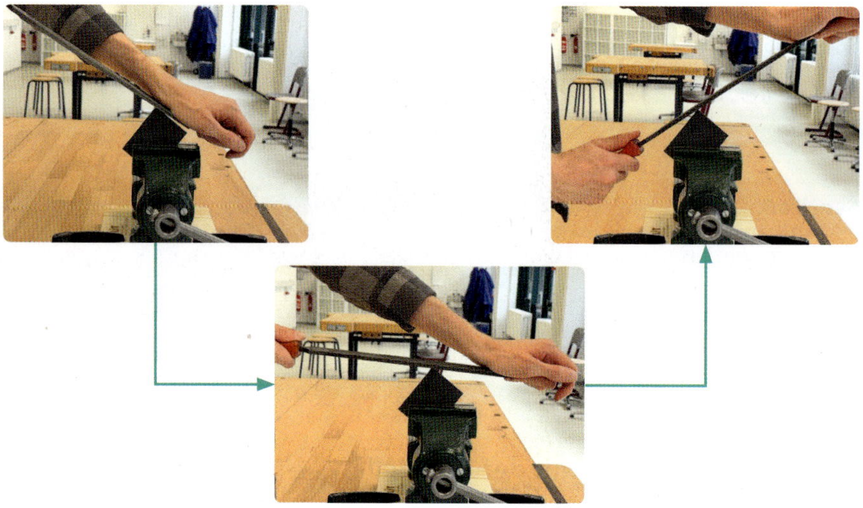

Schritt 5:

Verwende die Feile, um die Übergänge zwischen der Rundung und den geraden Kanten zu glätten.

Schritt 6:

Die Feile wird nach dem Gebrauch mit der Feilenbürste gereinigt.

Bearbeiter

1.3.5 Wie lässt sich Metall verformen?

Finja hat ein Video einer Influencerin entdeckt, der sie folgt. Darin wird gezeigt, wie man Schmuck selbst herstellen kann. Finja ist begeistert. Sie möchte ihren eigenen Schmuck entwerfen. Doch welche Werkzeuge braucht sie dafür?

M13 Ohrringe selbst machen?

M14 Werkzeuge für die Schmuckherstellung

Finja hat sich bei Imke nach Rat für die Auswahl der richtigen Werkzeuge zur Schmuckherstellung erkundigt. Imke hat eine Liste mit Werkzeugen zusammengestellt, die sich für die Schmuckherstellung eignen:

- Dieses Werkzeug hat runde Backen, die sich hervorragend zum Formen von Schlaufen und Ringen eignen.
- Diese Zange besitzt flache, glatte Backen, die perfekt zum Greifen, Halten und Biegen von Draht sind, ohne ihn zu beschädigen.
- Mit diesem Werkzeug kann man den Draht schneiden.
- Diese Variante einer Zange zeichnet sich durch lange, schmale Backen aus, die sich gut für feine und detaillierte Arbeiten eignen.

Bearbeiter

M15 Welche Werkzeuge für welche Aufgabe?

1

Flachzange

2

Spitzzange

3

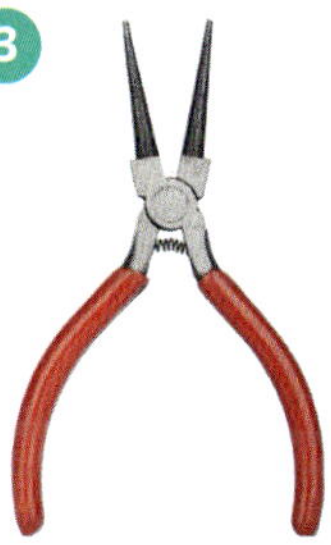

Rundzange

4

Seitenschneider

Treibklotz

Amboss

TREIBEN

Treiben (auch Treibarbeit genannt) ist ein Verfahren, bei dem das Metall durch wiederholte Schläge mit einem Treibhammer in die gewünschte Form gebracht wird. Dabei liegt das Metallstück auf einem Amboss, einem Treibklotz oder einer speziellen Form. Gleichmäßige und kontrollierte Schläge treiben das Metall nach und nach in die gewünschte Form. Oft wird das Metall vor dem Treiben erhitzt, um es weicher und formbarer zu machen. Dies ist besonders bei dickeren oder härteren Metallen wichtig, um Risse oder Brüche zu vermeiden.

Bearbeiter

M16 Einsatzmöglichkeiten von Treibarbeit

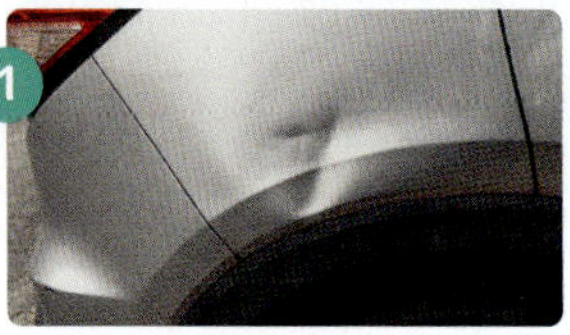

1 Delle im Auto

2 Ohrringe

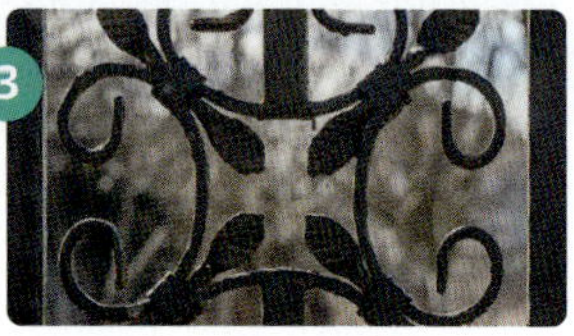

3 Zaun

M17 Für immer und ewig?

Finja erhält eine Benachrichtigung auf ihrem Smartphone: Die Influencerin hat einen neuen Clip veröffentlicht. Neugierig klick sie darauf und sieht, wie die Influencerin ihr neues „permanentes" Armband präsentiert. Dabei werden die Enden des Schmucks direkt am Handgelenk punktuell verschweißt, sodass das Armband nur durch Zerschneiden wieder entfernt werden kann. Finja fragt sich, ob das wirklich eine gute Idee ist …

Bearbeiter

F zu Aufgabe 6
Recherchiere zum Beruf der Goldschmiedin und des Goldschmieds. Welche Tätigkeiten üben sie aus und welche Voraussetzungen sind erforderlich?

Informationen zum Beruf Goldschmied

82311-177

AUFGABEN

82311-042

1. Beschreibe die Fertigungsschritte des abgebildeten Ohrrings (**M13**).
2. Ordne den Beschreibungen von Imke das jeweilige Werkzeug zu (**M14**, **M15**).
3. Benenne die Einsatzmöglichkeiten der Treibarbeit (**M17**, **#Treiben**).
4. Analysiert zu zweit die Alltagstauglichkeit der permanenten Armbänder (**M17**).
5. a) Entwickelt in Gruppen eigene Schmuckideen, die man mithilfe der Werkzeuge in **M15** herstellen könnte.
   b) Erstellt hierzu erste Skizzen.

1.3.6 Wie misst man richtig?

Malik hat in einem Onlineshop eine Jacke entdeckt, die er unbedingt kaufen möchte. Um die richtige Größe zu wählen, stehen in einer Größentabelle Angaben zu Brust- und Hüftumfang zur Verfügung. Doch Malik ist unsicher: Womit soll er seine Maße nehmen?

M18 Womit kann man messen?

1

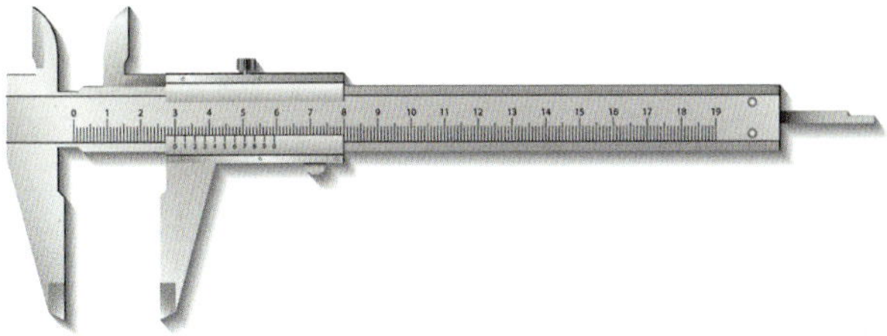

Messschieber

2

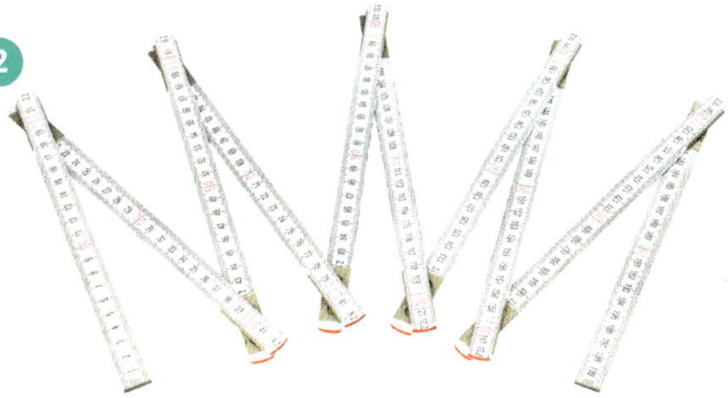

Gliedermaßstab

3

Maßband

4

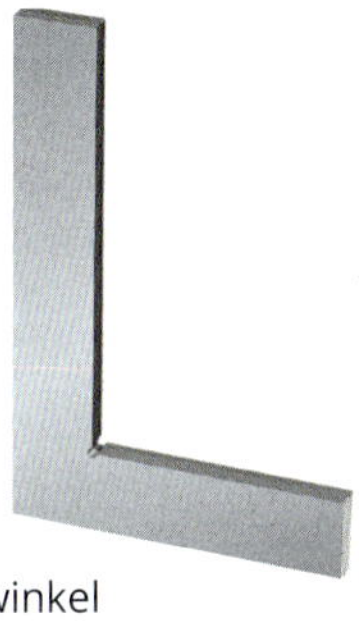

Haarwinkel

5

Stahlmaßstab

MESSEN

Messen bedeutet, die Länge oder den Winkel eines Gegenstandes mit einem Messwerkzeug zu bestimmen.
Dabei wird ein konkreter Messwert ermittelt.

Bearbeiter

LEHREN

Beim Lehren wird ein Gegenstand mit einer Lehre – einem speziellen Prüfwerkzeug – verglichen.
Dabei wird geprüft, ob das Werkstück in seinen Abmessungen den gewünschten Anforderungen entspricht und somit als „Gut“ bewertet wird oder ob es als als Ausschuss gilt.

Grenzrachenlehre

Bearbeiter

M19 Zwei Skalen und ein Messwert?

9:41

Imke: Ich möchte den Messschieber benutzen, bin mir aber nicht sicher, wie ich den Messwert richtig ablesen soll. 14:43

Onno:

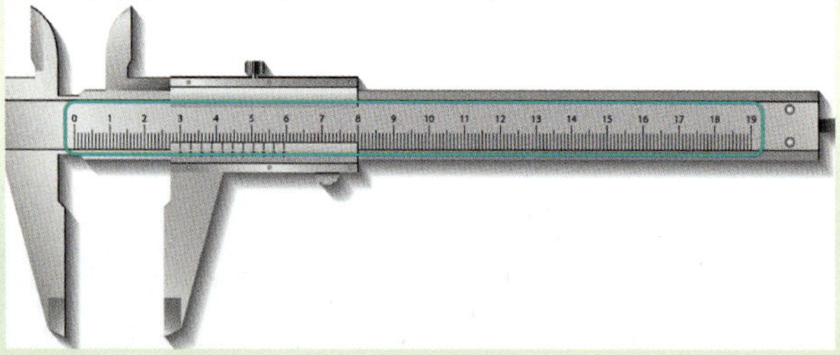

Der Messschieber hat zwei Skalen. Die erste ist die Hauptskala. Hier liest du den Millimeterwert ab. 14:43

Imke: Ah, okay. Und wie funktioniert die zweite Skala? 14:43

Onno:

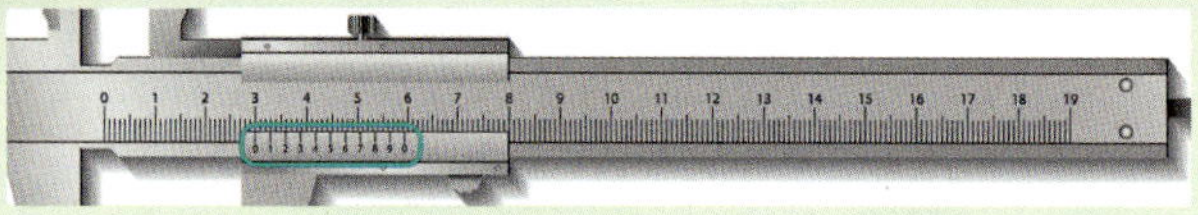

Die nennt man den Nonius. Damit bestimmst du die Nachkommastelle. Du suchst einfach die Markierung auf der Nonius-Skala, die exakt mit einer Linie der Hauptskala übereinstimmt. Das ist deine Nachkommastelle. 14:43

Imke: Hm, das ist ein bisschen kompliziert. 14:43

Onno:

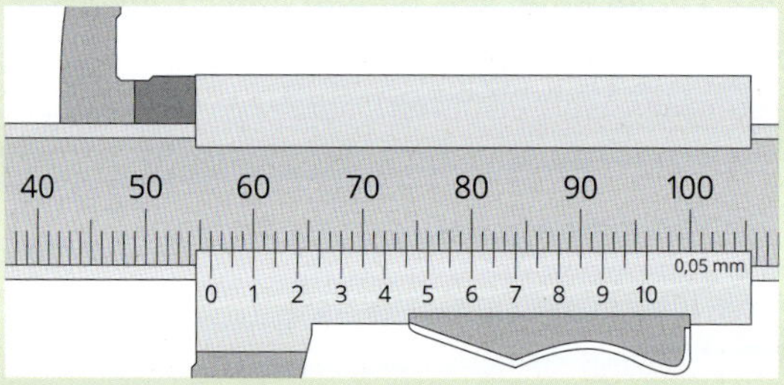

Hier, probier' es einfach mal aus. Welchen Messwert hast du? 14:43

Bearbeiter

M20 Das passende Werkzeug finden

Imke: Ich habe eine Holzschraube, aber ich weiß weder ihren Durchmesser noch ihre Länge.

Jasmin: Ich möchte die Wände des Cafés neu streichen, muss dafür aber zuerst ihre Maße kennen.

Khalil: Ich suche ein Bücherregal, das genau in die Ecke des Buchladens passt.

Bearbeiter

M21 Messen ist nicht gleich Messen

Imke ist dabei die Holzbretter nachzumessen, die sie vorbereitet hat. Verwundert muss sie feststellen, dass die Maße leicht voneinander abweichen. Sie betrachtet den rostigen Stahlmaßstab in ihrer Hand genauer.

Bearbeiter

AUFGABEN

82311-043

1. Benenne die abgebildeten Werkzeuge (**M18**).
2. Ordne die Werkzeuge der Kategorie Messen oder Lehren zu (**M18**, **#Messen**, **#Lehren**).
3. Benenne den Messwert des Messschiebers (**M19**).
4. Erkläre, welches Werkzeug sich in den jeweiligen Situationen am besten eignet (**M18**, **M20**).
5. a) Analysiere Imkes Situation und identifiziere den möglichen Messfehler (**M21**).
   b) Entwickelt zu zweit Kriterien für das Messen, damit solche Fehler in Zukunft vermieden werden können (**M21**).

F zu Aufgabe 3
Vater Onno benötigt zehn Nägel mit einer exakten Länge von 50 mm, doch seine Sammlung ist völlig durcheinandergeraten. Erkläre, welches Messwerkzeug sich am besten eignet, um die passenden Nägel auszuwählen.

1.4 Schiffe verbinden die Welt

1.4.1 Wofür brauchen wir Schiffe?

Alles begann mit kleinen Booten, mit denen Menschen über Flüsse und andere Gewässer gefahren sind. Aus den kleinen Booten wurden mit der Zeit große Schiffe, die wir heute für ganz unterschiedliche Zwecke nutzen.

Boot
kleines Wasserfahrzeug, das Menschen oder Sachen über Wasser transportiert, meistens mit Paddeln, Segeln oder einem Motor angetrieben

Schiff
großes Wasserfahrzeug, das auf Flüssen, Seen oder dem Meer fährt und viele Menschen oder Güter transportieren kann

M1 Reisen mit dem Kreuzfahrtschiff: das Abenteuer wartet

Ein Kreuzfahrtschiff fährt über die Ems zur Nordsee. Die Ems ist ein Fluss, der durch Ostfriesland fließt.

Sünke: Ich würde auch gern einmal mit so einem Schiff auf eine Reise gehen!

Onno: Ich glaube, das ist ganz schön teuer.

Maike: Bestimmt gibt es günstige Angebote, wenn man früher bucht. Vielleicht schauen wir mal für den nächsten Sommerurlaub.

Fiete: Da bleibe ich zu Hause. Kreuzfahrtschiffe sind richtig schädlich für das Klima. Da mach ich nicht mit!

Bearbeiter

M2 Welche Funktionen haben Schiffe?

Wenn du schon einmal in einem Hafen warst, hast du dort bestimmt Containerschiffe gesehen. Sie haben meist so viele Container geladen, dass man sie kaum zählen kann. In den Containern werden Waren und Rohstoffe transportiert, die wir für unser tägliches Leben brauchen. Sie kommen häufig aus weit entfernten Ländern und werden deshalb mit dem Schiff transportiert.
Es gibt aber auch viele andere Schiffstypen, die ganz unterschiedliche Aufgaben haben:

Bearbeiter

- Tanker
- Fähren
- Yachten
- Forschungsschiffe
- Massengutfrachter („Bulk Carrier“)
- RoRo-Schiffe („Roll-on / Roll-off“)
- Kühl- und Fischereischiffe
- Kreuzfahrtschiffe
- Rettungs- und Einsatzschiffe
- Baggerschiffe

M3 Schiffe im Stau

82311-044

Im Frühjahr 2021 verursachte ein einzelnes Frachtschiff einen riesigen Stau. Das Schiff hieß „Ever Given" und drehte sich im Suez-Kanal quer. Der Suez-Kanal ist besonders wichtig. Er wurde von Menschen gebaut und ist für Schiffe die kürzeste Verbindung von Asien nach Europa. Er wird daher von vielen tausend Schiffen pro Jahr genutzt. Nach dem Unfall musste die „Ever Given" aufwändig aus dem Kanal herausgeschleppt werden. Der Suez-Kanal war für etwa drei Monate für kein anderes Schiff befahrbar. Viele Unternehmen in Deutschland und Europa konnten nichts mehr herstellen oder viel weniger. Rohstoffe, die für die Herstellung von Gegenständen gebraucht wurden, fehlten oder wurden zum Teil erheblich teurer. Das führte teilweise zu leeren Regalen im Supermarkt oder dazu, dass man bestimmte Produkte (z. B. Kühlschränke, Kleidung, Autos) nicht überall oder gar nicht kaufen konnte.

Bearbeiter

AUFGABEN

82311-045

1. Nenne Gründe, die für und gegen eine Kreuzfahrt sprechen könnten (**M1**).
2. a) Recherchiert in Gruppen zu drei Schiffen eurer Wahl Informationen zu ihren Aufgaben und ihrer Größe (**M2**).
   b) Erstellt Wandplakate und präsentiert eure Ergebnisse in der Klasse (**M2**).
3. a) Erläutere, warum der Schiffsunfall in **M3** einen so großen Einfluss auf die Produktion der deutschen Industrie hatte.
   b) Sucht auf einer Weltkarte im Atlas die ungefähre Position des Suezkanals. Bewertet die Route durch den Kanal nach Europa z. B. nach Wilhelmshaven vor dem Hintergrund der Entfernung zu verschiedenen wichtigen Hafenstädten in Asien (z. B. Shanghai, Singapur oder Shenzhen). Findet ihr Alternativen?

1.4.2 Warum schwimmen Schiffe?

Bei Schiffen entscheidet nicht der Auftrieb allein, ob sie schwimmen. Was ist noch wichtig, damit ein Schiff oder ein Boot nicht untergeht?

M4 Opas Röntgenblick

Skala auf dem Schiffsrumpf

Fiete: Schau mal, Opa. Da fährt schon wieder so ein Tanker vorbei.

Opa Fritz: Genau genommen hat das Schiff da seine Ladung abgeladen. Das nennt man bei Schiffen übrigens „Ladung löschen".

Fiete: Woher willst du das denn wissen? Du kannst doch gar nicht in die Tanks reingucken!

Opa Fritz: Das brauche ich auch gar nicht. Ich sehe das von außen.

Bearbeiter

M5 Das Knetkugel-Experiment

Schiffe schwimmen, obwohl sie schwer und aus Metall sind. Metall hat eine höhere Dichte als Wasser (es ist „schwerer"). Es müsste eigentlich untergehen. Mit diesem Experiment findest du heraus, warum Schiffe trotzdem schwimmen.

Du brauchst:

- 1 Dose Knetmasse
- 1 Schale mit Wasser
- eine Handvoll Spielfiguren aus Kunststoff (z. B. aus einem Brettspiel)

Versuch 1:

- Forme die Knete zu einem runden Ball, etwa so groß wie ein Tischtennisball.
- Drücke 5 Spielfiguren auf einer Seite des Balls so in die Knete, dass sie dort halten.
- Lege den Ball aus Knete vorsichtig auf das Wasser.
- Was beobachtest du?

Versuch 2:

- Forme die Knete zu einer Schale.
- Setze wieder 5 Spielfiguren in die Schale.
- Lege die Knetschale vorsichtig auf das Wasser.

Bearbeiter

AUFTRIEB

Auftrieb ist eine Kraft, die Dinge nach oben drückt, wenn sie in einer Flüssigkeit wie Wasser oder in einem Gas wie Luft sind.
Stell dir vor, du hast einen Ball und du drückst ihn unter Wasser. Der Ball will immer wieder nach oben steigen, weil das Wasser ihn hochdrückt. Das passiert, weil die Flüssigkeit oder das Gas, in dem der Gegenstand ist, einen Teil des Gewichts trägt. So ist es bei Booten und Schiffen: Sie bleiben auf dem Wasser, weil der Auftrieb sie nach oben drückt und so verhindert, dass sie untergehen.

Bearbeiter

M6 Ladung und Ballast

Damit ein Schiff nicht umkippt oder sinkt, wenn man die Ladung ablädt, gibt es einen besonderen Trick: Schiffe haben große Tanks. Die sind meist in Hohlräumen der Außenwände untergebracht. Immer wenn das Schiff zu leicht ist, werden diese Tanks mit genau der richtigen Menge Wasser gefüllt. So ist das Schiff nie zu leicht. Diese Technik führt aber auch zu Problemen. Zusammen mit den riesigen Wassermengen werden Meerestiere und -organismen in die Tanks gesaugt.

Bearbeiter

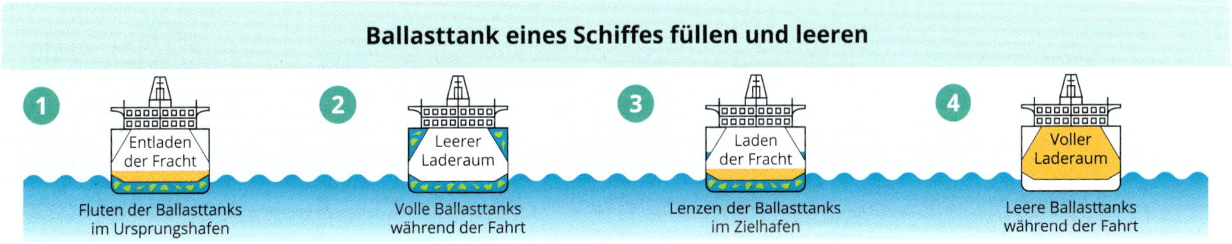

Bearbeitergrafik

AUFGABEN

82311-047

1. a) Beschreibe anhand des Bildes, woran Opa Fritz erkannt hat, dass das Schiff ohne Ladung unterwegs war (**M4**).
   b) Erkläre den Zusammenhang zwischen der abgebildeten Skala (= „Ahming") am Schiff und der Ladung.
2. a) Führt den Versuch in **M5** zu zweit durch.
   b) Dokumentiert eure Beobachtungen und analysiert die Ergebnisse.
   c) Optimiert gemeinsam die Form eurer Knetschale. Wie viel Gewicht kann die Schale aus Knete jeweils tragen?
3. Erkläre, warum das Ansaugen von Ballast technisch eine optimale Lösung ist, für die Umwelt aber zu erheblichen Problemen führt **M6**.

H zu Aufgabe 2c
Versucht besonders hohe Ränder zu kneten und besonders flache.

Produktentwicklung

Worum geht es?

Du hast eine Idee für ein tolles Produkt? Dann mach dich an die Arbeit und stelle dein Produkt einfach selbst her. Diese acht Schritte helfen dir sicher zum Ziel.

Gehe dabei so vor:

Schritt 1: Ideen sammeln

Egal wie groß oder klein deine Idee ist: Du brauchst ein großes Blatt Papier oder ein Gerät, auf dem du schreiben und zeichnen kannst. Überlege dir genau, welche Funktionen und Aufgaben dein Produkt haben soll. Notiere alle deine Ideen auf dem Blatt Papier.

Schritt 2: Anforderungen für das Produkt festlegen

Lege fest, welche Anforderungen dein Produkt erfüllen muss. Schau dir dazu alle deinen Ideen an und entscheide, was dir wichtig ist und was dein Produkt doch nicht braucht.

Schritt 3: Entwürfe skizzieren und das Produkt festlegen

Erstelle eine Skizze zu deinem Produkt, um es sichtbar zu machen. So kannst du erste Probleme erkennen. Es kommt dabei nicht auf Genauigkeit an. Konkretisiere dein Produkt, indem du ggf. mehrere Skizzen anfertigst. Entscheide dich dann für einen Entwurf.

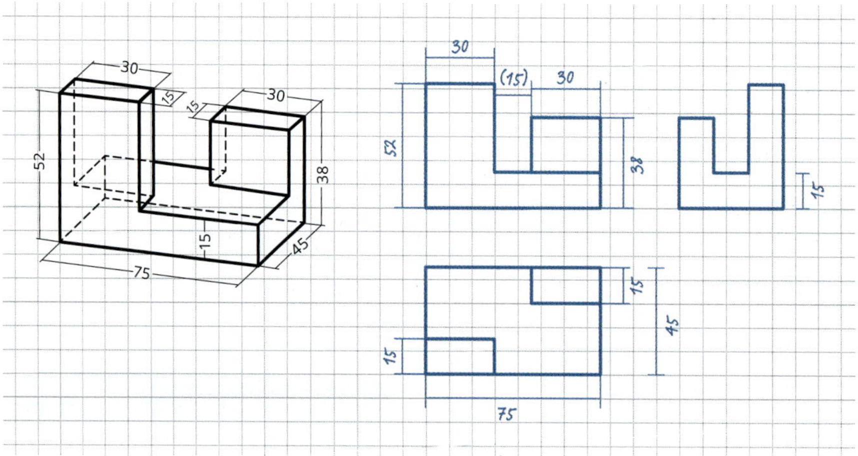

Tipp
Führe die Schritte 1–3 falls nötig mehrmals durch. Wenn du mehrere Entwürfe hast, kannst du dich nachher für den besten entscheiden. Oder du kannst verschiedene Ideen zusammenführen.

Schritt 4: Das richtige Material wählen

Soll dein Produkt aus Holz, Metall (oder Kunststoff) sein? Für die Materialwahl sind die Anforderungen an das Produkt wichtig. Natürlich soll dein Produkt aber auch gut aussehen. Am besten probierst du verschiedene Materialien aus.

Schritt 5: Eine technische Zeichnung anfertigen

Zeichne dein Produkt nochmal ganz genau. Benutze Bleistift und Lineal. Schreibe dir auf, welche Maße es haben soll. Versuche dein Produkt von mehreren Seiten zu zeichnen. Jeder, der deine Zeichnung sieht, soll wissen, wie du dein Produkt herstellen möchtest.

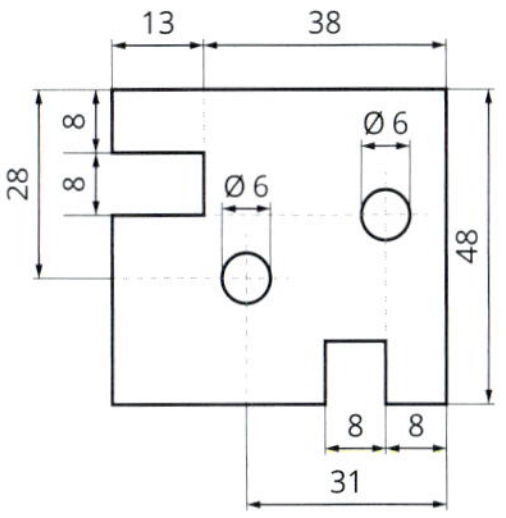

Beispiel für eine technische Zeichnung

Schritt 6: Eine Stückliste erstellen

Schreibe genau auf, welche Materialen du einkaufen musst. Achte darauf, dass du genügend Material hast, auch wenn etwas schief geht. Erkundige dich im Baumarkt, was das Material kostet. Schreibe die Kosten genau auf. So weißt du, was dein Produkt am Ende gekostet hat.

Nr.	Menge	Material	Einzelpreis	Gesamtpreis
1	2	Sperrholzplatte aus Pappelholz, 600 × 400 mm	4,74 EUR	9,48 EUR
2	10	Holzdübel, 6 × 30 mm	0,06 EUR	0,60 EUR
3	10	Senkkopfschrauben, 4,5 × 30 mm	0,12 EUR	0,40 EUR
…	…	…		
			Summe	10,48 EUR

Tipp
Manche Materialien gibt es nur in großen Packungseinheiten. Wenn es zum Beispiel die Schrauben, die du brauchst, nur im Karton zu 100 Stück gibt, musst du den Einzelpreis berechnen.

Schritt 7: Einen Arbeitsablaufplan erstellen

Damit du bei der Fertigung deines Produktes nicht durcheinander kommst, brauchst du einen Plan. So vermeidest du Probleme bei der Fertigung.

Schritt Nr.	Arbeitsschritt	Werkzeug	Material
1	Maße anzeichnen (siehe technische Zeichnung)	Tischlerwinkel, Bleistift, Gliedermaßstab	Vierkantleiste 20 × 20 × 1.000 mm
2	Vierkantleiste kürzen	Feinsäge, Schnellspannzwinge	Vierkantleiste 20 × 20 × 1.000 mm
3	…	…	…

Schritt 8: Funktion und Qualität prüfen

Prüfe, ob dein Produkt die Funktion(en) aus Schritt 1 und die Anforderungen aus Schritt 2 erfüllt. Falls dies nicht der Fall ist, führe die Schritte vier bis sieben nochmals durch.

Bearbeiter

Praxisseite

Tiefziehen

Beim Tiefziehen werden aus flachen Materialien wie Blech oder Kunststoff Dreidimensionale Objekte wie eine Dose oder eine Schale. Beim Metall-Tiefziehen wird das Material meistens kalt verarbeitet. Beim Kunststoff-Tiefziehen wird das Material vorher warm gemacht, damit es weicher ist und sich leichter formen lässt.

Arbeitsschritte beim Tiefziehen:

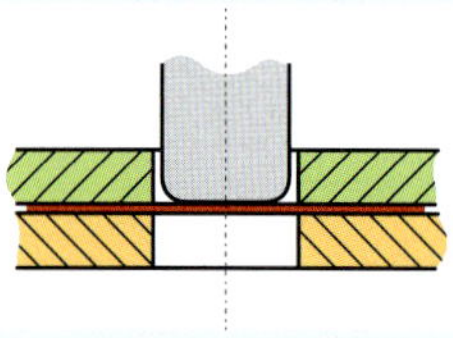

Schritt 1:

Starte mit einer Platte: Das Material ist flach, wie ein Stück Papier, nur aus Metall oder Kunststoff.

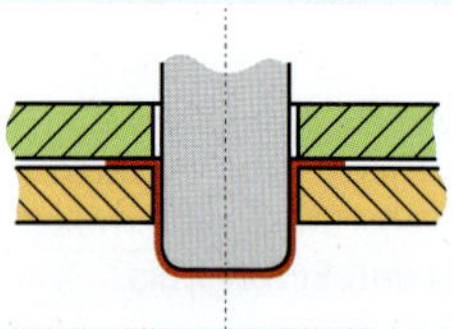

Schritt 2:

In die Form drücken: Ein Werkzeug, das aussieht wie ein Stempel, drückt das Material in eine Form.

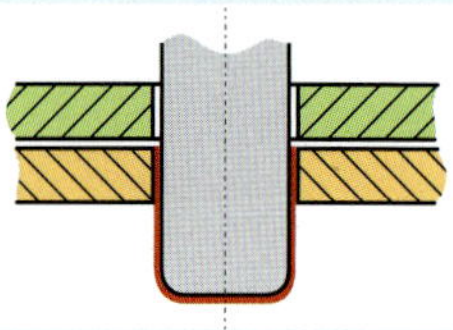

Schritt 3:

Die Form bleibt: Das Material passt sich der Form an, und wenn du es rausnimmst, sieht es genauso aus wie die Form – zum Beispiel wie eine Schüssel.

Kunststoffe tiefziehen

Kunststoffe lassen sich besonders leicht tiefziehen, weil sie im warmen Zustand gut verformbar sind. Du brauchst eine Tiefziehmaschine.

Bereite eine Form vor:

- Benutze dazu ein Material, dass hitzebeständig ist und sich leicht bearbeiten lässt. Es sollte auch fest genug sein, damit es beim Tiefziehvorgang nicht zerquetscht wird. Styrodur und Kartoffel, aber auch Knete eignen sich gut als Material.
- Lege die fertige Form auf den Maschinentisch.

Styrodur
Hartschaum, der z. B. zur Wärmedämmung eingesetzt wird.

Führe den Tiefziehvorgang durch:

- Spanne die Kunststoffplatte in den Halterahmen der Maschine ein. Die Kunststoffplatte ist später sehr warm. Mit dem Halterahmen kannst du sie trotzdem fest greifen.
- Achte darauf, dass der Halterahmen rund um die Platte dicht abschließt.
- Erwärme den Kunststoff mit einem Heißluftgebläse oder der Heizplatte in der Maschine. Warte, bis sich die Platte im Rahmen wölbt.
- Presse die Kunststoffplatte fest auf deine Form und schalte den Staubsauger oder den Vakuumsauger ein. Dadurch wird die Luft zwischen der warmen Folie und deiner Form abgesaugt und die Platte legt sich glatt an deine Form.

Bearbeiter

Ideen für Produkte aus Holz

Hier findest du drei Beispiele für Gegenstände aus Holz, die du ganz leicht selbst fertigen kannst. Fallen dir vielleicht sogar noch bessere Lösungen ein? Dann lass dich von den Beispielen inspirieren.

Tablet-Halter

Was ist dir wichtig?

- Das Tablet muss sicher in der Halterung stehen.
- Es sollte nicht umkippen, auch wenn du leicht dagegen stößt.
- Der gesamte Bildschirm muss zu sehen sein.

Welche Extras kannst du einplanen?

- Das Tablet kann hochkant oder quer in der Halterung stehen.
- Das Ladekabel kann angeschlossen werden, wenn das Tablet in der Halterung steht.
- Das Ladekabel ist in die Halterung eingebaut.
- Die Halterung sieht optisch ansprechend aus.

Tablet-Halter

Zeichnungen zum Tablet-Halter

82311-178

Tipp
Verwende wasserfesten Leim. So kannst du deinen Tablet-Halter auch in der Küche benutzen. Mit aufgeklebten Gummifüßen verrutscht der Halter nicht so leicht auf dem Tisch.

Wikingerschach (Kubb)

Was ist dir wichtig?

- Die Wurfstäbe müssen exakt gleich lang sein.
- Die „Kubb-Steine" müssen exakt gleich groß sein.
- Die Spielfeldbegrenzer müssen angespitzt werden, dürfen aber nicht zu spitz sein.
- Der König muss größer und besonders auffällig sein.

Welche Extras kannst du einplanen?

- Das Spiel ist bunt gestaltet.
- Es gibt eine Kiste oder einen Beutel, damit du die Bausteine wegräumen kannst.

Zeichnungen zum Wikingerschach

82311-179

Spielregeln findest du zum Beispiel hier:

82311-180

Wikingerschach

Praxisseite

Zeichnungen zum Schwedenstuhl

82311-181

Tipp
Du kannst den Stuhl noch stabiler machen. Lass dazu den Stoff der Rückenlehne weg. Ersetze ihn zum Beispiel mit schmalen Holzleisten.

Schwedenstuhl mit Textillehne

Was ist dir wichtig?
- Du musst besonders genau arbeiten. Nur dann passt alles gut zusammen.
- Achte darauf, dass keine Schrauben herausstehen oder zu tief eingeschraubt sind. Sonst kannst du dich an deinem Stuhl verletzen.
- Bei dünnen Holzleisten solltest du immer vorbohren, bevor du die Schraube eindrehst. Sonst könnte die Holzleiste einreißen.

Schwedenstuhl

Welche Extras kannst du einplanen?
- Der Stuhl ist farblich gestaltet.
- Der Stoff hat dein Lieblingsmuster oder deine Lieblingsfarbe.
- Der Stuhl hat eine Vorrichtung zum Aufhängen.
- Es gibt eine Tasche, in der du den Stuhl verstauen kannst.

Bearbeiter

Ideen für Produkte aus Metall

Du hast bestimmt schon einige Produkte aus Holz hergestellt. Mit Metall kannst du noch viele weitere Ideen verwirklichen. Die drei Beispiele kannst du entweder direkt fertigen oder du verbesserst sie gleich noch mit eigenen Ideen.

Zeichnungen zum Stiftehalter

82311-182

Stiftehalter

Was ist dir wichtig?
- Die Stifte müssen stabil im Halter stehen.
- Der Halter muss feststehen. Wenn du leicht dagegen stößt, darf er nicht umfallen – mit oder ohne Stifte. Das erreichst du mit einem breiten Sockel. Das ist der untere Teil, auf dem dein Stiftehalter steht.
- Die Bohrungen für die Stifte müssen groß genug sein. Dann kannst du deine Stifte bequem in den Halter stellen, ohne jedes Mal zu zielen. Aber sie dürfen auch nicht zu groß sein. Sonst wackeln die Stifte.
- Alle Kanten müssen entgratet und nachbearbeitet werden. So vermeidest du scharfe Kanten. Daran könntest du dich sonst schneiden. Auch deine Stifte oder der Tisch nehmen von scharfen Kanten Schaden.

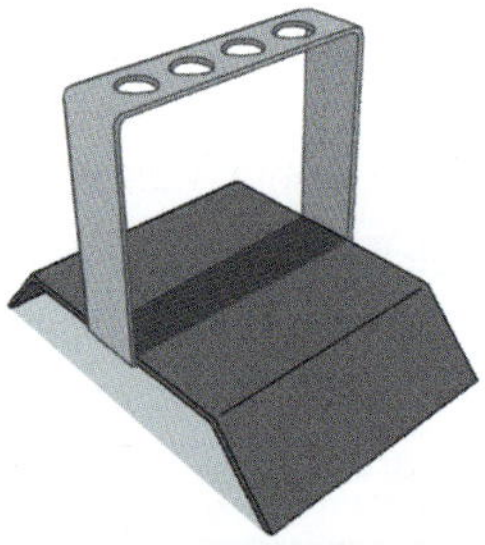

Stiftehalter

Welche Extras kannst du einplanen?
- Plane deinen Stiftehalter entweder für deine speziellen Lieblingsstifte oder so, dass beliebige Stifte hineinpassen.
- Entwirf ein Design, bei dem sich mehrere Stiftehalter kombinieren lassen. Zum Beispiel durch Magneten oder durch zusammenstecken.
- Überlege dir noch andere Formen, zum Beispiel eine Kiste für Notizzettel oder einen Halter zum Aufbewahren von USB-Ladekabeln.

Tipp
Gestalte deinen Stiftehalter mit Farbe. Wenn du Metalle mit Farbe beschichtest, musst du Sicherheitsmaßnahmen (z. B. Atemschutz) treffen. Deine Lehrkraft kann dir bei der richtigen Beschichtungsmethode helfen.

Flaschenöffner

Was ist dir wichtig?

- Ein Flaschenöffner fehlt immer, wenn man gerade unterwegs ist. Dein Flaschenöffner sollte also so gestaltet sein, dass du ihn leicht bei dir tragen kannst. Wenn er zu groß ist, lässt er sich nicht gut mitnehmen. Wenn er zu klein ist, kann man damit die Flasche nicht gut öffnen. Er muss aus einem leichten, aber stabilen Material sein, damit er beim Öffnen einer Flasche nicht beschädigt wird.

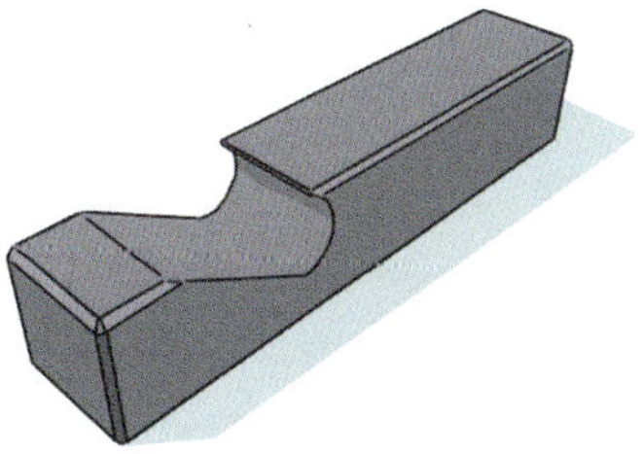
Flaschenöffner

- Du kannst beim Öffnen des Deckels entweder an der vorderen oder an der hinteren Kante hebeln. Das musst du bedenken, wenn du die Form deines Flaschenöffners entwirfst.

Welche Extras kannst du einplanen?

- Gelingt es dir die Form deines Flaschenöffners so zu gestalten, dass er „in beide Richtungen" funktioniert? Kannst du ihn so gestalten, dass er sich vorn und hinten am Deckel ansetzen lässt?
- Die Funktion eines Flaschenöffners hängt nicht allein von der Größe ab. Wie klein kannst du deinen Flaschenöffner machen, bevor er nicht mehr gut funktioniert?

Zeichnungen zum Flaschenöffner

82311-183

Tipp
Achte darauf, dass dein Flaschenöffner keine scharfen Kanten hat. Sonst kannst du ihn nicht gut bei dir tragen.

Träger-Kaktus

Was ist dir wichtig?

- Der Kaktus hat viele Funktionen. Welche ist dir am wichtigsten?
  - Dekoration
  - Halter für Notizzettel
  - Aufhänger für Caps, Schals oder Tücher
  - Halter für Ketten oder Armbänder

Träger-Kaktus

- Je nach Funktion musst du einplanen, dass der Kaktus höher oder niedriger ist.
- Wenn du etwas Schweres an deinem Kaktus aufhängen möchtest, verwende dickeren Draht.
- Der Sockel deines Kaktus muss groß genug sein, damit er sicher steht.

Welche Extras kannst du einplanen?

- Benutzt du deinen Kaktus als Deko? Wenn du eine LED-Lichterkette um den Draht wickelst, sieht er noch schöner aus.
- Verändere die Form deines Kaktus. Gibt ihm zum Beispiel mehr Arme. Dann kann er noch mehr tragen.
- Fällt dir vielleicht eine ganz andere Form ein, zu der du den Draht biegen kannst? Nimm zum Beispiel deine Hand als Vorlage.

Zeichnungen zum Träger-Kaktus

82311-184

Tipp
Um die Rundungen besser biegen zu können, kannst du verschiedene Rundstäbe aus Holz nehmen und den Draht darum biegen.

Kompetenztraining

M1 Metall, Holz oder Plastik?

1

Containerschiff

2

Kleines Boot mit Motor

3

Ruderboot

M2 Welche Bohrer sind das?

1

2
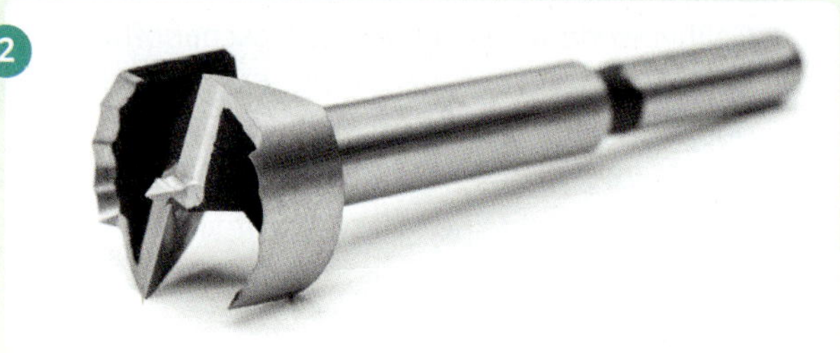

M3 Die unendliche Nachfrage nach Holz

Hier wird Holz für den Weitertransport zwischengelagert.

M4 Wie sicher wird hier gearbeitet?

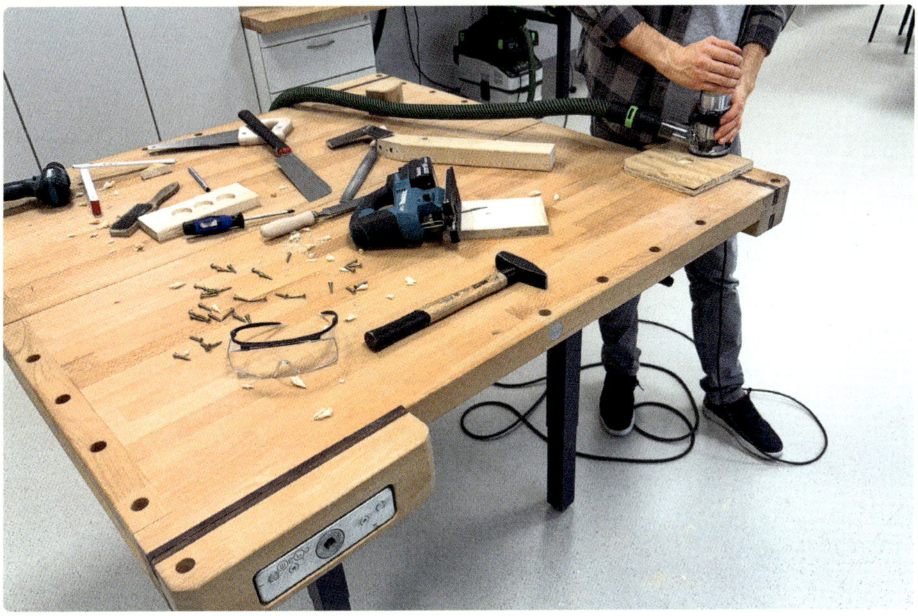

Versteckte Gefahren im Fachraum

AUFGABEN

82311-048

1. a) Benenne die Werkstoffe, aus denen die Schiffe gefertigt wurden und mindestens fünf Eigenschaften des jeweiligen Werkstoffes (**M1**).
   b) Erkläre, warum der jeweilige Werkstoff vermutlich verwendet wurde.
2. a) Erstellt in Gruppen Steckbriefe zu verschiedenen Berufen, bei denen mit Metall oder Holz gearbeitet wird.
   b) Teilt die Klasse in Gruppen auf. Abwechselnd stellt jede Gruppe einen Beruf vor, ohne diesen zu nennen. Die Gruppe, die als Erste den richtigen Beruf errät, bekommt einen Punkt.
3. a) Benennen die abgebildeten Bohrer (**M2**).
   b) Beschreibe, wofür die jeweiligen Bohrer verwendet werden **M2**.
   c) Erkläre, warum Metalle vor dem Bohren gekörnt werden müssen.
   d) Erkläre anhand des Bohreraufbaus, in welche Richtung sich die Bohrmaschine drehen muss, um Material abzutragen.
4. Analysiert, welche Vor- und Nachteile mit der Nutzung von Holz verbunden sind (**M3**). Hört euch dazu den Podcast in der Randspalte an.
5. Diskutiert in der Klasse, ob wir Holz wirklich für alles verwenden können, um unsere Lebensweise und Wirtschaft klima- und biodiversitätsschützend zu verändern.
6. Entwickelt zu zweit Ideen, wie man den Holzverbrauch reduzieren kann.
7. a) Analysiere den Arbeitsplatz auf mögliche Gefahren (**M4**).
   b) Entwickelt zu zweit Maßnahmen, um solche Sicherheitsrisiken bei eurer eigenen Arbeit zu vermeiden.

Podcast zur Waldnutzung

82311-049

Biodiversität
Vielfalt des Lebens auf unserer Erde: Tiere und Pflanzen

Textilarbeitsplatz in einem kleinen Unternehmen

Heimischer Textilarbeitsplatz

Was weißt du schon?

82311-050

1. Beschreibe den abgebildeten Arbeitsort in Bild 1: Wie könnte man diesen bezeichnen? Welcher Beruf wird hier abgebildet? Welche Werkzeuge oder Hilfsmittel erkennst du?
2. Arbeite Gemeinsamkeiten und Unterschiede zwischen dem hier abgebildeten Arbeitsplatz und einem heimischen Textilarbeitsplatz (Bild 2) heraus.
3. Tauscht euch gemeinsam aus:
   a) Ist es heute noch sinnvoll, selbst nähen zu können?
   b) Kennt ihr Menschen in eurem Umfeld, die nähen können?
   c) Welche Vorteile bietet es, selbst nähen zu können?
   d) Habt ihr bereits selbst genäht? Wenn ja, was?
   e) Was würdet ihr gerne selbst einmal nähen können?

2

Arbeiten und Gestalten mit Textilien

Bereits vor ca. 300.000 Jahren trugen die Menschen erste Körperbedeckungen aus Tierhäuten, Baumrinden oder anderen Pflanzenfasern. Später entwickelte der Mensch die Fähigkeit, auch komplexere Kleidungsstücke und Textilien (Material, das aus miteinander verflochtenen Fasern besteht) herzustellen. Mit der Zeit wurde Kleidung immer mehr ein Mittel, sich selbst auszudrücken und noch heute kann Kleidung anzeigen, wer einen besonderen Status oder Beruf hat (z. B. Königsrobe, Talar der Pfarrerin/des Pfarrers, Uniform der Polizistin/des Polizisten). Textilien sind aus unserem modernen Leben nicht mehr wegzudenken, auch wenn diese heute vielfach nicht mehr vor Ort, sondern in anderen Ländern produziert werden. Wie werden Textilien hergestellt? Und wie kann man sie selbst weiterarbeiten?

Was lernst du in diesem Kapitel?

- ... zu erläutern, wie aus Baumwolle ein Faden und dann ein Stück Stoff wird.
- ... die Rahmenbedingungen, unter denen Baumwolle angebaut wird, zu untersuchen.
- ... Faserarten und ihre Eigenschaften zu beschreiben.
- ... zu erklären, warum es wichtig ist, beim Kleidungskauf auf Siegel zu achten.
- ... die Veränderung der Berufe in der Textilbranche über die letzten Jahrhunderte zu beschreiben.
- ... den Umgang mit einer Nähmaschine und geeigneten Werkzeugen zu kennen.
- ... wie das erste Projekt durch z. B. Stickerei verschönert werden kann.
- ... zu beurteilen, wann sich Upcycling von alten Kleidungsstücken lohnt.
- ... zu bewerten, warum Wäsche nach Anleitung gewaschen werden sollte.

Alten Textilien ein neues Leben schenken

Beim Aussortieren des Kleiderschranks fliegen so manche Kleidungsstücke in den Kleidercontainer oder sogar in den Müll. Die nächste Aussortierte Jeans könntest du auch zu einer individuellen Tragetasche oder einem Kissen umnähen. Wenn ihr viele alte Hosen zusammenbekommt, lohnt sich vielleicht auch die Herstellung von mehreren Tragetaschen und ein Verkauf auf dem nächsten Basar? Probiert es aus!

Geht dabei so vor:

Start

1

- Bildet Vierergruppen.
- Informiert euch zunächst darüber, was man unter Upcycling versteht (→ Kap. 2.1.6: M16; #Upcycling).
- Überlegt, welches Upcyclingprojekt ihr durchführen wollt. Hier findet ihr viele Anregungen rund um das Thema „textiles Upcycling“:

82311-051

2

- Macht euch mit eurer Nähmaschine und allen benötigten Werkzeugen vertraut (→ Kap. 2.1.5; Praxisseite: Werkzeuge und Hilfsmittel zum Nähen).
- Prüft, um welche Stoffe es sich bei euren aussortierten Kleidungsstücken handelt und wie man sie am besten pflegen sollte. Nur so bleiben die Produkte langlebig (→ Kap. 2.1.7: M19).
- Näht euer Upcyclingprojekt. Wenn ihr euch für ein Kissen entschieden habt, dann könnt ihr die Praxisseite: Einen Kissenbezug nähen verwenden.

3

- Plant eine Ausstellung eurer Projekte und präsentiert sie z. B. auf dem nächsten Tag der offenen Tür an eurer Schule.
- Informiert auf einem Plakat bei der Ausstellung auch über die Bedeutung von Kleidung, die Unterschiede zwischen Bio- und konventioneller Baumwolle sowie über die Eigenschaften verschiedener Stoffe (→ Kap. 2.1.1–2.1.4):
  - Sammelt alle euch wichtig erscheinenden Informationen.
  - Entscheidet, wie ihr diese Informationen auf eurem Plakat verteilen und gestalten wollt.
  - Überlegt, mit welchen Bildern und Grafiken ihr eure Informationen anschaulicher gestalten könnt.
  - Fertigt das Plakat an.

4

Reflektiert gemeinsam in der Klasse, was bei euren Projekten gut gelaufen ist und was nicht:

- Wie findet ihr euer Produkt? Was ist euch daran besonders gut gelungen? Wo hattet ihr Schwierigkeiten?
- Wie gut war die Anleitung für euer Produkt? Was würdet ihr noch ergänzen?
- Wie seid ihr mit der Nähmaschine zurechtgekommen?
- Wie gut lief die Kommunikation in den Gruppen?
- Welches Feedback habt ihr von anderen während der Ausstellung erhalten?
- Was würdet ihr das nächstes Mal anders machen?
- …

2.1 Entstehung von Textilien

2.1.1 Welche Bedeutung hat Bekleidung in der menschlichen Geschichte?

Kannst du dir vorstellen, nur mit einem Fell bekleidet im Wald spazieren zu gehen? Wahrscheinlich eher nicht. Vor mehr als 300.000 Jahren trugen jedoch einige unserer Vorfahren genau solche Tierfelle zum Schutz vor der Witterung als Bekleidung. Heute tragen wir „moderne" Kleider, hergestellt aus unterschiedlichsten Materialien und angepasst an verschiedene Anforderungen: Regenkleidung für die Radtour bei schlechtem Wetter oder einen schicken Anzug zum Theaterbesuch.

M1 Kleidung schützt

1

Kleidung vor 300.000 Jahren

2

Moderne Kleidung

M2 Welche textilverarbeitenden Berufe gab und gibt es?

82311-052

Mehr als Identifikation: der Schottische Tartan

82311-185

Die textilverarbeitenden Berufe des Mittelalters und der frühen Neuzeit spielten eine entscheidende Rolle in der Entwicklung von Wirtschaft und Gesellschaft. Kleidung prägte nicht nur das alltägliche Leben, sondern drückte auch die Zugehörigkeiten zu bestimmten Ständen oder Gruppen durch z. B. Farben und Muster aus. Zu den wichtigsten textilverarbeitenden Berufen in dieser Zeit gehörten Weber, Färber, Schneider, Täschner, Beutler, Säckler, Riemer und Sattler. Dass diese Berufe sehr wichtig waren, erkennst du daran, dass sie noch heute als Nachnamen präsent sind. Die Berufe haben sich im Laufe der Zeit natürlich verändert. Du kannst aber immer noch (kleine) Handwerksbetriebe finden, die mit jahrhundertealten Techniken ähnliche Produkte herstellen. Hier arbeiten heutzutage z. B. (Theater-) Schneider/innen, Modist/innen, Raumausstatter/innen, Segelmacher/innen etc.

Bearbeiter

1 **Weber:** Die Weberin bzw. der Weber war für die Herstellung von Stoffen verantwortlich. Mit dem Webstuhl wurden aus Fäden Gewebe geschaffen, die für Bekleidung, Haushaltswaren und weitere textile Produkte verwendet wurden.

2 **Färber:** Die Färberinnen und Färber waren Meister der Farben. Sie verliehen den Stoffen durch verschiedene Färbetechniken lebendige Farben.

3 **Täschner:** Die Täschnerin bzw. der Täschner stellte Taschen und kleine Lederwaren her. Diese Handwerker waren spezialisiert auf die Verarbeitung von Leder und Textilien.

4 **Schneider:** Eine Schneiderin/ein Schneider war für die Anfertigung und Anpassung von Kleidungsstücken zuständig.

5 **Säckler:** Die Säcklerin/der Säckler stellte Säcke aus verschiedenen Materialien her, die vor allem zum Transport von Lebensmitteln, Getreide oder anderen Waren gebraucht wurden. Ihre Produkte waren in vielen Bereichen des Handels unerlässlich.

6 **Beutler:** Beutlerinnen und Beutler waren in der Herstellung von größeren Taschen und Behältern aus Leder oder Stoff tätig. Sie entwickelten robuste Materialien, die für Handelswaren und persönliche Gegenstände genutzt wurden und waren oft auf das Anfertigen von Reisebeuteln spezialisiert.

7 **Sattler:** Sattlerinnen und Sattler fertigten Sättel und Geschirre für Pferde an. Ihr Handwerk war besonders wichtig für die Fortbewegung und den Transport in einer Zeit, in der Pferde die Hauptverkehrsmittel darstellten.

8 **Riemer:** Riemerinnen und Riemer waren auf die Herstellung von Riemen und Gurten spezialisiert, die in der Landwirtschaft, im Handwerk und im Transportwesen verwendet wurden.

Bearbeiter

AUFGABEN

82311-053

1. a) Beschreibe die Kleidungsstücke in **M1**.
   b) Stelle Vermutungen an, aus welchem Material die Kleidungsstücke bestehen (**M1**).
   c) Nenne drei Gemeinsamkeiten der abgebildeten Kleidungsstücke (**M1**).
2. Erkläre, wie Kleidung, Stoffe oder Muster dazu beitragen, bestimmte Gruppen oder Berufe zu erkennen (**M2**, **QR-Code**).
3. Recherchiere, welche der dargestellten Berufe noch heute ausgebildet werden (**M2**).

F **zu Aufgabe 2**
Recherchiert, wie sich die abgebildeten Berufe verändert haben.

H **zu Aufgabe 3**
Verwende für deine Recherche die Website der Bundesagentur für Arbeit:

82311-054

2.1.2 Wo und wie entsteht ein Baumwollfaden?

Beim Blick auf den kleinen eingenähten Zettel unserer Kleidungsstücke wird eines schnell klar: Baumwolle ist ein wichtiger Hauptbestandteil vieler Textilien. Wächst diese Wolle tatsächlich an Bäumen? Unter welchen Bedingungen wird sie geerntet und wie entsteht dann der Faden?

M3 Versteckte Informationen auf dem Waschzettel

1

2

3

M4 Baumwolle: von der Pflanze zum Faden

82311-055

1

Baumwollpflanze

2

Die Baumwolle wird in Usbekistan geerntet.

Baumwollstoffe werden aus der Samenkapsel der Baumwollpflanze hergestellt. Die buschige Pflanze wächst in vielen Gebieten der Welt (Indien, China, USA, Pakistan, Sub-Sahara-Afrika, Brasilien). Nach der Blütezeit bilden sich Samenkapseln, die aufspringen, wenn sie reif sind. Der Samen in der Samenkapsel sind von langen weißen Pflanzenfasern (Baumwolle) umgeben, die tatsächlich ein wenig an die Wolle von Schafen erinnert. Diese Baumwollfasern werden meist mühsam von Hand gepflückt. Leider kommt es nicht selten vor, dass Kinder oder Erwachsene zur Arbeit auf den Feldern gezwungen werden und für ihre Arbeit keinen oder nur einen sehr geringen Lohn erhalten, der kaum reicht, um ein gutes Leben zu führen. Anschließend wird die Baumwolle in einer Fabrik gereinigt. Große Maschinen kämmen Millionen einzelner Baumwollfasern in eine Richtung, nur so kann anschließend ein Faden daraus gesponnen werden. Als „Spinnen" des Fadens wird das gleichzeitige Ziehen und Verdrehen der einzelnen Fasern zu einem Faden verzeichnet. Übrigens: Fäden können auch aus künstlich hergestellten Fasern hergestellt werden. Zu erkennen ist das an den Informationen auf dem Waschzettel. Hier steht dann z. B. Polyester. Enthält deine Kleidung Polyester, könnte es sein, dass der Faden in seinem „ersten Leben" schon mal eine Getränke PET Flasche war.

Bearbeiter

M5 Der kleine Unterschied beim Preis von Kleidung

Beim Einkaufsbummel entdeckt Sünke etwas Seltsames. Zwei Stapel mit identischen T-Shirts liegen auf dem Angebotstisch des Kleidungsgeschäfts G&K. Die Shirts des rechten Stapels kosten 12,99 Euro, die des linken Stapels 49,95 Euro. Darüber prangt ein Schild mit der Aufschrift „Du hast die Wahl!" Sünke prüft beide Shirts. Farbe, Design und Qualität des Stoffes scheinen absolut identisch. Ein winziges Detail fällt ihr jedoch auf. Auf dem teureren Stapel steht auf den Etiketten in winzig kleiner Schrift „Organic-Cotton". Sünke überlegt kurz „Ah, alles klar. Das ist Bio-Baumwolle!" Neben den T-Shirts entdeckt Sünke auch noch ein Plakat zum Unterschied zwischen Bio-Baumwolle und konventioneller Baumwolle:

Bearbeiter

Bio-Baumwolle vs. Konventionelle Baumwolle

- kein genmanipuliertes Saatgut
- Anbau ohne Pestizide in Mischkulturen
- Wegen gesunder Böden wird weniger Wasser gebraucht.
- Bleichen und Färben mit pflanzenbasierten Farben
- höherer Lohn und bessere soziale Arbeitsbedingungen

- gentechnisch verändertes Saatgut
- Anbau mit Pestiziden in Monokulturen
- hoher Wasserverbrauch wegen ausgetrockneter und ausgelaugter Böden
- Bleichen und Färben mit chemischen Stoffen
- geringer Lohn und mangelnde soziale Arbeitsbedingungen

Bearbeitergrafik

Monokultur
Anbau einer einzigen Pflanzenart auf derselben Fläche, wie z. B. ein landwirtschaftliches Feld

AUFGABEN

82311-056

1. a) Prüft die Einnäher in **M3** und einige eurer Kleidungsstücke. Sammelt die verschiedenen Materialien, aus denen die Kleidung besteht, an der Tafel.
   b) Erstellt eine Übersicht, wo eure Kleidung produziert wurde.
   c) Diskutiert, warum eure Kleidung vermutlich nicht in Deutschland produziert wurde.
2. Beschreibe den Herstellungsprozess eines Baumwollfadens (**M4**).
3. Sünke bittet euch um Rat: Was spricht für oder gegen den Kauf der teureren Ware? Nehmt eine Sprachnachricht auf, die ihr Sünke zusenden würdet (**M5**).
4. Sünkes Taschengeld reicht gerade nicht für ein neues T-Shirt aus Bio-Baumwolle. Entwickelt Ideen, welche Alternativen Sünke hat, um dennoch ein umweltfreundliches T-Shirt zu bekommen (**M5**).

2.1.3 Vom Faden zum Stoff – was ist Weben?

Im Unterricht beginnt Sünkes Klasse mit einer Einführung in das Mikroskopieren. Die Lehrerin gibt den Auftrag, sich verschiedene Proben genauer anzusehen. Sünke schiebt ein kleines Stück Stoff unter das Mikroskop. Erstaunt stellt sie fest, dass der Stoff wie ein Fischernetz aussieht, nur enger. Jetzt fragt sie sich, wie Stoffe eigentlich entstehen.

M6 Weben: eine Technik zur Textilherstellung

Weberin am Webstuhl

Vollautomatischer Webstuhl

M7 Wie werden Stoffe gewebt?

Zu Hause angekommen recherchiert Sünke im Internet, wie Stoffe hergestellt werden. Sie findet heraus, dass Stoffe früher an Handwebstühlen entstanden, an denen die Weberinnen und Weber den Stoff Stück für Stück selbst webten. Wenige Zentimeter Stoff waren am Tagesende gewebt. Heute sind in den modernen Fabriken fast ausschließlich computergesteuerte, vollautomatische Webstühle vorhanden, die bis zu 60 Meter Stoff am Tag weben können. Beide Verfahren haben eines gemeinsam: das Grundprinzip, den Kettfaden (1) mit dem Schussfaden (2) rechtwinklig zu verkreuzen, bis eine textile Fläche (Stoffbahn) entsteht.

Bearbeiter

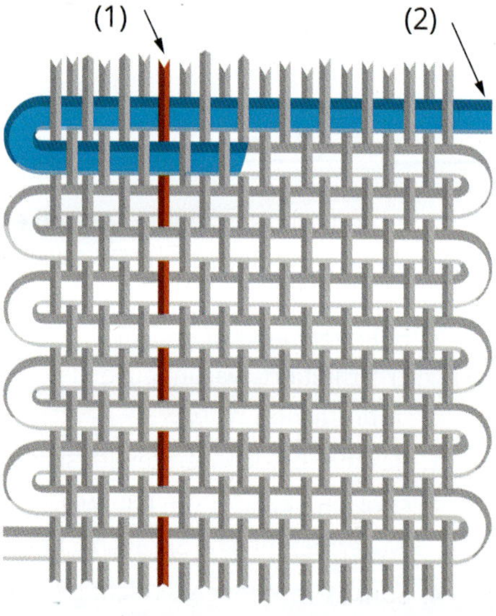

Bearbeitergrafik

M8 Welche Eigenschaften haben verschiedene Stoffe?

Baumwolle | **Jeans** | **Seide** | **Polyester**

pflanzliches Naturprodukt

überwiegend pflanzliches Naturprodukt

weich und anschmiegsam

schwer recycelbar

tierisches Naturprodukt

gut waschbar, schnell trocknend

leicht glänzend (Seidenglanz)

reiß- und abriebfest

synthetische Faser PET

schwer und reißfest

lässt sich leicht reinigen und färben

luftdurchlässig und strapazierfähig

feuchtigkeitsregulierend

verliert Farbe beim Waschen

Bearbeiter

M9 Wie webt man einen Stoff selbst?

Sünkes Opa hat bald Geburtstag. Sie überlegt, womit sie ihm eine Freude machen kann. Sie findet im Internet eine Anleitung zum Weben eines kleinen Stoffstücks. Das kann man z. B. als Untersetzer für eine Tasse Tee verwenden. „Genau das Richtige für Opa!" denkt sie. Er ärgert sich immer furchtbar über Wasserflecken auf dem Tisch, wenn man keinen Untersetzer verwendet. Mithilfe eines Stückes Pappe, Wollfäden sowie einer Stopfnadel will Sünke das Grundprinzip des Webens ausprobieren. Und tatsächlich – es entsteht ein kleines Stückchen Stoff.

Bearbeiter

Anleitung: Ein Stück Stoff selber weben

82311-005

AUFGABEN

82311-057

1. Beschreibe die Abbildungen (**M6**).
2. Vergleiche die unterschiedlichen Herstellungsverfahren (**M6**, **M7**).
3. Recherchiere die Eigenschaften der Materialien in **M8** und ordne sie richtig zu.
4. a) Ermittelt in eurer Klasse, aus welchen Stoffen eure Hosen bestehen (**M8**).
   b) Begründet, warum der in eurer Klasse meist verwendete Stoff so gern getragen wird.
5. Stelle ein ca. 10 × 10 cm großes Stoffstück nach der Anleitung neben **M9** her. Gestalte es frei nach deinen Wünschen.
   a) Miss die Zeit, die du zum Weben des Stoffstücks benötigt hast.
   b) Berechne, wie viel Zeit du wahrscheinlich für ein 100 × 100 cm großes Stück Stoff benötigst.
   c) Leitet zu zweit aus deinen Berechnungen ab, warum der Einsatz von modernen Webmaschinen sinnvoll erscheint bzw. notwendig ist.

H zu Aufgabe 5b
Überlege dir zuerst, wie viel größer die Fläche 100 × 100 cm im Vergleich zu 10 × 10 cm ist. Multipliziere dann deine Zeit mit diesem Faktor.

2.1.4 Unter welchen Bedingungen wird Kleidung produziert?

Täglich stehst du vor einer Vielzahl von Auswahlmöglichkeiten, mit denen Kaufentscheidungen verbunden sind. Doch welche Folgen haben unsere Kaufentscheidungen für die Umwelt oder für die Beteiligten im Herstellungsprozess?

M10 Nillays Tag in der Textilfabrik

82311-058

Näherinnen arbeiten an ihren Maschinen in einer Textilfabrik in der Region um Sukabumi in Indonesien. Die Fabrik ist eine der großen Arbeitgeber in der Region.

Für Nillay (17) beginnt ein typischer Arbeitstag in einer Textilfabrik in Bangladesch. Sie ist hier als Näherin angestellt. Ihr Tag ist oft von langen Arbeitszeiten und strengen Kontrollen geprägt. Die Näherinnen beginnen früh am Morgen und arbeiten häufig bis zu zwölf Stunden am Tag.

In der Fabrik angekommen, setzt sich Nillay an ihre Nähmaschine und beginnt zu nähen. Nach und nach bringen ihr andere Mitarbeiterinnen und Mitarbeiter fertig zugeschnittene T-Shirt Teile, die sie in Rekordzeit miteinander vernähen muss. Arbeitet sie zu langsam, wird sie von einem ihrer Vorgesetzten streng darauf hingewiesen. Schon oft hörte sie Aussagen wie „Näh schneller, sonst sitzt hier morgen ein anderes Mädchen." Mindestens 500 T-Shirts muss Nillay am Tag schaffen. Weil die Arbeit sehr monoton ist, aber trotzdem viel Geschick und Konzentration erfordert, wird Nillay schnell müde. Fehler dürfen ihr trotzdem nicht unterlaufen. Ihre Kolleginnen haben ihr erzählt, dass noch vor wenigen Jahren fehlerhafte Ware vom Lohn abgezogen wurde.

„Ja, die Arbeitsbedingungen sind herausfordernd. In der Fabrik ist es sehr warm und stickig. Pausen sind in der Regel kurz. Wir haben oft wenig Zeit, um uns zu erholen oder zu essen." schildert Nillay. Die Löhne hier sind sehr niedrig, was es schwierig macht, den eigenen Lebensunterhalt zu bestreiten.

Nillay arbeitet glücklicherweise in einer neueren Fabrik. Für ihre Arbeit erhält sie pro Monat ca. 150 Euro. Das liegt fast 50 Euro über dem Mindestlohn. Nach mehreren großen Unfällen in Textilfabriken wurden die Arbeitsbedingungen für Näherinnen im Land leicht verbessert. Nillay hofft auf weitere positive Veränderungen, z. B. kürzere Arbeitszeiten und längere Pausenzeiten. Trotz all der harten Arbeit ist sie stolz auf ihre Fähigkeiten und die Produkte, die sie herstellt.

Bearbeiter

M11 Siegel für faire Kleidung

1 OEKO TEX® MADE IN GREEN XX.XXX.XXXX Institute

2 FAIRTRADE COTTON

3 GRÜNER KNOPF SOZIAL. ÖKOLOGISCH. STAATLICH. UNABHÄNGIG ZERTIFIZIERT.

4 FAIR WEAR

Hier gibt es mehr Informationen zu Textilsiegeln

82311-186

M12 Imke im Shoppingrausch

Imke ist mir Ihrer Freundin Julia zum Shoppen nach Hannover gefahren. Dort soll dieses riesige Klamottengeschäft „Trimark" sein, von dem alle so schwärmen. Julia erzählt begeistert: „Wenn du Glück hast, kannst du dort Oberteile für 3 Euro und Hosen für 8 Euro kaufen!" Imke braucht unbedingt neue Klamotten. In ihrer Ausbildung verdient sie nicht viel, sie hofft auf günstige Angebote. Imke verlässt den „Trimark" mit vier großen Einkaufbeuteln und hat nur 189 Euro ausgeben. Zuhause angekommen, zeigt sie ihrer Schwester Sünke stolz die Ausbeute: 8 Shirts, 4 Hosen, 1 Rock, 2 Paar Schuhe und einen Mantel. „Wie kannst du dir das alles leisten, Imke? Ich denke, du hast keine Kohle?!" „Beruhige dich, das waren alles Schnäppchen. Zusammen hat das alles nur 189 Euro gekostet. Krass, oder?" Sünke kocht vor Wut. „Wieso kaufst du denn so einen Plunder? Dir geht es echt zu gut! Du jammerst, weil du nur knappe 700 Euro verdienst ... was glaubst du denn, was die verdienen, die deine Klamotten genäht haben?" Imke versteht die ganze Aufregung nicht.

Bearbeiter

AUFGABEN

82311-059

1. a) Beschreibe, wie du die Arbeitsbedingungen für Nillay ändern würdest (**M10**).
b) Überlege, wie sich deine Änderungen bei den Arbeitsbedingungen auf den Preis der T-Shirts auswirken würden.

2. Recherchiert im Internet, welchen Einfluss die abgebildeten Siegel auf den Herstellungsprozess der Kleidung haben (**M11**).

3. Diskutiert, ob Sünkes Aufregung rund um den Kleidungskauf ihrer Schwester gerechtfertigt ist (**M12**).

2.1.5 Wie funktioniert eine Nähmaschine?

Es ist gar nicht so schwierig, selbst aus einem Stoff etwas Brauchbares herzustellen. Eine Nähmaschine kann dir beim Nähen viel Arbeit ersparen. Doch was macht sie anders als die klassische Handnadel mit einem Faden?

M13 Wie näht eine Nähmaschine?

82311-060

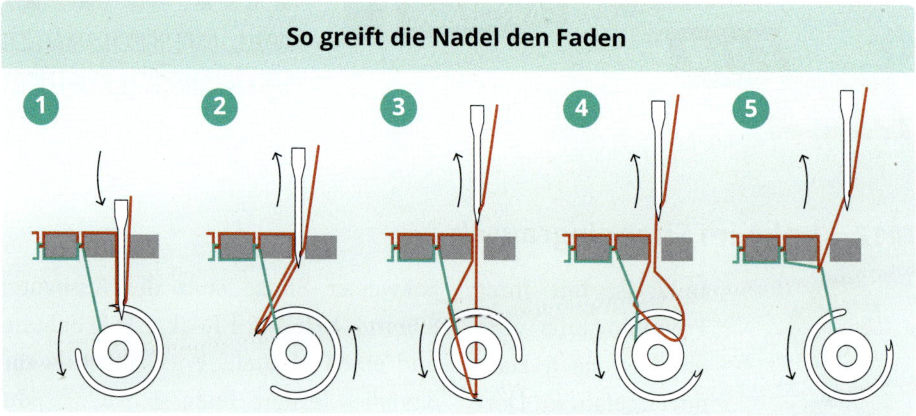

Nach: https://makermauz.de/naehmaschine/, Abruf am 11.09.2025

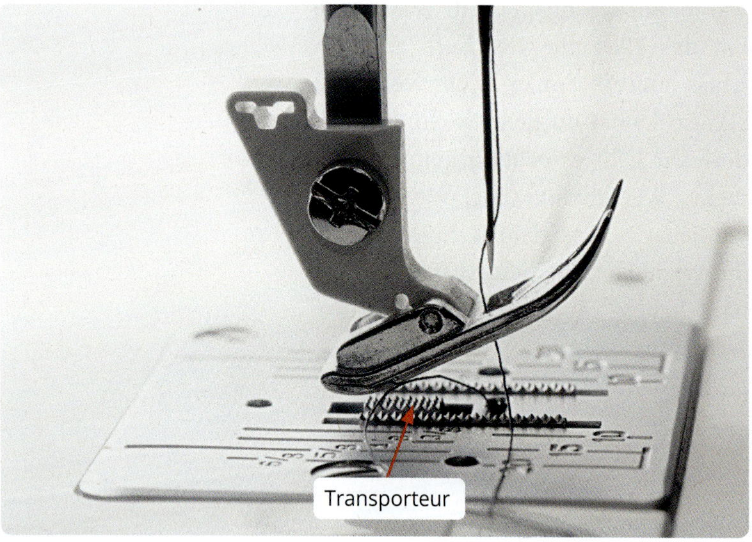

Füßchen und Transporteur einer Nähmaschiene

Erklärvideo: Sachgeschichte zur Nähmaschine

82311-187

Sünke braucht für ihre Maschine zwei Fäden, einen Ober- und einen Unterfaden. Dabei führt die Nadel den Oberfaden nach unten zu einem Greifer, der den Faden erfasst und mit dem Unterfaden verschlingt. Zieht die Maschine die Nadel wieder nach oben, nimmt sie den Unterfaden mit. Die Fadenspannung sorgt dafür, dass sich beide Fäden in den Stofflagen kreuzen und diese miteinander vernähen.

Wichtig für jede Nähmische sind der Transporteur und das Nähfüßchen. Ohne sie würde Sünkes Nähmaschine auf der Stelle nähen. Das Füßchen drückt den Stoff auf den Transporteur, der mit seinen Zacken den Stoff Stich für Stich nach hinten oder nach vorne schiebt. Erst so werden die Stiche gleich lang und haltbarer vernäht als mit einer Handnähnadel, bei der nur ein Faden benötigt wird.

Die meisten Nähmaschinen verfügen über ein Fußpedal, das wie ein Gaspedal bei einem Auto funktioniert. Drückt man darauf, beginnen die Nadel und der Transporteur sich zu bewegen. Zusätzlich befindet sich an der rechten Seite der Maschine ein Handrad, das man manuell drehen kann, um die Nadel langsam zu bewegen und so präzise arbeiten zu können.

Bearbeiter

M14 Aus welchen Teilen besteht eine Nähmaschine?

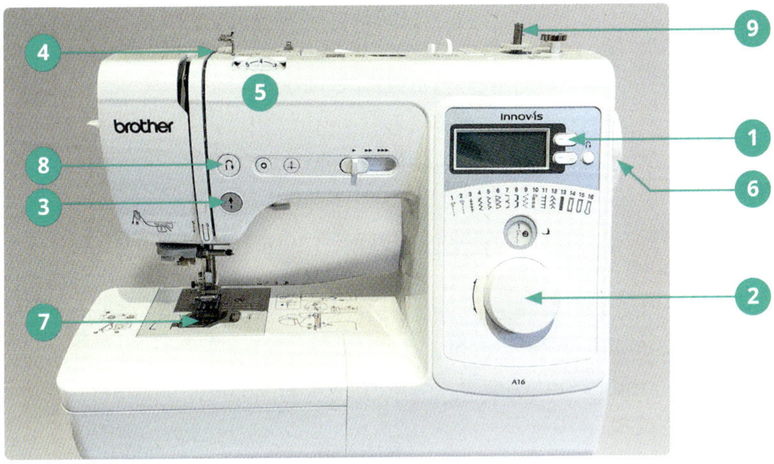

1. **Stichlänge:** Mit diesem Einstellrad kannst du die Stichlänge einstellen. Je länger die Stichlänge, desto weniger belastbar sind die Nähte.
2. **Schalter zur Anwahl** der verschiedenen Stiche, z. B. Zickzack- oder Geradstich
3. **Starttaste zum Starten der Maschine:** Die Nadel bewegt sich auf und ab. Mit dem Fußpedal geht es noch einfacher.
4. **Fadenführung:** Die Garnrolle befindet sich oben auf der Nähmaschine und der Faden muss durch Ösen und Kanäle zur Nadel geführt werden.
5. **Fadenspannung:** Hier regelt man, wie stark der Faden auf Zug gebracht wird. Dies ist wichtig, damit die Naht nicht zu fest oder zu locker wird.
6. **Handrad:** Mit dem Handrad kann die Nadel auf und ab bewegt werden. Das ermöglicht einen sehr präzisen Einstich der Nadel in den Stoff.
7. **Unterfadenspule:** Sie sitzt im Greifer unter dem Nähfuß.
8. **Rückwärtsnähen:** Dies eignet sich gut für das Vernähen des Anfangs und des Endes einer Naht.
9. **Spulenmotor** zum Befüllen der Unterfadenspule

Bearbeiter

AUFGABEN

82311-061

1. a) Tauscht euch über eure bisherigen Erfahrungen mit Nähmaschinen aus.
b) Erläutere, wie eine Nähmaschine funktioniert (**M13**, **QR-Code**).

2. a) Arbeitet zu zweit. Nehmt ein Foto von der Nähmaschine auf, mit der ihr arbeiten werdet. Beschriftet alle Teile und benennt ihre Funktion mithilfe von **M14**.
b) Arbeitet aus der Bedienungsanleitung der Nähmaschine heraus, was ihr beim Gebrauch beachten müsst.

3. Erstelle eine Tabelle mit Stichpunkten zu den Werkzeugen für das Nähen (**Praxisseite: Werkzeuge und Hilfsmittel zum Nähen**).

4. Fertige einen Kissenbezug an (**Praxisseite: Einen Kissenbezug nähen**).

5. Anne hat für das Nähprojekt einen Meter gelben Baumwollstoff im Stoffgeschäft gekauft. Der Stoff hat eine Breite von 140 cm und hat 16,99 € gekostet. Das Nähgarn hat sie geschenkt bekommen. Berechne, wie viele Kissen in der Größe 40 × 40 cm maximal von Annes Stoffstück genäht werden könnten und wie hoch die Materialkosten pro Kissen sind.

Werkzeuge und Hilfsmittel zum Nähen

Beim Nähen gibt es neben der Nähmaschine weitere Werkzeuge und Hilfsmittel, die den Arbeitsprozess erleichtern und dafür sorgen, dass das Ergebnis genau und professionell aussieht. Hier sind die Wichtigsten von ihnen erklärt.

- Eine hochwertige **Stoffschere** ist unerlässlich. Sie wird ausschließlich zum Schneiden von Stoff verwendet, da sie dadurch besonders scharf bleibt.
- Eine **Zackenschere** hat gezackte Klingen und schneidet Stoff so, dass die Kanten weniger ausfransen.
- **Fadenschere** oder **Fadenschneider** werden verwendet, um Fäden dicht an der Naht abzuschneiden, ohne den Stoff zu beschädigen.
- Ein flexibles **Maßband** ist notwendig, um Körpermaße zu nehmen oder Stoffe und Musterteile zu messen.
- Ein **Handmaß** aus flexiblem Kunststoff eignet sich zum Ausmessen kurzer Abstände, z. B. von Naht- und Saumzugaben.
- **Nähmaschinennadeln** gibt es in verschiedenen Stärken und Ausführungen, je nachdem, welche Art von Stoffen genäht werden sollen.
- **Handnähnadeln** werden für das Nähen per Hand gebraucht, zum Beispiel für feine Arbeiten oder zum Annähen von Knöpfen.
- **Stecknadeln** helfen, Stoffteile vor dem Nähen zu fixieren, damit sie nicht verrutschen.
- **Stoffclips** sind vor allem bei dicken oder beschichteten Stoffen praktisch, da sie keine Löcher hinterlassen, die im Material sichtbar bleiben oder das Material beschädigen könnten.
- Mit einer **Schneidematte** als Unterlage schützt du deinen Arbeitsplatz vor Beschädigungen durch Cutter, Rollschneider und andere Schneidewerkzeuge.

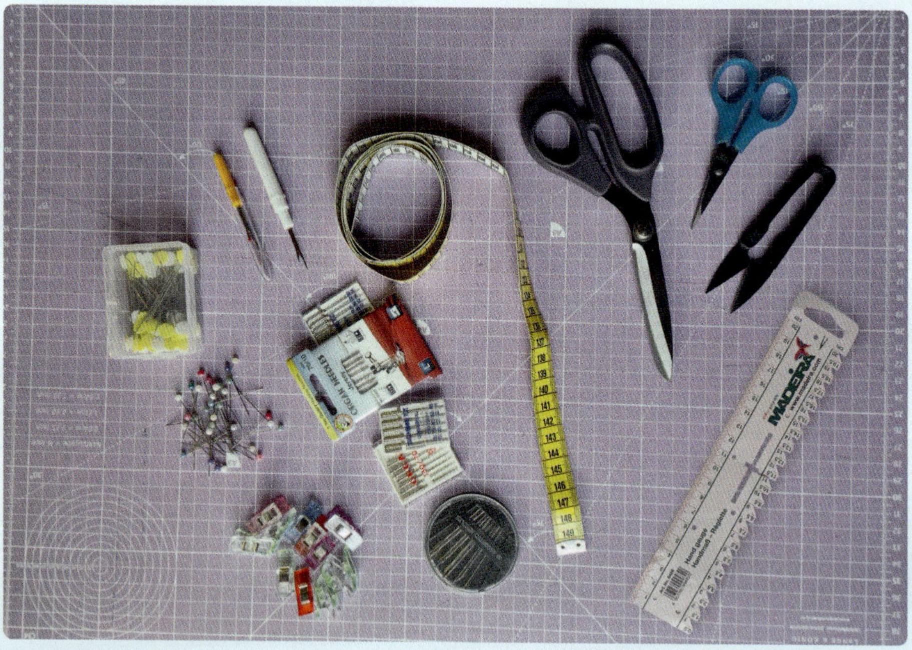

- Ein **Rollschneider** ist ein scharfes Messer zum Rollen und funktioniert wie ein Pizzamesser. Es zerteilt auch mehrere Stofflagen sauber und zuverlässig. Vorsicht: Den Rollschneider nie ohne Schneidmatte benutzen!
- **Kreidestifte** oder -stücke werden verwendet, um Linien und Markierungen auf dem Stoff anzubringen, die beim Nähen als Orientierung dienen. Sie lassen sich nach dem Gebrauch leicht ausbürsten.
- Zudem gibt es **wasserlösliche Stifte** oder solche, deren Farbe nach einiger Zeit von selbst oder durch Hitze verschwindet. Vor dem Gebrauch sollte man auf einem Stoffrest testen, ob keine Rückstände durch die Stifte bleiben.
- Für jede Naht braucht man passendes **Nähgarn**, das zum Stoff und zum Projekt passt. Es gibt Universalgarne für die meisten Näharbeiten, aber auch spezielle Garne, wie Stickgarn oder elastisches Garn für dehnbare Stoffe.
- Ein **Nadelkissen** oder ein **Magnetkissen** dient als Aufbewahrung für Stecknadeln, damit sie sicher und griffbereit bleiben und sich beim Arbeiten nicht auf dem Boden oder im Stoff verteilen.
- **Seidenpapier** wird für Schnittmuster verwendet, die von fertigen Vorlagen auf das Papier übertragen und angepasst werden.
- Ein **Fingerhut** ist ein kleiner, meist aus Metall oder Kunststoff bestehender Schutz für den Finger, der beim Handnähen viel Kraft aufbringen muss.
- Ein **Nahttrenner** ist ein Werkzeug mit einer hakenförmigen Klinge. Er wird verwendet, um Stiche vorsichtig aufzutrennen, falls man Fehler gemacht hat oder eine Naht entfernen muss
- Mit einem **Bügeleisen** und einem **Bügelbrett** oder -unterlage wird der Stoff geglättet und Nähte perfekt ausgerichtet. Das ist wichtig für gute Ergebnisse.
- Das **Schneidelineal** hilft dabei, gerade Linien auf den Stoff aufzuzeichnen, Schnittmuster zu erstellen und gerade Stücke des Stoffes mithilfe des Rollschneiders abzuschneiden.

Bearbeiter

Grundstiche mit der Handnadel

Es gibt verschiedene Grundstiche mit der Handnähnadel. Diese werden dir im Folgenden vorgestellt.

Der Heftstich

Wie sein Name verrät, dient der Heftstich zum vorübergehenden Zusammennähen (heften) von zwei Stoffen. Dabei stichst du mit der Nadel von oben nach unten durch die Stoffe und nach etwa fünf Millimetern wieder von unten nach oben und so weiter. So erhält man eine Naht, die ein bisschen wie ein Überholstreifen auf der Straße aussieht. Dadurch lassen sich die Stoffe danach passgenau mit der Nähmaschine vernähen. Der Heftstich wird anschließend mit dem Nahttrenner aufgetrennt.

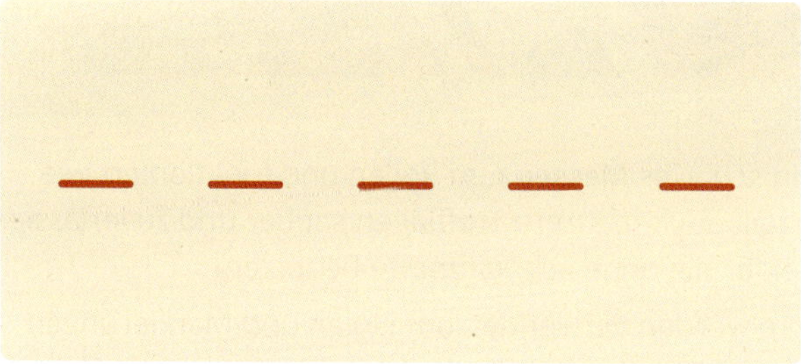

Der einfache Heftstich

Der Steppstich

Eigentlich sieht der Steppstich aus wie der Heftstich nur ohne Zwischenraum. Und das geht so: Zu Beginn stichst du wie beim Heftstich von unten durch den Stoff nach oben und nach fünf Millimetern gleich wieder nach unten. Beim dritten Stich gehst du mit der Nadel fünf Millimeter zurück zum zweiten Einstich und schließt dadurch die Lücke. Du stichst also von oben nach unten und macht dabei einen zehn Millimeter langen Stich wieder nach oben. Beim vierten und allen folgenden Stichen macht man oben immer einen Fünf-Millimeter-Rückwärtsstich und von unten einen Zehn-Millimeter-Vorwärtsstich. Das klingt komplizierter als es ist. Wenn du diesen Stich beherrschst, stich ihn kürzer, statt fünf vielleicht nur drei Millimeter. Dadurch sieht der Stich besser aus und ist haltbarer als ein Heftstich. Der Steppstich eignet sich besonders für Taschen oder Kuscheltiere.

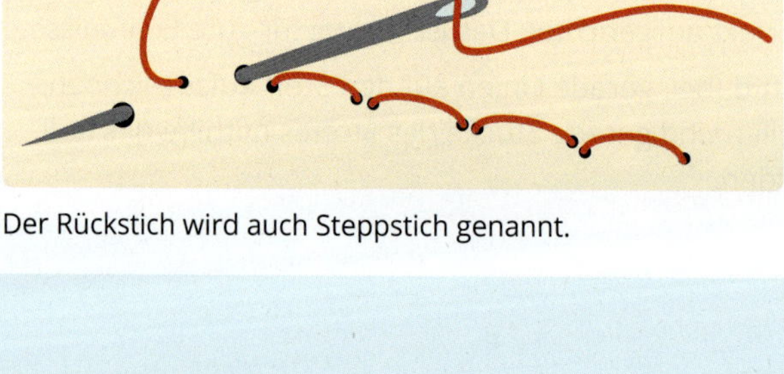

Der Rückstich wird auch Steppstich genannt.

Der Leiterstich

Mit diesem Stich lassen sich zum Beispiel Wendeöffnungen unsichtbar schließen. Und das geht so: Du arbeitest von links nach rechts. Zunächst wählst du einen Nähfaden in der Farbe des Stoffes und machst einen dicken Knoten in das Ende des Fadens. Danach hältst du den Stoff so zusammen, wie er später liegen soll. Dann nähst du in Form einer Leiter dicht in der Falte und in kleinen Stichen: parallel zur Falte, auf der einen Seite, dann rüber zur gegenüberliegenden Seite der Falte. Anschließend wieder parallel zur Falte und rüber zur anderen Seite. Und so weiter. Zum Schluss ziehst du vorsichtig am Faden, damit dieser unsichtbar nach innen verschwindet und damit die Öffnung schließt. Das Fadenende muss jetzt nur noch vernäht werden.

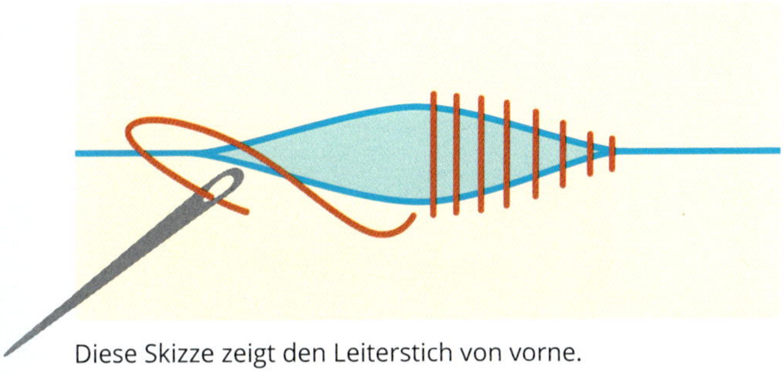

Diese Skizze zeigt den Leiterstich von vorne.

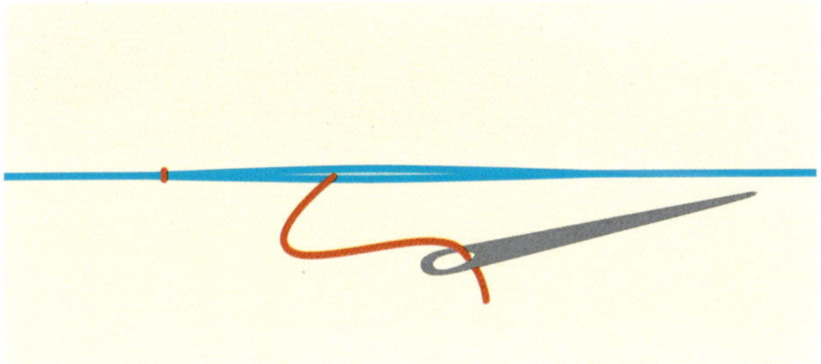

Die Naht schließt sich, wenn man behutsam am Faden zieht.

Bearbeiter

Einen Kissenbezug nähen

Im Folgenden erhältst du eine Schritt-für-Schritt-Anleitung, wie du einen Kissenbezug mit Hotelverschluss nähen kannst:

Hilfsmittel:
- Maßband, Handmaß, Lineal
- Stoffkreide, Stifte
- Stoffschere, Fadenschere
- Nähmaschine
- Maschinennadel, Handnähnadel
- Stecknadeln oder Klammern
- Bügeleisen

Materialien:
- Einen nicht-elastischen Stoff deiner Wahl (am besten Baumwolle oder Leinen)
- Zur Stofffarbe passendes Nähgarn
- Innenkissen 40 × 40 cm
- Eventuell ein Stickbild

Schritt-für-Schritt-Anleitung:

Schritt 1:

Das brauchst du alles, um ein Kissen zu nähen.

Richte dir deinen **Arbeitsplatz** ein. Du solltest nicht zu beengt arbeiten, gute Lichtverhältnisse haben und nicht zu lange Wege zwischen den Plätzen für das Zuschneiden, Bügeln und Nähen. Pass auf, dass du nicht über die Anschlusskabel von Nähmaschine und Bügeleisen stolperst. Speisen und Getränke gehören **nicht** an den Arbeitsplatz. Weil man sich leicht an scharfen und spitzen Gegenständen verletzen kann, sollte Verbandsmaterial (Pflaster) in der Nähe sein.

Schritt 2:

Zuerst musst du dir einen Stoff aussuchen und auf die passende **Größe berechnen**. Dazu misst du dein Kissen (in unserem Fall 40 × 40 cm) und fügst eine Nahtzugabe von 1 cm hinzu.

Für die Vorderseite: Breite: + 2 cm (für die beiden Nahtzugaben am Rand)
Länge: Kissenhöhe + 2 cm (für die beiden Nahtzugaben am Rand)

Für die Rückseite: Du benötigst zwei Teile, die sich überlappen. Dafür wird die Breite gleichbleiben, aber die Länge muss angepasst werden.
Jedes Teil sollte so lang sein, dass es etwa die Hälfte der Kissenhöhe hat, plus 6 cm für die fertige Überlappung sowie zusätzliche Länge für die Nahtzugabe.

Beispiel: Wenn dein Kissen 40 cm hoch ist, sollten die beiden Rückteile je 30 cm lang sein (20 cm [halbe fertige Kissenhöhe] + 10 cm [1 cm Nahtzugabe am Rand, 3 cm für Doppelsaum (auch gesteppter Saum genannt) in Mitte, 6 cm für Überlappung]).

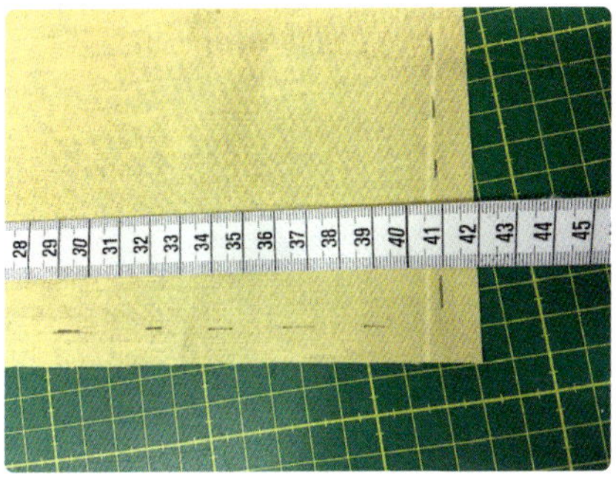

Der Stoff für die Vorderseite des Kissens misst 42 × 42 cm für ein 40 × 40 cm Kissen mit 1 cm Nahtzugabe rings herum.

Rechts im Bild siehst du die Kissen-Vorderseite. Sie ist zur Hälfte eingeklappt, um die Rückseite mit Überlappung (links) berechnen zu können.

Schritt 3:

Schneide den Stoff nach den hier berechneten Maßen zu. Ein Stück für die Vorderseite (42 × 42 cm für ein 40 × 40 cm großes Kissen). Zwei Stücke für die Rückseite, je 42 × 30 cm.

Hier siehst du die Berechnung für die Überlappung: 1 cm für äußeren Rand, 1+ 2 cm für Doppelsaum am Überlapp, 6 cm für die Überlappung selbst = 10 cm!

Schritt 4:

Da die Rückseite überlappend ist, müssen die inneren Kanten der Rückseite (dort, wo die Überlappung für den Hotelverschluss entsteht) **versäubert** werden, damit sie nicht ausfransen.

- Bügle an einer der Längskanten der beiden Rückenteile 1 cm um.
- Dann nochmals 2 cm umbügeln und feststecken.

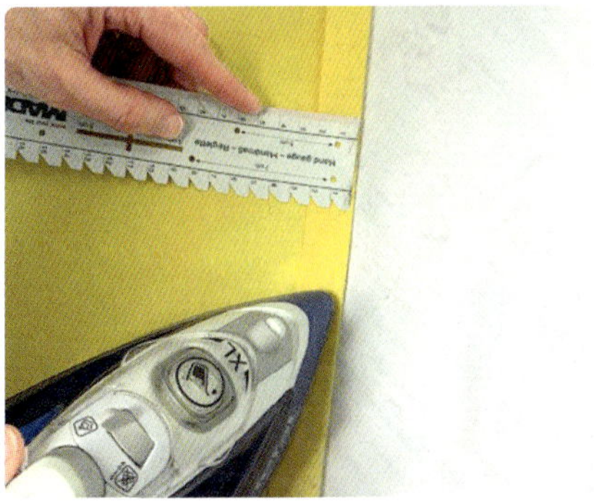

So wird gebügelt.

Möchtest du dein Kissen mit einer Stickerei verzieren?
Dann beginne noch nicht mit Schritt 5 und beachte die Hinweise zum Sticken auf der Folgeseite.

Schritt 5:

Bereite deine Nähmaschine vor. Spule dafür eine Unterfadenspule auf und lege sie in die Maschine ein. Fädle den Oberfaden entlang der markierten Fadenwege bis durch die Nadel. Stelle einen Gradstich ein.

- Nähe mit 1,8 cm Abstand entlang der doppelt umgebügelten Saumkante, um einen sauberen Saum zu erhalten.
- Nun kannst du den Kissenbezug zusammennähen. Dazu legst du das Vorderteil des Kissens mit der schönen Seite nach oben auf den Tisch.
- Lege dann die beiden Rückenteile mit der schönen Seite nach unten darauf, sodass sie sich in der Mitte überlappen (das bildet den Hotelverschluss).
- Fixiere die Kanten mit Stecknadeln oder Klammern.
- Nähe jetzt einmal ringsherum, ca. 1 cm vom Rand entfernt (entspricht Nahtzugabe, die du zuvor eingeplant hast).
- Damit die Ecken schön werden, kannst du diese nach dem Nähen leicht schräg abschneiden. (Aber Vorsicht: Nicht in die Naht schneiden!)

Jetzt liegen die drei Teile übereinander und können zusammengenäht werden.

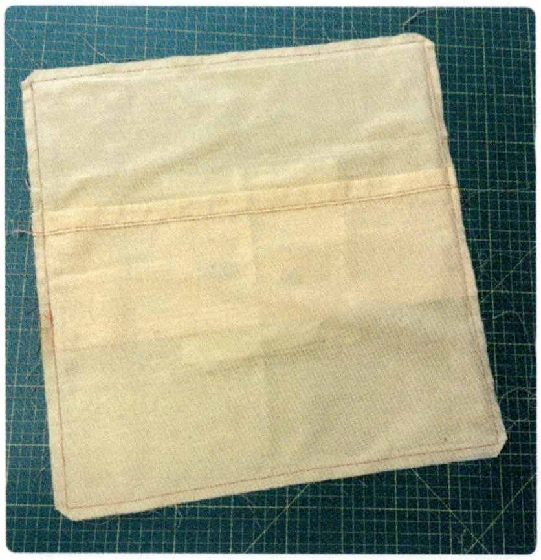
Rundherum nähen, um Vorder- und Rückseite des Kissenbezuges zusammenzufügen.

So kann die Ecke abgeschnitten werden.

- Versäubere die Kanten des Kissenbezuges mit einem Zickzackstich. So fransen die Ränder nicht aus.

Mit dem Zickzackstich werden die Kanten des Kissenbezuges versäubert.

Schritt 6

Wende den Bezug durch die Öffnung des Hotelverschlusses.

- Forme die Ecken gut aus (z. B. mit einem Bleistift oder mit einem Ecken- und Kantenformer).
- Bügle den Bezug, damit er schön glatt wird.

So sollte die Ecke aussehen.

Schritt 7:

Jetzt stecke dein Kissen in den Bezug. Der Hotelverschluss sorgt dafür, dass das Kissen schön verhüllt ist. Möchtest du den Bezug waschen, kannst du ihn wieder leicht abziehen.
Für das bessere Verständnis haben wir uns in den Abbildungen für einen hellen Stoff und ein dunkles Garn entschieden. Meist verwendet man beim Nähen jedoch die passende Garnfarbe zum Material. Möchtest du absichtlich im Kontrast Hell-Dunkel nähen, musst du sehr exakt arbeiten. Anderenfalls werden kleine Nähfehler deutlich sichtbar.

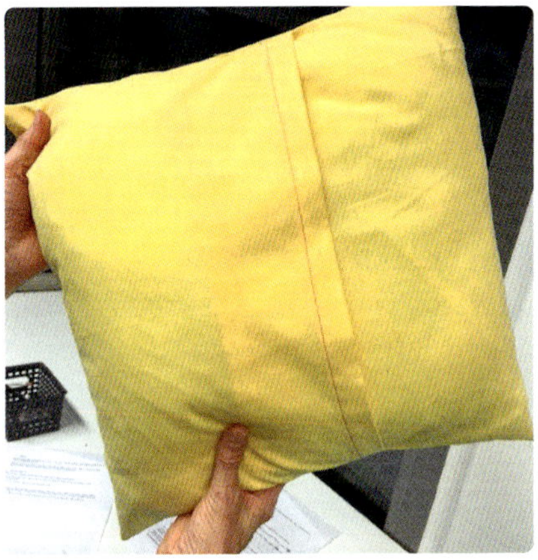

Das Innenkissen steckt jetzt ordentlich in seinem neuen Bezug.

So kannst du dein Kissen mit einer Stickerei verschönern:

Die Vorderseite des Stoffes kann zusätzlich mit einer Stickerei verziert werden. Am besten befestigst du deine Stickerei auf die Vorderseite des Kissenbezuges, bevor du sie mit den beiden Teilen der Rückseite zusammennähst. Die Stickerei machst du also, bevor du mit Schritt 5 zur Erstellung des Kissenbezuges beginnst. Für die Stickerei selbst hilft die Anleitung auf der folgenden Seite.

So einfach kannst du deinen Kissenbezug individuell gestalten.

Praxisseite

Sticken – individualisiere deine Werkstücke

Opa Fritz kann sich noch genau erinnern, wie Oma vor allem zur Winterzeit bastelte und gemeinsam mit den Kindern handarbeitete, um Geschenke für die Familie herzustellen. Doch wie kann man mit der Hand sticken, um schöne Muster und Bilder auf Stoff zu bringen?

Benötigte Materialien:
- Stumpfe Nadeln zum Sticken
- Stickgarn
- Stickrahmen
- Stickschere
- Stickleinen
- Stoff nach Wahl
- Stift zum Anzeichnen

Der Heftstich

Der Heftstich ist der einfachste Stich. So machst du ihn: Stich mit der Nadel von unten durch den Stoff nach oben. Ziehe den Faden ganz durch. Stich dann ein kleines Stück weiter unten wieder durch den Stoff und ziehe den Faden durch. Wiederhole das, bis du eine Linie hast.

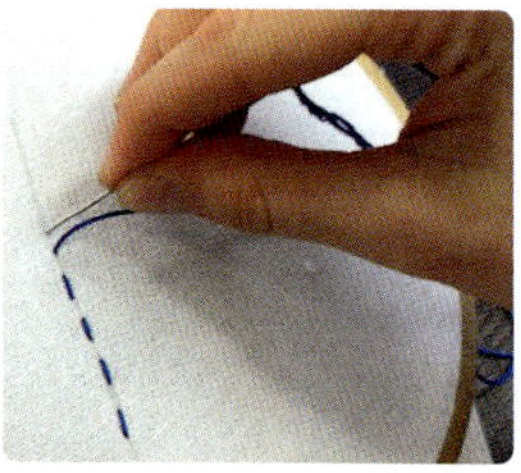

Der Steppstich

Der Steppstich sieht aus wie eine durchgehende Linie. Beginne wie beim Heftstich und stich von unten nach oben. Stich dann ein Stück zurück, wo du gerade warst, und ziehe den Faden durch. Jetzt stich wieder ein Stück weiter vorne durch den Stoff und ziehe den Faden durch. Wiederhole das, bis du eine schöne Linie hast.

Der Kettenstich

Der Kettenstich sieht aus wie kleine Schlaufen. Stich von unten nach oben durch den Stoff. Ziehe den Faden durch und lasse eine kleine Schlaufe. Stich dann wieder von oben nach unten durch die Schlaufe und ziehe den Faden fest.

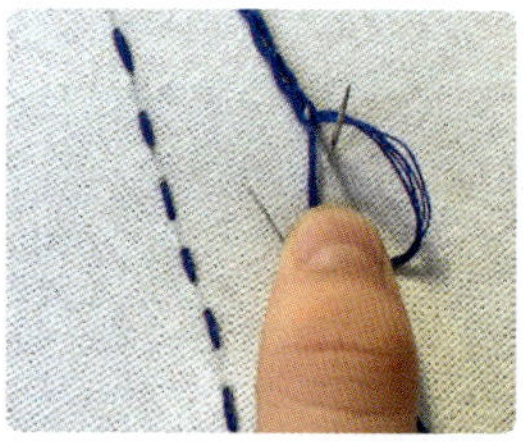

Der Plattstich

Der Plattstich ist ein schöner, flacher Stich und er ist einfacher zu handhaben, als es zunächst scheint. Er sieht aus, wie dicht nebeneinander gelegte gerade Stiche. Stich von unten nach oben durch den Stoff. Dann stich ein kleines Stück weiter bis zu deiner gezeichneten Linie und ziehe den Faden durch. Jetzt stich wieder zurück knapp neben den ersten Einstich und wiederhole das, um eine flache Linie zu sticken. Die Stiche können von links nach rechts und von oben nach unten ausgeführt werden.

Der Margeritenstich

Der Margeritenstich sieht aus wie kleine Blumen. Eigentlich ist er ein Kettenstich, der oft für die Blumenstickerei benutzt wird. Stickst du die einzelnen Stiche um einen Punkt oder Kreis herum, sehen sie aus wie schöne Blütenblätter. Stich in der Mitte der Blume von unten nach oben und ziehe den Faden durch, lege ihn in eine Schlaufe und stich dann wieder in die Mitte zurück nach unten. Von unten kommend durchstichst du deine Linie für den äußeren Rand der Blume und kommst dabei in der Schlaufe an. Diese nähst du jetzt mit einem kurzen Stich nach unten fest. Wiederhole das rundherum, um die Blütenblätter zu sticken. So entsteht eine schöne Blume.

Der Webrosenstich

Der Webrosenstich ist eine Kombination aus Sticken und Weben mit einer Sticknadel. Man nennt ihn auch den Spinnradstich. Zeichne dafür ein Tortendiagramm mit fünf oder sieben Speichen. Nun stich die Speichen mit einem Geradstich nach. Stich in der Mitte von unten nach oben und beginne mit der Nadel zu weben, ohne einzustechen.

Mit Maschinen sticken

Neben der Handstickerei kann man mit Maschinen sticken, diese nennt man Stickmaschinen. Die Stickmaschine lässt sich programmieren, um perfekte Stickbilder, Grafiken oder Schriften zu sticken.
Manche Nähmaschinen ermöglichen die Freihandstickerei. Dafür wird der Transporteur der Maschine versenkt und der Nähfuß durch einen Stickfuß ersetzt. Jetzt bist du der Transporteur und kannst den Stoff langsam unter dem Stickfuß in jede Richtung hin und her bewegen. Das nennt man Nähmalen.

2.1.6 Upcycling – Kleidung weiternutzen statt wegwerfen

Oft entscheiden wir, alte Klamotten auszusortieren und zu entsorgen. Für viele führt dann der Weg zur Mülltonne oder zum Kleidercontainer. Doch es gibt noch einen Weg. Schon mal was von Upcycling gehört?

M15 Des Fietes neue Kleider

82311-062

Fiete ist traurig, denn sein Lieblingssweatshirt ist verschlissen und wurde von Maike nach dem Waschen aussortiert. „Mama, ich trenne mich gar nicht gerne von dem schönen Pullover." Aber Maike ist fest entschlossen, ihn nicht noch einmal in den Schrank zu räumen. Da kommt ihr die rettende Idee: „Wir upcyceln deinen Pullover und nähen daraus einen Schal und eine Mütze für dich." Fiete findet es toll, dass seine Mutter dem Sweatshirt ein zweites Leben schenken möchte.

Bearbeiter

UPCYCLING

Upcycling bedeutet, dass man alte oder kaputte Dinge nicht wegwirft, sondern sie wiederverwendet, indem man daraus etwas Neues und Nützliches macht. Zum Beispiel könnte man aus einer alten Jeans eine Tasche nähen, oder wie in Fietes Fall, aus einem Pullover einen warmen Schal und eine Mütze. Beim Upcycling werden Sachen also nicht einfach zu Müll, sondern zu etwas Neuem.

Bearbeiter

M16 Do it yourself!

Hier sind einige Ideen, wie auch du deine Kreativität entfalten und gleichzeitig lernen kannst, Ressourcen zu schonen:

Taschen nähen:

Aus alten Jeans kann man mit etwas Unterstützung kinderleicht kleine Taschen nähen. Einfache Formen wie Beu-

Eine Tasche aus Jeans-Stoff

Ein Patchwork-Kissen

tel oder Stofftaschen lassen sich schon mit grundlegenden Nähkenntnissen herstellen. Solche Projekte helfen, ein Bewusstsein für Mode und den eigenen Konsum zu entwickeln.

Patchwork-Decken oder -Kissen:
Wenn viele Stoffreste übrig sind, lässt sich ein Patchwork-Projekt starten. Du könntest Stoffe in kleine Quadrate schneiden und zu bunten Decken oder Kissen zusammennähen. Dieses Projekt fördert Geduld und gibt dir die Möglichkeit, Farben und Muster frei zu kombinieren.

Schmuck und Accessoires:
Armbänder, Haargummis oder Stirnbänder lassen sich ebenfalls aus alten Textilien nähen. Durch das Kombinieren verschiedener Stoffarten und Farben kannst du deinen ganz eigenen Stil kreieren.

Bearbeiter

M17 Upcycling deluxe

Fiete hat in der Schule vom Upcyclingprojekt seiner Mutter berichtet und zeigt stolz seinen neuen Schal. Seine Mitschülerinnen und Mitschüler sind beeindruckt. Fietes Freund Paul war nach der Schule ganz heiß darauf ein eigenes Upcyclingprojekt zu starten. Beim Blick in sein Kinderzimmer fielen ihm leider keine geeigneten Materialien in die Hände. Paul überlegt, wie er trotzdem ein tolles Projekt starten kann. Kurzerhand fährt er in einen naheliegenden 1 Euro-Laden. Mit vielen Kleinigkeiten kommt er nach Hause und bastelt daraus sein „Upcyclingprojekt". Am nächsten Tag sind seine Mitschülerinnen und Mitschüler skeptisch und fragen: „Ist das überhaupt noch Upcycling?"

Bearbeiter

AUFGABEN

82311-063

1. Beschreibe weitere Möglichkeiten, um Fietes Pullover ein zweites Leben zu schenken.
2. a) Sammelt mithilfe von **M16** Ideen, welche neuen Dinge ihr aus den alten Kleidungsstücken herstellen könnt.
   b) Stellt die vielversprechendsten Ideen gemeinsam her.
3. Bezieht begründet Stellung zur Frage, ob es sich bei Pauls Projekt um Upcycling handelt (**M17**).
4. Erörtert die These „Beim Upcycling entsteht oft zusätzlicher Müll, der früher oder später weggeschmissen wird."

2.1.7 Fleckenfrei – wie pflegt man Textilien?

Die kleinen Stoff- oder Plastikzettel kratzen und stören oft, darum schneiden viele Menschen diese als erstes aus neuer Kleidung. Warum werden diese kleinen lästigen Zettel überhaupt in die Innenseite unserer Kleidung genäht?

M18 Vom Lieblingsshirt zur Puppenkleidung

Imke wundert sich, als sie eines ihrer neuen T-Shirts aus dem Wäschetrockner holt. „Das ist total eingelaufen und die Farben sind viel blasser. Das Shirt ist so klein geworden, dass es Sünkes alten Puppen passen könnte." Die jüngere Schwester lacht und fragt, ob dies dann Upcycling in der Waschmaschine sei. Nein, meint Imke selbstkritisch. Sie hätte besser vor dem Waschen die Pflegehinweise mit den Waschanleitungen lesen sollen.

Bearbeiter

M19 Die „geheime" Botschaft auf dem Zettel

82311-064

So liest du das Pflegeetikett
Nimm dafür die nachfolgende Grafik zur Hilfe: Die Ware bei 30 Grad Wassertemperatur und geringer Bewegung (schonend) waschen. Keinesfalls darf das Kleidungsstück mit ausbleichendem Waschmittel behandelt werden, es darf nicht in den Trockner, sollte nicht gebügelt werden und auch nicht in die chemische Reinigung.

Wenn man schöne Kleidung hat, möchte man auch, dass sie lange schön und sauber bleibt. Damit das funktioniert, gibt es ein paar einfache Dinge, die man beim Waschen beachten sollte. Manche Sachen sollten nur bei niedriger Temperatur gewaschen werden oder dürfen nicht in den Trockner. Beim Bügeln ist unbedingt auf die richtige Temperatur des Bügeleisens zu achten.

Hierbei handelt es sich um eine hochwertige Strickware, die lediglich schonend gewaschen werden sollte.

Auf der Rückseite des Waschmittels wird die richtige Anwendung erklärt.

Zum Waschen benötigt man das richtige Waschmittel. Jedes Waschmittel enthält auf dem Etikett genaue Angaben über den Gebrauch. Folgt man den Anleitungen auf den Verpackungen, kann man sich auch noch nach vielen Wäschen am tadellosen Aussehen seiner Kleidung erfreuen und gleichzeitig der Umwelt helfen.

Um Waschanleitungen überall auf der Welt lesen zu können, wurden Zeichen erdacht, die international die gleiche Bedeutung haben, ähnlich wie Verkehrszeichen. Man spricht dann von Pflegehinweisen oder Waschsymbolen, die sich auf Etiketten in der Kleidung befinden, zumeist auf der linken, also der Innenseite des Kleidungsstücks. Bei Hemden und Shirts sind sie auf der Rückseite des Kragens oder an der Seitennaht angebracht. Bei Hosen in der Nähe des Hosenbundes.

Bearbeiter

Handwäsche	schonend waschen
Waschen allgemein	sehr schonend waschen
nicht waschen	bei 30 °C waschen
bei 40 °C waschen	bei 50 °C waschen
bei 60 °C waschen	bei 95 °C waschen
für Trockner geeignet	niedrige Temperatur im Trockner
normale Temperatur im Trockner	hohe Temperatur im Trockner
nicht für Trockner geeignet	alles möglich (veraltet)
Reinigung mit Kohlenwasserstoff	Reinigung mit Perchlorethylen
nicht chemisch reinigen	professionelle chemische Reinigung
bügeln mit niedriger Temperatur	bügeln allgemein
nicht bügeln	bügeln mit normaler Temperatur
bügeln ohne Dampf	bleichen erlaubt
bleichen mit Sauerstoff erlaubt	bleichen nicht erlaubt
trocknen an der Wäscheleine	liegend trocknen tropfnass

Bearbeiter

AUFGABEN

82311-065

1. a) Beschreibe, was mit Imkes neuem T-Shirt beim Waschen passiert ist (**M18**).
   b) Tauscht euch zu zweit aus: Gab es bei euch Zuhause auch schon mal „Waschunfälle“?
2. a) Ermittelt mithilfe von **M19**, wie ein Kleidungsstück eurer Wahl gewaschen werden soll. Vergleicht in der Klasse eure Ergebnisse.
   b) Welche Gemeinsamkeiten und Unterschiede könnt ihr bei verschiedenen Kleidungsstücken feststellen? Präsentiert eure Ergebnisse in der Klasse.
3. An welche Regeln halten sich eure Eltern beim Waschen? Befragt sie mithilfe einer selbst erstellten Umfrage und tragt die Ergebnisse in der Klasse zusammen.
4. Entwerft ein Plakat mit den wichtigsten Symbolen und Tipps fürs Waschen, das man sich Zuhause neben die Waschmaschine hängen kann.

M1 Sünkes neue Kleidungsstücke

Sünke hat zum Geburtstag verschiedene Kleidungsstücke von Ihren Eltern bekommen. Eine schöne neue Jeans, ein T-Shirt aus Baumwolle, ein Sport T-Shirt aus Polyester und einen hauchdünnen Seidenschal. Eine Woche später, soll Sünke ihrem Vater beim Verladen von Holzstücken für den Kamin helfen. Modisch gekleidet in einer Stoffhose, dem neuen Sport T-Shirt aus Polyester und dem hauchdünnen Seidenschal steht sie bereit. Onno muss lachen „In den Klamotten möchtest du Holz mit mir verladen?"

Bearbeiter

M2 Den Wäschecode entschlüsseln

M3 Wie funktioniert eine Nähmaschine?

M4 Ein Nadelkissen nähen

AUFGABEN

82311-066

1. Erläutere, warum Sünkes Vater bei der Auswahl der Kleidung zum Arbeitseinsatz skeptisch ist (**M1**).
2. a) Beschreibe, wie du die abgebildete Jeans pflegen / waschen solltest (**M2**).
   b) Erläutere, warum man Kleidung ordnungsgemäß waschen und pflegen sollte (**M2**).
3. Erläutere die Funktionen der Nähmaschine einer Freundin oder einem Freund (**M3**).
4. Stelle ein Nadelkissen in Kaktusform mit der Nähmaschine her (**M4**).

1

Gemeinsam Sport machen

2

Lesen

3

Bus fahren

4

Eine Familie kocht.

5

Musik hören

6

Hoverboard fahren

Was weißt du schon?

82311-067

1. Beschreibe die Bilder: Auf welche Art wird jeweils Energie genutzt?
2. a) Erläutere, wofür du in deinem Alltag Energie nutzt.
   b) Erörtert zu zweit: Würde euer Alltag ohne Energie funktionieren?
3. Diskutiert in der Klasse die folgende Aussage: „Energie ist unverzichtbar für unseren Alltag, aber wir müssen lernen, sie sparsam und umweltfreundlich zu nutzen."

3

#Energie in unserem Alltag

Stell dir vor, du wachst morgens auf, und nichts funktioniert: Kein Licht geht an, der Kühlschrank ist aus und der Fernseher bleibt dunkel. Wie würde dein Tag aussehen? Energie ist eine unsichtbare Heldin, die unser Leben jeden Tag auf vielfältige Weise beeinflusst. Sie bringt unser Zuhause zum Leuchten, hält uns warm, hilft uns, von einem Ort zum anderen zu kommen, und ermöglicht es uns, unsere Lieblingsspiele zu spielen und Videos auf dem Smartphone anzuschauen.

Was lernst du in diesem Kapitel?

... technische Modelle zu erstellen.
... den Energiebedarf verschiedener Systeme zu ermitteln.
... technische Fallbeispiele zu analysieren.
... Energieflussdiagramme als Visualisierungen von Energieumwandlungsprozessen zu erstellen.
... Energiequellen benennen und voneinander zu unterscheiden.
... Energieversorgung und ihre Berufe im Wandel der Zeit zu beschreiben.
... Messungen und Steuerungen im Smart Home zu analysieren.

Wir erstellen ein technisches Modell

Technische Modelle sind Miniaturversionen von echten Maschinen, Geräten oder Anlagen. Sie sind sehr nützlich, weil sie uns helfen, komplexe Sachverhalte genau zu analysieren und besser zu verstehen. Sie sind Werkzeuge, um Neues zu lernen und sicher zu experimentieren. Macht euch bereit für eine spannende Entdeckungsreise in die Welt der Energie.

Geht dabei so vor:

Start

1

Bildet Kleingruppen. Wählt eine Energieumwandlungsanlage aus, die ihr analysieren möchtet, z. B. eine Windkraftanlage, ein Solarkraftwerk, eine Wasserkraftanlage oder ein Kohlekraftwerk (→ Kap. 3.1.3).

2

- Identifiziert die Hauptkomponenten der Anlage wie Turbinen, Generator oder Speicher (→ Kap. 3.1.3).
- Beschreibt die Funktion jeder Komponente und wie sie zur Energieumwandlung beiträgt. Recherchiert hierzu in Büchern oder nutzt zuverlässige Internetquellen (**QR-Code**):
  - Windkraft: Bundesverband Windenergie
  - Wasserkraftwerk: ENBW
  - Kohlekraftwerk: ENBW

Links zu Internetquellen

82311-068

3

Erstellt ein Energieflussdiagramm zum Energieumwandlungsprozess (→ Kap. 3.1.3). Erklärt hierbei jeden Schritt von der Primärenergie bis zur Umwandlung und Nutzung der Endenergie.

4

- Erstellt, basierend auf euren bisherigen Analysen, einen Entwurf eures Modells.
- Zeichnet Skizzen und plant Dimensionen und Materialien. Stellt hierbei sicher, dass euer Modell die wichtigsten Komponenten (Schritt 2) und den Prozess der Energieumwandlung (Schritt 3) korrekt darstellt.

5

- Besorgt die notwendigen Komponenten für euer Modell. Dies können Bastelmaterialien, Elektronikkomponenten, Miniaturmotoren etc. sein. Verwendet, wo immer möglich, umweltfreundliche und recyclebare Materialien.
- Baut Schritt für Schritt euer Modell auf. Beginnt mit der Basisstruktur und fügt nach und nach die Komponenten hinzu. Achtet darauf, dass alle Teile stabil und sicher montiert sind.
- Testet, ob euer Modell wie geplant funktioniert. Überprüft auch, ob die Energieumwandlung dargestellt wird. Behebt evtl. auftretende Probleme.

6

Präsentiert euer Modell anderen Lernenden, Lehrkräften oder Fachpersonen und holt euch Feedback ein. Nutzt das Feedback, um Anpassungen oder Verbesserungen vorzunehmen.

3.1 Energie gehört zum Leben

3.1.1 Dein individueller Energiebedarf – wie viel benötigst du?

Jeden Tag benötigt unser Körper Energie, um all die Dinge zu tun, die wir lieben, wie Spielen, Lernen und Wachsen. Aber was genau ist der Energiebedarf eines Menschen?

M1 Wofür braucht unser Körper Energie?

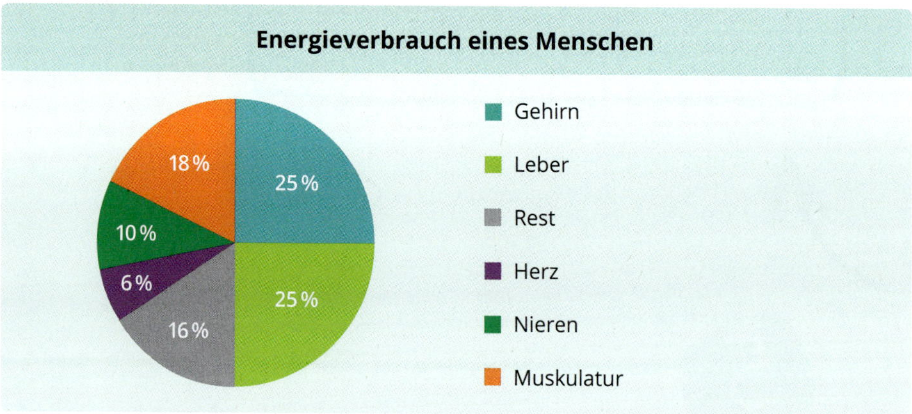

Bearbeitergrafik, Zahlen nach: Medienwerkstatt Mühlacker Verlag

 # ENERGIE

Energie ist eine Kraft, die alles in Bewegung bringt und Dinge funktionieren lässt.
Sie ist überall um uns herum und kommt in vielen verschiedenen Formen vor, zum Beispiel als Wärmeenergie, Bewegungsenergie oder elektrische Energie. Ohne Energie könnten wir viele Dinge, die für uns selbstverständlich sind, nicht tun. Energie kann weder erzeugt noch verbraucht werden, sondern nur von einer Form in eine andere umgewandelt werden, wie zum Beispiel, wenn wir elektrische Energie nutzen, um Licht zu erzeugen.

Bearbeiterin

Kilojoule (kJ)
Ein Kilojoule ist eine bestimmte Menge an Energie. Unser Körper bekommt sie aus der Nahrung und nutzt sie, um Dinge zu tun.
Oft wird die Einheit Kilokalorie (kcal) verwendet, wobei 1 kcal etwa 4,18 kJ entspricht.

M2 Was verbraucht wie viel Energie?

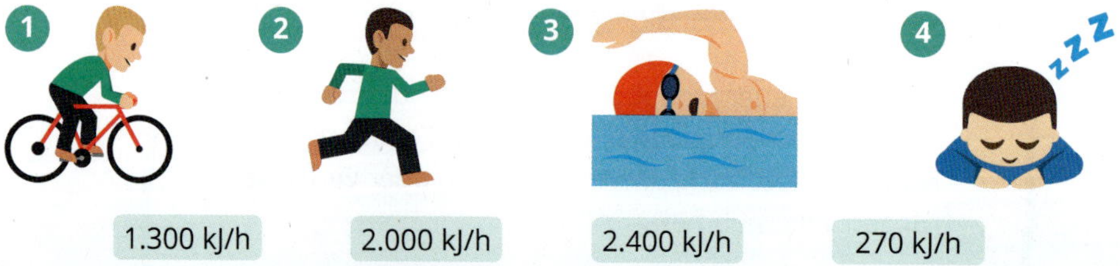

Bearbeiterin

M3 Fietes Lieblingseisbecher in seinem Körper

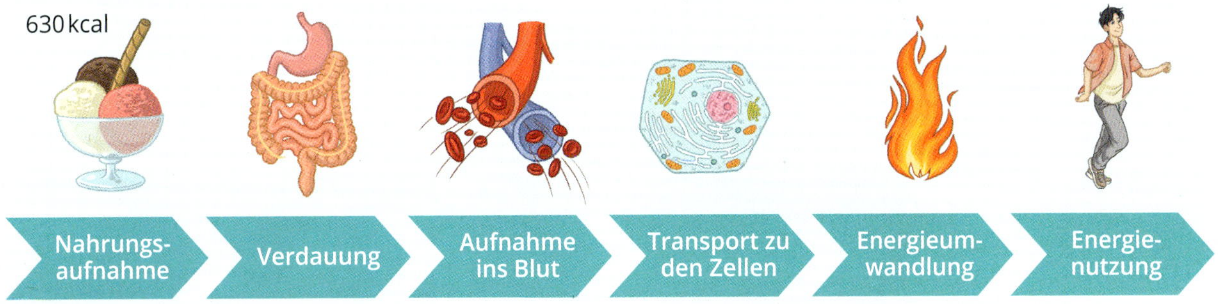

Bearbeitergrafik

INDIVIDUELLER ENERGIEBEDARF

Der individuelle Energiebedarf beschreibt, wie viel Energie unser Körper benötigt, um richtig zu funktionieren und all die Dinge zu tun, die wir alltäglich machen.
Diese Energie bekommen wir aus der Nahrung, die wir essen. Unser Körper nutzt diese Energie, um zu denken, sich zu bewegen, zu wachsen und gesund zu bleiben.
Jeder Mensch hat einen unterschiedlichen Energiebedarf, der unter anderem davon abhängt, wie alt oder wie aktiv man ist. Zum Beispiel benötigt eine Person wie Fiete, die viel Sport treibt, mehr Energie als eine Person, die den ganzen Tag vor einem Computer sitzt. Fiete, der 55 kg wiegt und sich viel bewegt, hat z. B. einen Energiebedarf von 2.609 kcal. Es ist wichtig, dass wir genug Energie bekommen, aber auch nicht zu viel, damit wir gesund bleiben.

Bearbeiterin

Ermittlung des individuellen Energiebedarfs

82311-069

AUFGABEN

82311-070

1. Beschreibe, wofür dein Körper wie viel Energie benötigt (**M1**, **#Energie**).
2. Ordne zu, welche Aktivität wie viel Energie verbraucht (**M2**).
3. a) Erläutere in einem kurzen Text, wie der Eisbecher in Fietes Körper zu Energie wird (**M3**).
   b) Diskutiert zu zweit: Wie funktioniert die „Verbrennung“ in eurem Körper? Was sind Gemeinsamkeiten und Unterschiede zwischen der Energieumwandlung in euch und einem Lagerfeuer oder einer Kerze?
4. a) Bestimme deinen individuellen Energiebedarf (**M3**, **QR-Code**).
   b) Vergleiche die Ergebnisse mit anderen Lernenden.
   c) Fiete möchte jeden Tag einen Becher seines Lieblingseises essen. Entwickelt Ideen, wie er seinen Energieverbrauch erhöhen könnte, damit er diese zusätzlichen Kalorien verbrauchen kann.

F zu Aufgabe 2
Ermittle, wie viel Energie dein Körper für welche Organe benötigt.

3.1.2 Energiebedarf – wie viel wird benötigt?

Hast du dich jemals gefragt, wie viel Energie du täglich brauchst, um all die Dinge zu tun, die für dich selbstverständlich sind?

M4 Energie im Alltag

1 

Staudamm

2 

Tee kochen

3 

Steckdosen

4 

Melone essen

5 

Fahrrad fahren

6 

Solaranlage auf dem Dach

ENERGIEBEDARF

Der Energiebedarf beschreibt, wie viel Energie wir verwenden, um verschiedene Dinge zu tun. Das kann zum Beispiel das Einschalten einer Lampe, das Benutzen eines Computers oder das Heizen eines Hauses sein.
Der Energiebedarf zeigt also, wie viel Energie wir insgesamt für all unsere Aufgaben benötigen. Es ist wichtig, unseren Energiebedarf zu kennen, weil Energie wertvoll ist und ihre Produktion oft die Umwelt belastet. Deshalb sollten wir versuchen, Energie zu sparen, wann immer wir können.

Bearbeiterin

M5 Wofür nutzen wir am meisten Energie?

Energieverbrauch privater Haushalte in der EU
Stand: 2025

73000-910

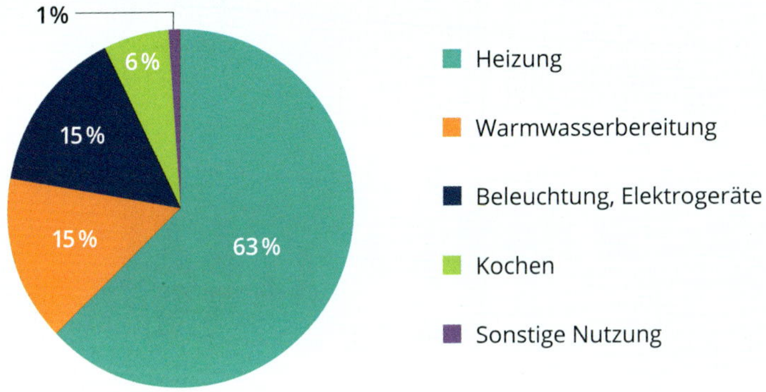

M6 Was verbraucht wie viel?

1

Handy

2

Spielkonsole

A	B	C	D
110 kWh	33 kWh	91 kWh	5 kWh

3

Laptop

4

Fernseher

Kilowattstunde (kWh)
Das ist die Einheit zur Messung der Energiemenge, die von elektrischen Geräten genutzt oder umgewandelt wird.

M7 Energieeffizienz im Kühlschrank

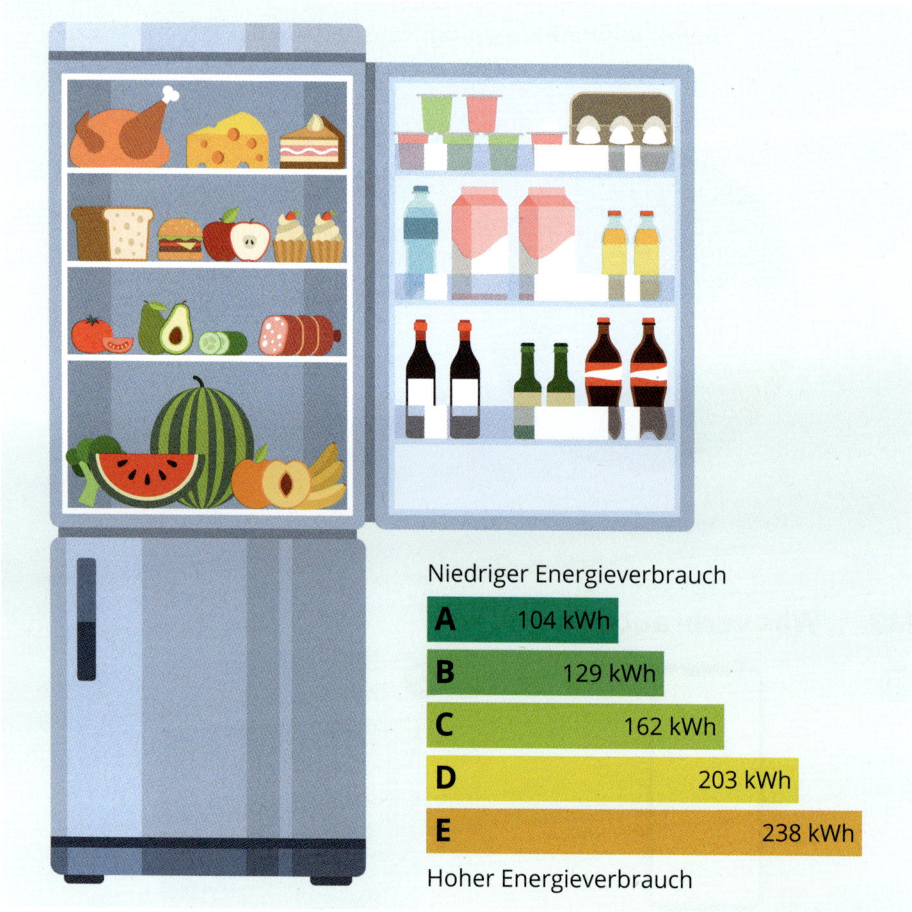

Bearbeiterin

AUFGABEN 82311-071

1. a) Benenne, wofür du in deinem Alltag Energie benötigst (**M4**, **#Energie**).
b) Ermittle deine Energieverbraucher und ordne sie der Größe nach (**M4**, **M5**).
c) Diskutiert zu zweit, wie ihr basierend auf euren Energieverbrauchern aktiv Energie sparen könnt.

2. a) Ordne zu, welche Geräte wie viel Energie benötigt (**M6**).
b) Ermittelt auf Basis der Nutzungszeit von täglich drei Stunden und den aktuellen Strompreisen, wie hoch eure Kosten für die Geräte pro Jahr sind (**M6**).

3. a) Vergleiche den Energieverbrauch der Kühlschränke in den unterschiedlichen Energieeffizienzklassen (**M7**).
b) Diskutiert zu zweit: Für welchen Kühlschrank würdet ihr euch entscheiden? Was spricht vielleicht auch für den Kauf eines Gerätes einer anderen Energieeffizienzklasse?

H zu Aufgabe 2
Link zur Übersicht der Stromkosten
82311-072

F zu Aufgabe 2
Bestimmt mit einem Energiekostenmessgerät den Energieverbrauch eines Geräts zu Hause. Vergleicht die Ergebnisse verschiedener Geräte miteinander.

Ein technisches Fallbeispiel analysieren

Worum geht es?

Wie funktioniert Technik in unserer Welt? Damit ihr einen Überblick erhaltet und eine Lösung findet, müsst ihr die Problemsituation analysieren.

Geht dabei so vor:

Fallbeispiel: Malik möchte einen Tee kochen. Das muss schnell gehen, da sein Bus bald kommt. Er kann das Wasser für den Tee entweder mit dem Wasserkocher oder in einem Topf auf dem Kochfeld erwärmen. Wie kann Malik sein Teewasser möglichst effizient und kostengünstig erwärmen?

Schritt 1: Fallbeispiel verstehen

Bildet Gruppen und klärt Unklarheiten im Fallbeispiel.

Schritt 2: Informationen sammeln und analysieren

Recherchiert Informationen zu dem Thema. Analysiert die gesammelten Informationen und sucht mögliche Lösungen. Berücksichtigt dabei auch geeignete Messmethoden, die euch helfen, das Problem besser zu verstehen und eine fundierte Lösung zu entwickeln.

Tipp: Nutzt Bücher, Artikel und verlässliche Onlinequellen.

Schritt 3: Lösungsmöglichkeiten entwickeln

Entwickelt verschiedene Lösungsansätze. Diskutiert in eurer Gruppe die Vor- und Nachteile jeder Lösung.

Schritt 4: Präsentation der Lösung

Bereitet eine Präsentation vor, in der ihr eure Lösung vorstellt. Nutzt hierfür visuelle Hilfsmittel wie Bilder, Diagramme und Tabellen.

Tipp: Übt die Präsentation in der Gruppe, um sicherzustellen, dass jeder Beitrag klar und präzise ist.

Schritt 5: Feedback einholen

Holt Feedback von Lehrpersonen, Fachpersonen und der Klasse ein. Besprecht das Feedback in eurer Gruppe und lernt daraus für zukünftige Aufgaben.

Feedbackregeln

82311-073

Lösungsvorschlag

82311-074

Bearbeiterin

3.1.3 Wie wird Energie umgewandelt?

Stell dir vor, du möchtest ein Spiel auf dem Smartphone spielen. Da bemerkst du, dass der Akku fast leer ist. Du steckst es in die Steckdose. Wie kommt die Energie vom Kraftwerk zur Steckdose und von dort zu deinem Smartphone?

M8 Wofür brauchen wir Energieumwandlung?

1

Pflanzen

2

Fernseher

3

Auto

4

Kühlschrank

A Dieses Gerät wandelt elektrische Energie in Strahlungs- und Schallenergie um, damit wir Bilder sehen und Töne hören können.

B Hierin wird die Strahlungsenergie der Sonne in chemische Energie umgewandelt. Sie wird gespeichert und hilft beim Wachsen.

C Chemische Energie wird in kinetische Energie umgewandelt, die für Bewegung sorgt. Dadurch entsteht thermische Energie, die als Abwärme verloren geht.

D Dieses Gerät nutzt elektrische Energie, um thermische Energie zu entfernen und den Innenraum kühl zu halten.

Bearbeiterin

M9 Welche Energieformen gibt es?

Wir unterscheiden sieben verschiedene Energieformen. Sie sind …

- **kinetische Energie** oder auch Energie der Bewegung,
- **potenzielle Energie** oder auch Energie der Lage,
- **thermische Energie** oder auch Wärmeenergie,
- **elektrische Energie** oder auch Energie des elektrischen Stroms,
- **chemische Energie**, die in chemischen Verbindungen gespeichert ist,
- **Strahlungsenergie** oder auch die Energie des Lichts und
- **nukleare Energie**, die in Atomkernen gespeichert ist.

Bearbeiterin

M10 Wie funktioniert eine Windkraftanlage?

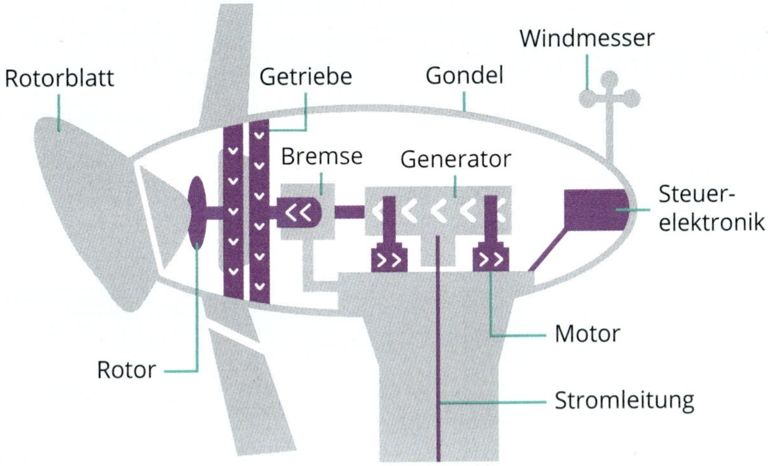

Wind trifft die Rotorblätter.

Der Wind bläst gegen die Rotorblätter der Windkraftanlage. Dadurch beginnen sich die Rotorblätter zu drehen. Hierbei wird die kinetische Energie des Windes, also die Energie der Bewegung, genutzt.

Generator wird angetrieben.

Die sich drehenden Rotorblätter sind über den Antriebsstrang mit dem Generator verbunden. Wenn sich die Rotorblätter drehen, dreht sich auch der Generator. Der Generator wandelt die kinetische Energie in elektrische Energie um. Das funktioniert ähnlich wie bei einem Fahrraddynamo, der die Bewegung der Räder in Licht für die Fahrradlampe umwandelt.

Elektrischer Strom wird erzeugt.

Der Generator erzeugt elektrischen Strom. Die elektrische Energie kann nun durch Kabel von der Windkraftanlage in das Netz eingespeist werden.

Bearbeitergrafik

Wenn kein Wind weht …
Manchmal reicht die Energie des Windes nicht aus, um den Strombedarf zu decken. Dann werden Dieselgeneratoren eingesetzt.

Generator
Ein Gerät, das kinetische Energie in elektrische Energie umwandelt.

Antriebsstrang
Hier: Der Antriebsstrang sorgt dafür, dass die Energie des Windes zum Generator gelangt.
Er besteht aus allen Teilen, die die Drehbewegung der Rotorblätter zum Generator übertragen. Dazu gehören die Rotorblätter, die Hauptwelle und oft ein Getriebe.

Stromnetz
Ein großes System von Kabeln und Leitungen, das Strom von den Kraftwerken zu unseren Häusern, Schulen und anderen Gebäuden transportiert.

M11 Windenergie: nein danke?

82311-075

Sünke: Mama, wir haben heute in der Schule über Windenergie gesprochen. Ich finde das total spannend!

Maike: Windenergie? Also die Windräder hier in der Nähe? Ich finde die ja ziemlich nervig …

Sünke: Warum denn? Sie machen sauberen Strom, ganz ohne Kohle oder Gas!

Maike: Ja, schon ... hast du mal gehört, wie laut die Dinger sind? Nachts, wenn es windig ist, kann ich das Brummen sogar im Schlafzimmer hören.

Sünke: Das verstehe ich. Dafür produzieren sie Strom ohne Abgase! Das ist doch viel besser für die Umwelt als ein Kohlekraftwerk, das Rauch ausstößt.

Maike: Hm ... da hast du recht. Aber was ist mit den Vögeln? Ich habe gelesen, dass manche gegen die Rotoren fliegen und sterben.

Sünke: Es gibt aber inzwischen Lösungen, zum Beispiel spezielle Muster auf den Rotorblättern, damit Vögel sie besser sehen.

Maike: Wirklich? Das wusste ich nicht. Aber trotzdem ... die Windräder nehmen so viel Platz weg. Früher sind wir auf diesem Feld spazieren gegangen, jetzt steht da so ein riesiges Ding.

Sünke: Das stimmt, sie brauchen Platz. Aber dafür müssen keine Kohleminen gegraben oder große Staudämme gebaut werden, die ganze Landschaften überfluten!

Maike: Hm, das ist ein guter Punkt ... Also findest du die Windräder gar nicht störend?

Sünke: Nein, eigentlich nicht. Ich finde es cool, dass sie aus Wind Strom machen. Und wenn wir weniger Kohlekraftwerke haben, ist das besser für das Klima!

Maike: Überzeugt hast du mich noch nicht ganz ... aber ich finde es toll, dass du dich so damit beschäftigst!

Bearbeiterin

AUFGABEN

82311-076

1. Ordne die beschriebenen Energieumwandlungsprozesse den passenden Bildern zu (**M8**).
2. Recherchiere für alle sieben Energieformen zwei eigene Beispiele (**M9**).
3. Erklärt zu zweit die Energieumwandlung in Windkraftanlagen (**M10**).
4. a) Arbeitet zu zweit die Vor- und Nachteile von Windkraftanlagen heraus (**M11**).
   b) Nehmt Stellung, wie ihr den Einsatz von Windenergie bewertet.

ENERGIEFLUSSDIAGRAMM

Ein Energieflussdiagramm ist eine Zeichnung oder ein Diagramm, das zeigt, wie Energie von einer Form in eine andere umgewandelt wird und durch verschiedene Systeme fließt.
Es hilft uns zu verstehen, woher die Energie kommt, wie sie genutzt wird und wohin sie geht. Dabei werden sowohl die Energiequellen, die Energienutzung und die Energieverluste dargestellt.

Bearbeiterin

M12 Vom Kraftwerk zum Smartphone

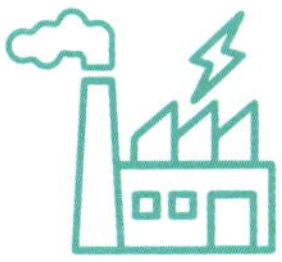

Kraftwerk: Elektrische Energie wird in das Stromnetz eingespeist.

Erster Transformator: Hier wird die Spannung für den weiten Transport erhöht. Das wird gemacht, weil hohe Spannungen den Stromtransport über weite Strecken effizienter machen und Energieverluste verringern.

Hochspannungsleitungen: Sie transportieren den Strom über große Entfernungen.

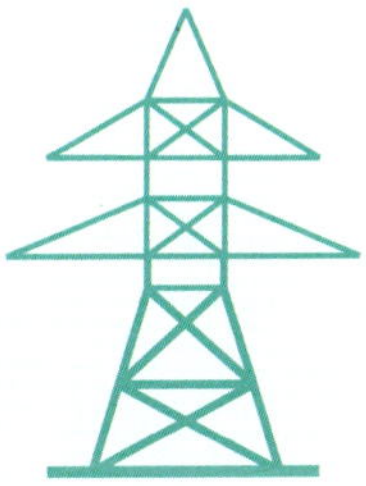

Zwischentransformatoren: Hier wird die Spannung schrittweise wieder reduziert.

Umspannwerk: Die Spannung wird für die Einspeisung in das regionale Netz weiter reduziert.

Lokales Stromnetz: Hierüber wird der Strom in der Stadt bzw. im Dorf verteilt.

Hausanschluss: Hier wird die Spannung ein letztes Mal für den Hausgebrauch reduziert.

Sicherungskasten und Steckdosen: Sie sorgen für einen sicheren Stromfluss und die Nutzung des Stroms im Haus. Hier können wir unser Smartphone zum Laden anschließen.

Bearbeiterin

M13 Wie kommt die Energie aus der Windkraftanlage in die Steckdose?

Energieumwandlung an Windanlagen

Nur ein Teil der Windenergie lässt sich in Strom umwandeln. Der andere Teil wird für die Produktion gebraucht.

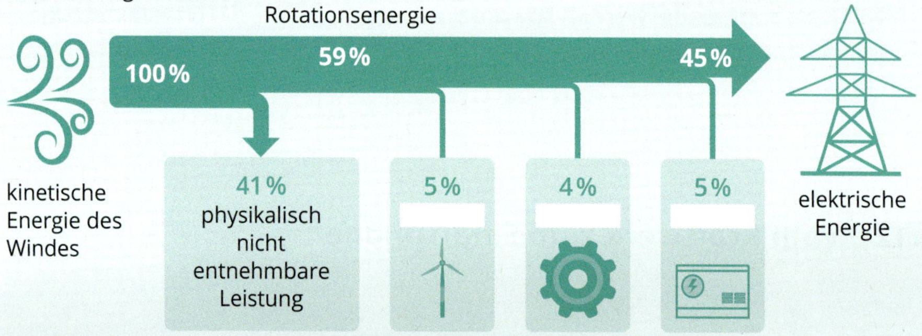

Bearbeitergrafik, basierend auf: BWE B.W., 2018; Studie zu Kleinwindanlagen

M14 Kein Wind: kein Problem?

Karikatur: Klaus Stuttmann, 2009

AUFGABEN

1. Erläutert zu zweit, wie der Energietransport vom Kraftwerk zum Smartphone funktioniert (**M12**).
2. Erarbeitet zu zweit das Energieflussdiagramm der Windkraftanlage, indem ihr die Lücken füllt (**M13**).
3. Erörtert in der Gruppe, inwiefern Windkraftanlagen als Energiequelle für Autos geeignet sind (**M14**).

Ein technisches Experiment durchführen

Worum geht es?

Am Beispiel eines Experiments zur Energieumwandlung lernt ihr die einzelnen Schritte kennen, die notwendig sind, um ein technisches Experiment erfolgreich durchzuführen.

Geht dabei so vor:

Schritt 1: Planung des Experiments

Bestimmt das Ziel des Experiments. Stellt eine Vermutung auf, was das Ergebnis eures Experiments sein könnte.

Zum Beispiel:
Welche Einflussfaktoren gibt es auf die Umwandlung von Strahlungsenergie in elektrische Energie mit einer Solarzelle? Wir vermuten, dass die Solarzelle bei direkter Sonneneinstrahlung effizienter arbeitet als bei künstlichem Licht.

Schritt 2: Vorbereitung der Materialien und Werkzeuge

Listet alle benötigten Materialien und Werkzeuge auf und legt sie anschließend bereit.

Zum Beispiel:
In unserem Beispiel benötigen wir Solarzellen, Multimeter, Lampen als Lichtquelle, Laborkabel und ein Smartphone mit Stoppuhrfunktion.

Schritt 3: Versuchsaufbau

Bereitet den Versuchsaufbau vor. Stellt sicher, dass alle Komponenten richtig angeschlossen und funktionsfähig sind. Beachtet: Schaltungen werden immer im ausgeschalteten Zustand angeschlossen. Skizziert den Versuchsaufbau zur besseren Übersicht.

Zum Beispiel:
Wir verbinden die Solarzellen mit Laborkabeln und mit dem Multimeter.

Schritt 4: Durchführung des Experiments

Führt das Experiment durch und erfasst die Daten. Achtet darauf, die Messungen so genau wie möglich durchzuführen und die Ergebnisse sorgfältig zu notieren. Wiederholt das Experiment mehrmals, um sicherzustellen, dass die Ergebnisse zuverlässig sind.

Zum Beispiel:
Die Solarzellen werden unter die Lampe und danach in direktes Sonnenlicht gestellt. Dann werden jeweils die Stromstärke und die Spannung gemessen.

Schritt 5: Auswertung des Experiments

Analysiert die gesammelten Daten. Vergleicht die Ergebnisse der verschiedenen Messungen und berechnet Durchschnittswerte.

Zum Beispiel:
Mithilfe der Formel $P = U \times I$ wird die elektrische Leistung der Solarzellen bei Sonnenlicht und bei künstlicher Beleuchtung ermittelt.

Schritt 6: Interpretation der Ergebnisse

Interpretiert die Ergebnisse in Hinblick auf deine Hypothese: Wurden eure Vermutungen bestätigt oder widerlegt? Stellt eure Ergebnisse auch grafisch dar, z. B. in Form von Diagrammen oder Tabellen.

Zum Beispiel:
Wenn die Solarzelle bei Sonnenlicht eine höhere Leistung erzeugt als bei künstlichem Licht, wurde die Hypothese bestätigt.

Schritt 7: Vervollständigen des Protokolls

Erstellt einen ausführlichen Bericht in Form eines Protokolls über euer Experiment. Beschreibt den Versuchsaufbau, die Ergebnisse und eure Schlussfolgerungen.

Bearbeiterin

3.1.4 CO_2-Austausch verringern – aber wie?

Umweltverschmutzung ist ein weltweites Problem. Doch welche Energiequellen tragen dazu bei?

M15 Energie hat ihren Preis

Bearbeitergrafik

M16 Wie unterscheiden sich die verschiedenen Energiequellen?

82311-078

Fossile Brennstoffe sind über Millionen von Jahren aus organischen Materialien entstanden. Da sie sich in einem Zeitraum von 100 Jahren kaum erneuern, ist ihr Vorkommen begrenzt. Hierzu zählen Kohle, Erdöl, Erdgas und Methanhydrat. Bei der Nutzung dieser Energieformen entstehen giftige Gase, wie zum Beispiel Kohlenstoffdioxid (CO_2). Diese Gase sind auch als Treibhausgase bekannt und tragen zur Erderwärmung bei.

Bei nuklearen Primärenergieträgern wird die Energie durch Kernspaltung in Kernreaktoren festgesetzt. Problematisch hierbei sind die langfristigen Umweltschäden und gesundheitlichen Risiken für die Bevölkerung, die bei einem Unfall drohen. Auch der radioaktive Abfall, der bei der Kernspaltung entsteht und über einen langen Zeitraum hinweg gefährlich bleibt, muss in Endlagern deponiert und sicher verwahrt werden. Die regenerativen oder erneuerbaren Primärenergieträger sind nachhaltig, da sie sich natürlich erneuern oder nicht erschöpfen. Hierzu zählen z. B. Solar- und Windenergie, Wasserkraft oder Biomasse. Da viele erneuerbare Energieträger von Wetterbedingungen oder Tageszeiten abhängig sind, kommt es zu Schwankungen in der Energieerzeugung. Gleichzeitig ist eine Speicherung der Energie noch nicht in großem Maßstab wirtschaftlich oder effizient nutzbar.

Bearbeiterin

Primärenergieträger
Primärenergieträger sind die ursprünglichen Formen von Energie, wie sie in der Natur vorkommt. Es werden drei Arten unterschieden: fossile, nukleare und regenerative oder erneuerbare Primärenergieträger.

Grafik: Öffentliche Nettostromerzeugung im Detail

82311-007

Nettostromerzeugung beschreibt die von einer Anlage erzeugte elektrische Energie nach Abzug des Eigenbedarfs.

M17 Wie wird in Deutschland Strom erzeugt?

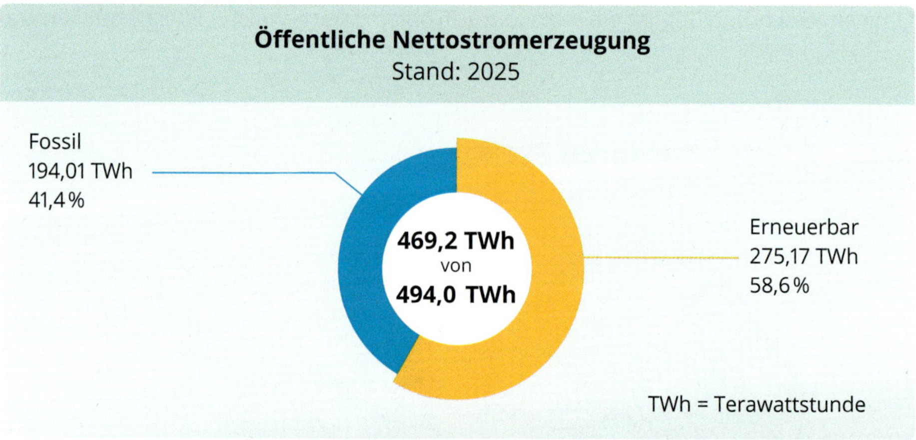

Nach: Fraunhofer ISE, Datenquelle: Energy Charts 2024

M18 Die größten CO_2-Produzenten in Deutschland

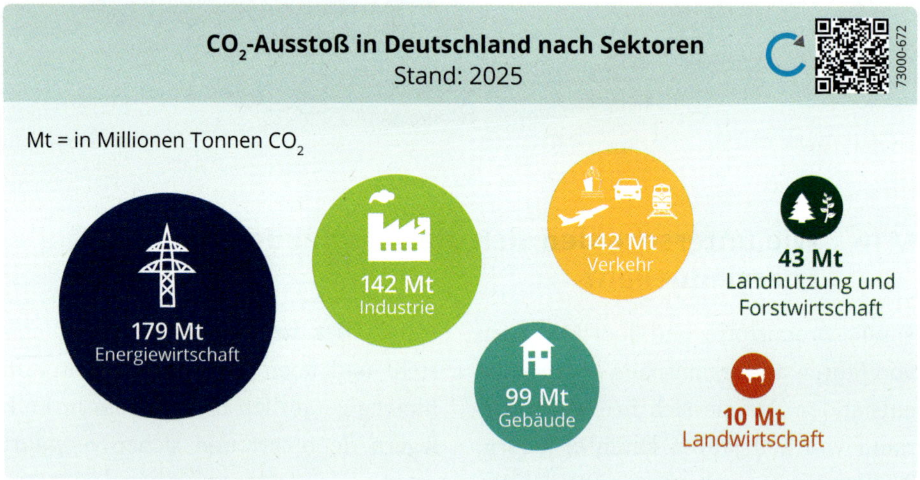

©C.C.Buchner Verlag, aktuelle Daten nach: Umweltbundesamt (Datenerhebung: 2024; Grafikerstellung: 2025)

AUFGABEN

82311-079

1. Beschreibe die Abbildung **M15** und nenne Gründe dafür, warum die Erde so dargestellt wird.
2. Fasse zusammen, welche Energiequellen es gibt (**M16**).
3. Analysiere, welche Energieträger in Deutschland am meisten für die Energieerzeugung genutzt werden (**M17**).
4. a) Ordne die CO_2-Ausstoßungen Deutschlands der Größe nach (**M18**).
   b) Diskutiert zu zweit, welchen Beitrag ihr und eure Familien leisten können, um den Ausstoß an CO_2 innerhalb der Sektoren zu verringern.

F zu Aufgabe 3
Recherchiere, wie die Verteilung der Primärenergieträger hinsichtlich der Energieerzeugung in anderen Ländern ist.

3.1.5 Regenerative Energie – die Energie der Zukunft?

Regenerative Energie gilt als umweltfreundlicher. Doch ist sie auch zukunftsfähig?

M19 Regenerative Energie: Wie wird in der EU produziert?

Strom aus erneuerbaren Energiequellen in der EU
Stand: 2025

73000-913

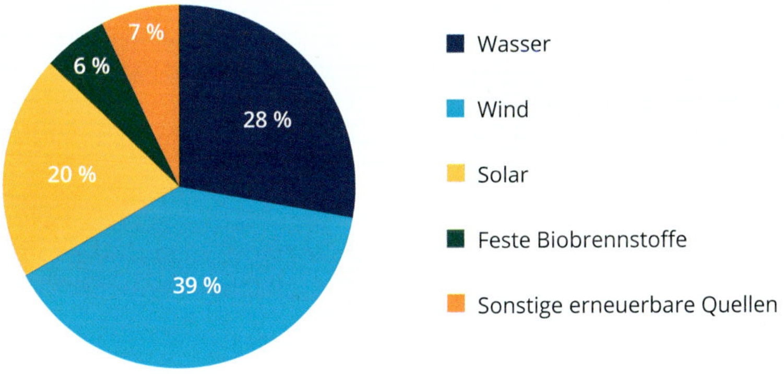

©C.C.Buchner Verlag, aktuelle Daten nach: Eurostat (Datenerhebung: 2023; Grafikerstellung: 2025)

M20 Das Problem mit der Energie

82311-081

Der natürliche Treibhauseffekt macht das Leben auf der Erde möglich, da es ohne ihn zu kalt wäre. Die Gase unserer Atmosphäre lassen die Sonne herein, und halten einen Teil der Wärme im Inneren fest. Der Mensch verbraucht im alltäglichen Leben sehr viel Energie. Es werden viele Schadstoffe in die Atmosphäre gepustet. Dadurch kann überschüssige Wärme nicht mehr ins All entweichen. Die Erde wärmt sich auf. Die Bundesregierung hat 2010 für eine Energiewende konkrete Ziele gesetzt, um den Ausstoß von giftigen Gasen wie das CO_2 zu reduzieren. Die Energiewende bezeichnet den Übergang von traditionellen, fossilen und nuklearen Primärenergieträgern zu nachhaltigeren, erneuerbaren Energieformen. Dieser Prozess ist sowohl eine technologische als auch eine sozialpolitische Herausforderung. Die wesentlichen Schlüsselelemente der Energiewende sind unter anderem die Reduzierung des Energieverbrauchs, der Einsatz erneuerbarer Primärenergieträger und die Verringerung des CO_2-Ausstoßes.

Bearbeiterin

Plakat auf einer Demonstration der Schüler-Proteste Fridays-for-Future

Plakat zur Energiewende

82311-080

M21 Welche Vor- und Nachteile hat regenerative Energie?

Vorteile	Nachteile
Unbegrenzte Verfügbarkeit: Das bedeutet, dass erneuerbare Energien, wie Sonne und Wind, nie aufgebraucht werden – im Gegensatz zu Kohle oder Öl.	**Abhängig von Wetterbedingungen und Tageszeiten:** Sonnenenergie gibt es z. B. nur, wenn die Sonne scheint, und Windräder brauchen Wind – das kann schwanken.
Geringe Emissionen: Emissionen sind meist schädliche Stoffe, die in die Umwelt ausgestoßen werden. Diese Stoffe verschmutzen die Luft und tragen zum Klimawandel bei. Emissionen können aber auch Lärm oder Licht sein, die in die Umwelt abgegeben werden und Menschen und Tiere stören können.	**Hohe Anfangsinvestitionen:** Man muss viel Geld zu Beginn investieren, um die Solarpaneele zu kaufen und zu installieren. Dieses Geld hat man vielleicht nicht und muss sich bei einer Bank welches leihen (Kredit).
Förderung neuer Arbeitsplätze: Durch regenerative Energien entstehen viele neue Jobs, zum Beispiel beim Bau und der Wartung von Windrädern und Solaranlagen.	**Große Flächen notwendig:** Windkraft- und Solaranlagen brauchen viel Platz.
Förderung von Innovationen: Regenerative Energien treiben neue Erfindungen voran, z. B. bessere Solarmodule oder leistungsstärkere Akkus.	**Energiespeicherung:** Da Wind und Sonne nicht immer da sind, braucht man Batterien oder andere Speicher, um den Strom zu nutzen, wenn er gebraucht wird.
Dezentralisierung, das bedeutet im Kontext der Energieversorgung, dass der Strom nicht nur in einzelnen großen Kraftwerken, sondern auch in vielen kleinen Anlagen, die über das ganze Land verteilt sind, produziert wird.	**Visuelle und akustische Beeinträchtigungen:** Manche Personen finden z. B. Windräder hässlich oder stören sich am Geräusch der Rotorblätter.
...	...

Bearbeiterin

AUFGABEN

82311-082

1. Ermittelt zu zweit, wie groß die Anteile der regenerativen Energiequellen zur Gesamterzeugung sind (**M19**).
2. a) Erkläre die Aussage des Plakates „Grünkohle statt Braunkohle". Was wird damit ausgedrückt? Welche Botschaft möchten die Demonstrierenden vermitteln? (**M20**)

   b) Fasse die wesentlichen Aspekte der Energiewende zusammen (**M20**).
3. Erörtert in der Gruppe die Vor- und Nachteile regenerativer Energien (**M21**).

3.1.6 Energieversorgung damals und heute – wie hat sie sich verändert?

Früher nutzten die Menschen hauptsächlich Holz und Kohle, um Energie zu gewinnen. Heute setzen wir zunehmend auf erneuerbare Energien wie Wind- und Wasserkraft. Wie hat sich die Nutzung von Wind- und Wasserkraft über die Jahre entwickelt und welche Rolle spielen sie heute?

M22 Wind- und Wasserkraft damals und heute

1

2

Windmühlen und Windräder, die die Kraft des Windes nutzen.

3

4

Wassermühlen und Staudämme, die die Kraft des Wassers nutzen.

M23 Wofür nutzen wir am meisten Energie?

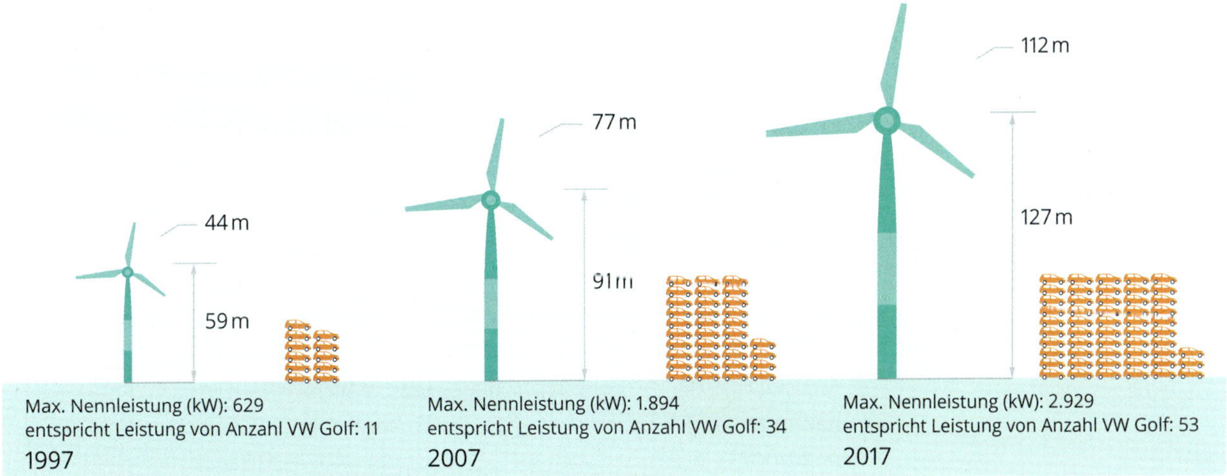

Nach: www.energiewinde.orsted.de, 2018

M24 Wasserkraft in Niedersachsen heute

Es gibt derzeit 248 Wasserkraftanlagen in Niedersachsen und Bremen. Die umfassen eine Leistung von 274 Megawatt. Dabei bieten Wasserkraftwerke viele Vorteile. Vor allem kleine Kraftwerke stabilisieren durch ihre gute Steuerbarkeit und ihre Dezentralität das Stromnetz zuverlässig. Energie wird dadurch anstatt nur an einem Ort an vielen Orten erzeugt. Sie sind „schwarzstartfähig", das bedeutet, dass sie bei Stromengpässen problemlos hochgefahren werden können. Kleine Wasserkraftwerke wirken außerdem dem sinkenden Grundwasserspiegel und der Wasserarmut entgegen. Das Wasser kann durch die Dämme bei Trockenheit gehalten werden und bei Hochwasser kann es langsam abgelassen werden. Zudem tragen kleine Wasserwerke zur Artenvielfalt bei, da sie Lebensräume erhalten und fördern.

Bearbeiterin

Stromengpässe
Es gibt nicht genug Strom für alle Geräte.

Grundwasserspiegel
Die Höhe des Wassers im Boden

Artenvielfalt
Eine hohe Anzahl verschiedener Pflanzen und Tiere in einem Gebiet

M25 Erneuerbare Energien in Niedersachsen

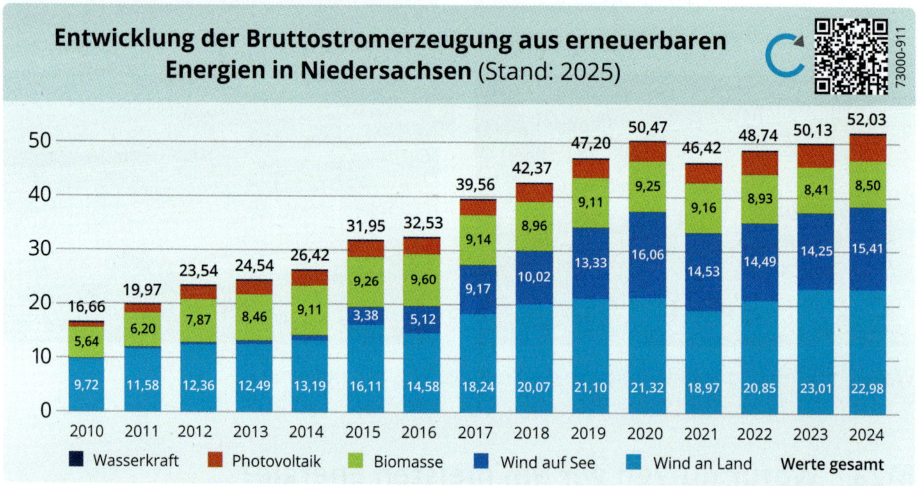

©C.C.Buchner Verlag, aktuelle Daten nach: Niedersächsisches Umweltministerium (Datenerhebung: 2024; Grafikerstellung: 2025)

Biomasse
pflanzliche und tierische Materialien werden als Energiequelle genutzt: z. B. Holz, Pflanzenreste oder Lebensmittelabfälle

Photovoltaik
Solarzellen wandeln die Strahlungsenergie der Sonne in elektrische Energie um.

Onshore-Windkraftanlagen
Windkraftanlagen, die an Land stehen

Offshore-Windkraftanlagen
stehen im Meer, oft weit weg von der Küste.

AUFGABEN

82311-083

1. Beschreibe Gemeinsamkeiten und Unterschiede der Wind- bzw. Wasserkraftanlagen damals und heute (**M22**).
2. Analysiert zu zweit die Grafik: Wie hat sich die Leistung der Windkraftanlagen von 1997 bis 2017 verändert? (**M23**)
3. Fasse die wesentlichen Aspekte zu den Wasserkraftwerken in Niedersachsen zusammen (**M24**).
4. Analysiert in der Gruppe die Grafik in **M25**. Welche erneuerbaren Energien haben zu- bzw. abgenommen? Wodurch können mögliche Schwankungen begründet werden?

Eine technische Exkursion durchführen

Worum geht es?

Ein Besuch einer Windkraftanlage bietet die Möglichkeit, erneuerbare Energien hautnah zu erleben. In Niedersachsen gibt es viele Windkraftanlagen, die einen wichtigen Beitrag zur Energieversorgung leisten. Diese Exkursion zeigt euch, wie eine Windkraftanlage funktioniert, wie sie betrieben wird und welche Bedeutung sie für die Umwelt und die Energieversorgung hat.

Geht dabei so vor:

Schritt 1: Ziel der Exkursion festlegen

Zuerst müsst ihr ein Ziel für die Exkursion festlegen: Was wollt ihr erfahren?

Zum Beispiel:
Unser Ziel ist es, zu verstehen, wie Windkraftanlagen funktionieren und welchen Beitrag sie zur Energieversorgung leisten.

Schritt 2: Exkursionsort festlegen

Sammelt Informationen zu möglichen Exkursionsorten: Welche Orte kommen für die Exkursion in Frage? Könnt ihr dort das festgelegte Ziel erreichen? Wer sind Ansprechpersonen vor Ort? Wie kann der Kontakt hergestellt werden? Kontaktiert die Person und macht einen Termin aus.

Tipp:
Ihr könntet zum Beispiel die begehbare Windkraftanlage in Westerholt besuchen.

Schritt 3: Ablauf der Exkursion planen

Organisiert die Anreise zur Windkraftanlage. Klärt, ob z. B. ein Bus benötigt wird oder ob die Anreise individuell erfolgt.
Erstellt einen Zeitplan für den Besuch. Berücksichtigt dabei die Ankunft, eine Begrüßung, die Führung, eine Frage- und Diskussionsrunde sowie die Rückreise.

Schritt 4: Inhaltliche Vorbereitung der Exkursion

Sammelt Informationen, die euch auf die Exkursion vorbereiten, beantwortet offene Fragen: Wie funktionieren Windkraftanlagen? Wie viel Strom wird in Niedersachsen durch Windkraftanlagen erzeugt? Überlegt euch auch Fragen, die ihr während der Exkursion stellen möchtet.
Informiert euch außerdem über Sicherheitsregeln und stellt sicher, dass alle Teilnehmenden geeignete Kleidung und festes Schuhwerk tragen.

Schritt 5: Durchführung der Exkursion

Die Ansprechperson der Windkraftanlage wird eure Gruppe begrüßen und euch durch die Anlage führen. Ihr könnt vorab fragen, ob ihr während der Führung Bilder machen könnt. Später werdet ihr die Gelegenheit haben, eure vorbereiteten Fragen zu stellen.

Schritt 6: Nachbereitung

Tauscht euch nach der Rückkehr über eure Eindrücke und Erfahrungen aus. Erstellt in Kleingruppen einen Bericht über die Exkursion, in dem ihr die wichtigsten Erkenntnisse festhaltet. Nutzt hierfür auch Bilder, Skizzen oder Diagramme.

Bearbeiterin

3.1.7 Energieberufe im Wandel der Zeit

Mit der Entdeckung und Nutzung unterschiedlicher Energiequellen sind auch unterschiedliche Berufe entstanden. Welche Energieberufe gab und gibt es heute?

M26 Energie der Zukunft?

Anzahl der Beschäftigten im Bereich erneuerbare Energien
Stand: 2025

73000-912

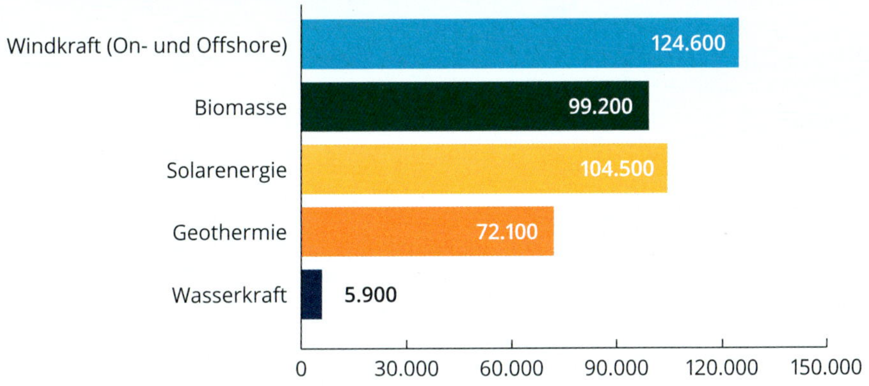

©C.C.Buchner Verlag, aktuelle Daten nach: Umweltbundesamt (Datenerhebung: 2023; Grafikerstellung: 2025)

M27 Energieberufe damals, heute und in Zukunft

18. Jahrhundert
- Berufe in der Kohle- und Dampfkraft waren sehr gefährlich und körperlich anstrengend.
- Kohlebergleute bauten Kohle ab, die als Hauptenergiequelle für Dampfmaschinen dienten.
- Heizer legten Kohle in Dampflokomotiven und Schiffen nach, um den Betrieb der Dampfmaschinen zu gewährleisten.

Mitte des 19. Jahrhunderts
Mit der Entdeckung der Elektrizität wurden neue Berufe geschaffen:
- Fachpersonal für Elektrik installiert und wartet elektrische Anlagen.
- Kraftwerksbetreibende arbeiteten in frühen Kraftwerken, die Strom aus Kohle oder Wasserkraft erzeugten.

Zweite Hälfte des 20. Jahrhunderts
Berufe im Bereich erneuerbarer Energien entstanden:
- Fachpersonal für Windkrafttechnik, das für den Bau, die Wartung, die Wartung und die Reparaturen von Windkraftanlagen verantwortlich ist.
- Fachpersonal für Solarinstallation, das Solarpaneele auf Dächern und in Solarparks installiert.

Energieberufe der Zukunft
- Fachpersonal, das für die Entwicklung und Wartung intelligenter Stromnetze verantwortlich ist und die erneuerbaren Energien effizient integriert.
- Fachpersonal, das Haushalte und Unternehmen zur Energieeinsparung und effizienten Nutzung erneuerbarer Energien berät.

Bearbeiterin

M28 Energieberufe im Wandel der Zeit: Fragen zu einer Analyse

1 Welche Energieberufe werden vorgestellt?

2 Wie denkst du, hat der Wandel der Energieberufe das Leben der Menschen verändert?

3 Wie haben sich die Aufgaben und Anforderungen der vorgestellten Berufe im Laufe der Zeit verändert?

4 Welcher der vorgestellten Berufe im Energiebereich interessiert dich am meisten und warum?

5 Gibt es Aussagen, die unklar oder verwirrend sind?

6 Welche Perspektiven oder Meinungen werden vertreten?

7 Wie kannst du die dargestellten Informationen in deinem eigenen Leben anwenden?

8 Welche zukünftigen Entwicklungen in den Energieberufen werden erwähnt?

9 Wie könnte sich deine eigene berufliche Zukunft im Bereich Energie gestalten?

10 Wie hat die Entdeckung erneuerbarer Energien die Berufe im Energiebereich verändert?

11 Welche Fähigkeiten und Qualifikationen werden in den zukünftigen Energieberufen besonders wichtig sein?

12 Welche technologischen Entwicklungen haben die Arbeit in den Energieberufen besonders beeinflusst?

13 Wie haben sich die Arbeitsbedingungen in den Energieberufen im Laufe der Zeit verändert?

14 Welche Rolle spielen Energieberufe heute in Hinblick auf Nachhaltigkeit und Umweltschutz?

15 Wie haben sich die Energieberufe auf die Gesellschaft und die Wirtschaft früher und heute ausgewirkt?

16 Welche neuen Berufe könnten in Zukunft im Energiebereich entstehen?

Bearbeiterin

AUFGABEN

82311-084

1. a) Gib an, welche Energieberufe die meisten Beschäftigten haben (**M26**).
   b) Erstelle einen Steckbrief zu einem Beruf deiner Wahl aus dem Berufsfeld erneuerbare Energien.
2. Erläutere die historische Entwicklung der Energieberufe von der Kohle- und Dampfkraft bis zu den Energieberufen der Zukunft (**M27**).
3. Analysiert zu zweit den Podcast im QR-Code und beantwortet so viele Fragen wie möglich (**M28**).
4. Erörtert in der Gruppe, wie sich die Energieberufe in Zukunft entwickeln werden.
5. Nimm begründet Stellung: Könntest du dir zukünftig vorstellen, in einem Energieberuf zu arbeiten?

H zu Aufgabe 1
Link zur Recherche von Berufen

82311-085

Podcast: Ohne Ingenieure wird's nicht gehen!

82311-086

3.2 Energie in technischen Einrichtungen – kann Energie kontrolliert werden?

Anne ist auf dem Hof unterwegs und erhält auf ihrem Smartphone eine Nachricht, dass die Solaranlage gerade viel Energie produziert. Sie entscheidet sich, die Geschirrspülmaschine einzuschalten. Können (App-)Steuerungen so helfen, die Energiekosten zu senken?

M1 Messen und Steuern im Smart Home

Smart Home
bezeichnet ein Zuhause, in dem verschiedene Geräte und Systeme miteinander über das Internet vernetzt und automatisiert sind.

Steuerung der elektrischen Geräte im Haushalt

MESSEN UND STEUERN

Messen und Steuern hilft, Energie gezielt zu erfassen und effizient zu nutzen. Messen bedeutet dabei, die Größe, Menge oder Nutzung von Energie zu bestimmen. So erkennen wir, wie viel Energie gebraucht oder umgewandelt wird.
Steuern heißt, den Fluss und Verbrauch von Energie zu kontrollieren und zu regeln. Das spart Energie, senkt Kosten und schont die Umwelt, z. B. durch Bewegungsmelder, Thermostate oder automatische Lichtsteuerungen.

Bearbeiterin

M2 Messen und Steuern: Revolution im Energiebereich?

In einer Welt, die zunehmend von Technologien geprägt ist, wird auch das Energiesparen immer schlauer – oder „smarter". Dank moderner Apps können Haushalte und Unternehmen ihren Energieverbrauch in Echtzeit nicht nur überwachen, sondern aktiv steuern und messen.

Energiesparapps
z. B. Energielabel oder AccuBattery

Cyberangriffe
Versuche, auf Computersysteme, Netzwerke oder Geräte zuzugreifen, um Daten zu stehlen, Schaden zu verursachen oder die Kontrolle zu übernehmen

Dies bringt einige Vor- und Nachteile mit sich:

- Durch das Messen des Energieverbrauchs können wir feststellen, wie viel Energie wir nutzen und wo wir eventuell Energie verschwenden.
- Genaues Messen hilft uns, Energie effizienter zu nutzen und dadurch Kosten zu sparen und die Umwelt zu schonen.
- Durch intelligente Steuerungssysteme können wir unser Zuhause komfortabler und sicherer machen.
- Steuerungssysteme können viele Prozesse automatisieren, was unseren Alltag erleichtert und Energie spart.
- Moderne Steuerungssysteme, insbesondere im Smart Home-Bereich, können anfällig für Cyberangriffe sein, was Datenschutz- und Sicherheitsbedenken aufwirft.
- Mess- und Steuerungssysteme müssen regelmäßig gewartet werden, um zuverlässig zu funktionieren. Bei Ausfällen kann es zu erheblichen Problemen kommen.

Bearbeiterin

M3 Sicher durch Smart Home?

ACHTUNG HEIMATSERVER! DIE FAMILIE SCHAUT FERNSEHEN.
SPÄHE JETZT DAS ARBEITSZIMMER AUS.

Karikatur: Christian Möller, 2021

AUFGABEN

82311-087

1. Beschreibe, wo in einem Smart Home gemessen und gesteuert wird (**M1**, **#Messen und Steuern**).
2. a) Messt zu zweit, z. B. mithilfe einer App, den Energieverbrauch verschiedener Haushaltsgeräte (**M2**) und vergleicht eure Ergebnisse in der Klasse.
   b) Stelle Herausforderungen und Potenziale vom Messen und Steuern dar (**M2**).
3. a) Analysiert zu zweit die Karikatur (**M3**).
   b) Diskutiert in der Gruppe, inwiefern die Nutzung von Smart Home eine Gefahr darstellen kann (**M2, M3**).

Steuerungen mit einem technischen Baukasten erstellen

Auf dieser Praxisseite lernt ihr, wie ihr mit einem technischen Baukasten Steuerungen erstellen könnt. Ziel ist es, die Grundlagen der Steuerungstechnik zu verstehen.

Materialien und Werkzeuge

Technischer Baukasten: Module wie Sensoren, Aktoren, Steuergeräte und Verbindungselemente
Zusätzliches Werkzeug: Schraubendreher, digitales Endgerät mit installierter Software zur Programmierung: am besten eine blockbasierte Programmierung

Geht dabei so vor:

Schritt 1: Projekt auswählen

Wählt ein einfaches Projekt aus und haltet euch and die Anleitung.

Zum Beispiel:
Wir werden einen Handtrockner entwickeln, der automatisch startet, wenn eine Hand sich nähert.

Schritt 2: Projekt planen

Listet alle benötigten Komponenten und Werkzeuge auf. Skizziert auch den Aufbau, die Verkabelung und die Funktionsweise des Projekts.

Zum Beispiel:
Für unser Projekt des Handtrockners benötigen wir einen Mikrocontroller, einen Fototransistor, eine LED, einen Motor, einen Rotor und Verbindungselemente.

Schritt 3: Komponenten identifizieren

Macht euch mit dem Baukasten vertraut und legt alle benötigten Bauteile bereit. Wählt eine geeignete Programmiersoftware aus.

Zum Beispiel:
Für unser Projekt nutzen wir den Calliope mini als Mikrocontroller mit dem Fischertechnik Bundle. Als Programmiersoftware nutzen wir das Open Roberta Lab.

Schaltplan für den Handtrockner

82311-088

Fototransistor
ein kleines elektronisches Bauteil, das Licht erkennen kann

LED
Eine Licht emittierende Diode (LED) leuchtet, wenn sie von Strom durchflossen wird. LEDs sind effizient, sodass sie weniger Energie verbrauchen als Glühlampen.

Mikrocontroller
kleiner Computer, der in viele elektronische Geräte eingebaut ist: Mikrocontroller sind „das Gehirn" vieler moderner Geräte wie Smartphones. Er kann verschiedene Aufgaben ausführen wie Sensoren auslesen, Lichter an- und ausschalten oder Motoren steuern.

Schritt 4: Aufbau und Verkabelung

Baut euer Projekt gemäß eurer Aufbauskizze auf und verbindet die Komponenten gemäß dem Schaltplan. Achtet darauf, dass die Verbindungen fest und sicher stecken.

Zum Beispiel:
Für unser Projekt bauen wir den Handtrockner auf und verbinden die Komponenten wie geplant:

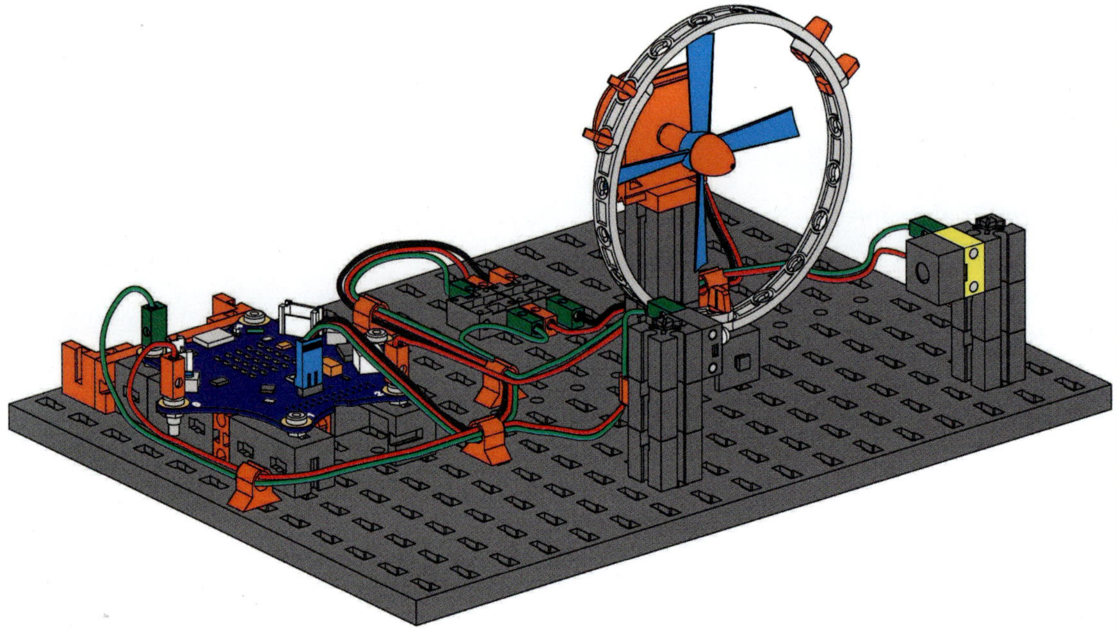

Nach: Fischertechnik GmbH, 2023

Schritt 5: Programmierung

Erstellt mit der Programmiersoftware ein Programm, das die Steuerung der Komponenten ermöglicht.

Zum Beispiel:
Für unser Projekt müssen wir zunächst die Lampe einschalten. Anschließend überprüfen wir, ob der vom Fototransistor gemessene Wert kleiner als oder größer gleich 22 ist. Dieser Wert ergibt sich durch die aktuellen Lichtbedingungen und kann manchmal variieren. Wenn der gemessene Wert kleiner als 22 ist, gehen wir davon aus, dass sich eine Hand auf den Handtrockner zubewegt. Der Motor soll dann starten. Wenn der Wert wieder kleiner gleich 22 ist, befindet sich keine Hand mehr am Handtrockner und der Motor soll stoppen. Das folgende Bild zeigt das Programm.

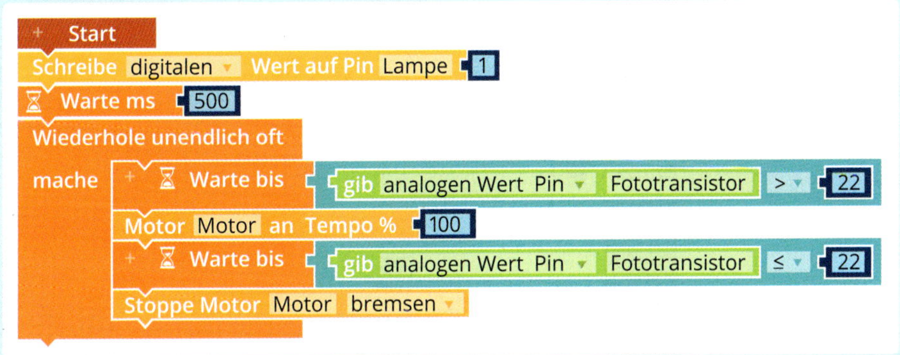

Bearbeitergrafik

Schritt 6: Testen und Justieren

Ladet das Programm auf das Steuergerät. Prüft, ob das System wie geplant funktioniert. Sollten Probleme auftreten, überprüft die Verkabelung und das Programm. Korrigiert die Fehler und testet erneut.

Zum Beispiel:
Bei unserem Projekt halten wir unsere Hand zwischen den Fototransistor und die LED, dann sollte der Motor starten. Wenn wir unsere Hand zurückziehen, sollte der Motor stoppen. Eventuell müssen wir den Grenzwert des Fototransistors etwas nach oben oder unten korrigieren.

Schritt 7: Dokumentation und Präsentation

- Dokumentiert den Aufbau, die Programmierung und die Ergebnisse. Fügt auch den Schaltplan und den Programmcode bei.
- Erstellt eine Präsentation, in der ihr euer Projekt vorstellt. Nutzt hierfür auch Fotos, Videos und demonstriert euer Projekt am besten live.

Bearbeiterin

M1 Energieverbrauch von Elektro- und Verbrennerfahrzeugen

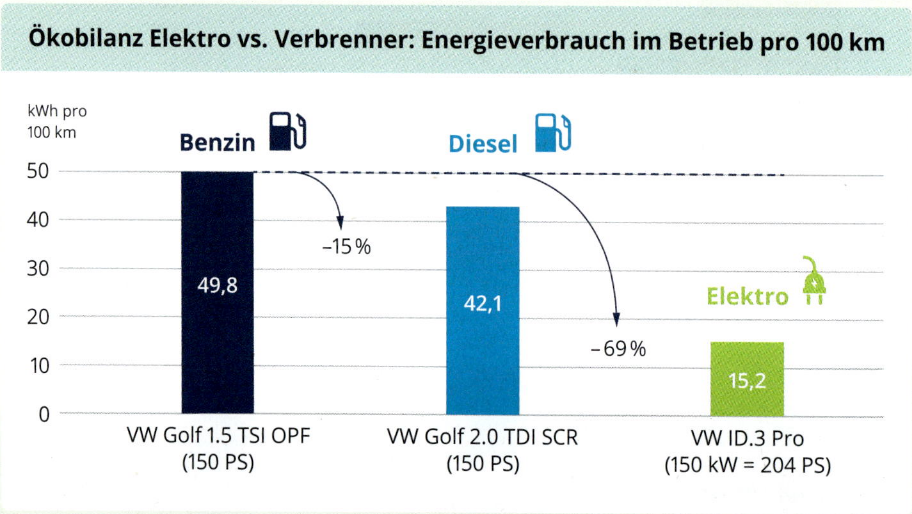

Nach: Aampere GmbH, Datenquelle: WLTP-Verbrauch laut Hersteller

M2 Energiefluss im Elektrofahrzeug

1 **Nebenverbrauch:** elektrische Energie wird bspw. in thermische Energie (Heizung), Lichtenergie (Scheinwerfer) oder kinetische Energie (Scheibenwischer) umgewandelt.

2 **Elektromotor:** wandelt elektrische Energie in kinetische Energie um

3 **Rekuperation:** Beim Bremsen arbeitet der Elektromotor wie ein Generator und wandelt die Bewegungsenergie des Autos in elektrische Energie um, die zurück in die Batterie fließt.

Bearbeiterin

M3 Wie gut ist die Ladeinfrastruktur in Deutschland für E-Autos?

Link zur Ladesäulenkarte

82311-089

Die Ladeinfrastruktur für E-Autos wächst rasant – doch reicht das aus? In Deutschland gibt es inzwischen über 100.000 öffentliche Ladepunkte, darunter Schnelllader an Autobahnen und AC-Ladesäulen in Städten. Wer eine eigene Wallbox hat, lädt bequem zu Hause, doch nicht alle haben diese Möglichkeit.

Die Ladeinfrastruktur für Elektroautos wächst in Deutschland stetig.

Trotz des Ausbaus gibt es Herausforderungen: Besetzte oder defekte Ladesäulen, unterschiedliche Bezahlsysteme und ein ungleicher Ausbau zwischen Stadt und Land sorgen für Frust. Während in Metropolen immer mehr Ladepunkte entstehen, fehlt es in ländlichen Regionen oft an einer zuverlässigen Infrastruktur.

Bearbeiterin

M4 Das fahrende Smartphone

Karikatur: Christian Möller, 2019

AUFGABEN

82311-090

1. Vergleiche den Energieverbrauch von Elektro- und Verbrennerfahrzeugen (**M1**).
2. Wie funktioniert Energiefluss im Elektroauto? Bringe die einzelnen Schritte in die richte Reihenfolge (**M2**).
3. Erörtert in Gruppen, ob die aktuelle Ladeinfrastruktur ausreichend ist und welche Verbesserungen notwendig wären (**M3**).
4. Beurteilt in Gruppen, inwiefern die Messungen und Steuerungen in modernen Fahrzeugen mit denen im Smartphone vergleichbar sind (**M4**).

Eine Küche

Brotfladen backen

Töpfe mit Essen über dem Feuer

Vater und Tochter backen

Essen anbraten

Was weißt du schon?

82311-170

1. Beschreibe die abgebildeten Küchen oder Kochstellen: Wo befinden sie sich? Wer kocht hier? Kannst du erkennen, was zubereitet wird?
2. Arbeite die Gemeinsamkeiten und Unterschiede zwischen den abgebildeten Situationen heraus.
3. Tauscht euch zu zweit aus:
   a) Wo würdet ihr gerne zum Essen eingeladen werden und warum?
   b) Wer kocht bei euch zu Hause und welche Gerichte könnt ihr schon selbstständig kochen?
   c) Wer sorgt bei euch zu Hause nach dem Kochen wieder für Ordnung in der Küche?

4

Sicherheit, Ernährung und Gesundheit

Küchen sind so individuell wie die Menschen, die in ihnen Gerichte zubereiten. Ob eine Garküche in Thailand, ein Lehmofen in Indien, eine Feuerstelle in Texas, eine Großküche in England oder die eigene Küche – alle haben eines gemeinsam: unabhängig von ihrer Ausstattung werden in ihnen Speisen zubereitet, die anschließend gegessen werden. Bei der Zubereitung von Lebensmitteln können kleine Missgeschicke schnell schwerwiegende gesundheitliche Folgen haben. Beispielsweise wenn Keime im Essen Menschen krank machen. Wie kann man in der Küche sicher tätig sein? Und welche Nährstoffe stecken im Essen?

Was lernst du in diesem Kapitel?

... Hygiene- und Sicherheitsaspekte für die Arbeit in verschiedenen Küchen (z. B. in der Schule und zu Hause) anzuwenden.

... den sachgerechten Umgang mit Messern und Küchengeräten.

... Rezepte selbst zu verfassen, neue Gerichte nach Rezept zuzubereiten und die benötigten Lebensmittel bedarfsgerecht und nach ausgewählten Kriterien (z. B. Regionalität, Saisonalität) zu planen.

... verschiedene Garverfahren anzuwenden und deren Vor- und Nachteile zu benennen.

... Methoden gegen Lebensmittelverschwendung anzuwenden.

Das perfekte Dinner: ein Themenmenü planen

In der Küche gilt es, sich an Regeln zu halten und gleichzeitig die eigene Kreativität nicht aus den Augen zu verlieren. Zentrale Fragen bei der Arbeit in Küchen sind: Welche Hygiene- und Sicherheitsregeln sollte man beachten? Welche Küchengeräte oder -werkzeuge braucht ihr wirklich? Und vielleicht habt ihr euch auch schon mal gefragt, warum wir uns eigentlich an ein Rezept halten sollten. Im Laufe dieses Kapitels plant ihr ein Themenmenü. Das bedeutet, dass ihr rund um ein selbstgewähltes Thema Gäste bewirtet und unterhaltet. Hierzu plant ihr Speisen und bereitet diese zu, entwerft ein Rahmenprogramm und eine passende Dekoration. Und besonders wichtig: Verletzt weder euch noch andere beim Arbeiten in der Küche und behaltet stets das Budget im Auge.

Geht dabei so vor:

Start

1

Findet gemeinsam ein Thema für euer Themenmenü. Hierfür kann es nützlich sein, eine Mindmap zu erstellen und im Anschluss die beliebteste Idee auszuwählen. Denkbar wäre z. B. „Eine Reise von Cloppenburg über Hannover nach Göttingen“.

Hinweis: Ein Menü besteht in der Regel aus mindestens drei Gängen: Vor-, Haupt- und Nachspeise. Alle Gänge sollten zum Thema passen und miteinander harmonieren, ohne sich zu wiederholen.

2

Entscheidet euch zunächst für die wichtigsten Aspekte des Kapitels. Nicht vergessen solltet ihr:
→ Kap. 4.1.2: #Hygiene, M5;
Praxisseiten S. 162–165;
→ Kap. 4.3.2: M5, #Rezept und Rezepttreue, M7
Je nach Thema kann es sein, dass ihr zusätzliche Informationen benötigt (z. B. kulturelle Besonderheiten). Lehrkräfte anderer Fächer (z. B. Musik, Geographie) helfen sicherlich gerne weiter.

3

Teilt euch für die folgenden Arbeiten in Teams auf:

- **Organisation** (Kasse, Einladungen, Menükarten, Personalplanung, Fotodokumentation)
- **Programm** (Unterhaltung, Spiele, Musik)
- **Dekoration** (Raumgestaltung, Kostüme)
- **Küche** (Rezepte, Einkauf, Zubereitung, Reinigung)
- **Service** (Bedienung, Tisch decken)

4

Tipps für das Team „Organisation“
- Budget vereinbaren und im Auge behalten.
- Wer wird eingeladen? In der Einladung um Rückmeldungen (Zusage/Absage) bis festgelegten Zeitpunkt bitten.
- Dürfen/wollen die Gäste alles essen? (z. B. Allergien, religiöse oder ethische Aspekte)

Tipps für das Team „Programm“
- Alle Gäste sollen sich wohlfühlen.
- Texte auswendig lernen.
- Programm soll das Menü begleiten, nicht überschatten.

Tipps für das Team „Dekoration“
- Dekorationsartikel leihen oder selbst herstellen → spart Budget

Tipps für das Team „Küche“
- Arbeitet sauber, sicher und konzentriert.
- Erstellt euch einen Zeitplan.

5

Vorbereitungsarbeiten erledigt?
- ◯ Budgetplanung?
- ◯ Deko?
- ◯ Kleidung?
- ◯ Programm?
- ◯ Einladungen versendet?
- ◯ Rezepte?
- ◯ Menükarten?
- ◯ Einkauf?
- ◯ Personalplanung?
- ◯ Zeitplanung?

6

Durchführung
Wenn ihr als Team gut zusammenarbeitet, werden eure Gäste das Themenmenü in guter Erinnerung behalten. Ein guter Zeitplan hilft, Wartezeiten zwischen den Gängen z. B. durch Unterhaltungsbeiträge zu überbrücken und verhindert das Erkalten von Speisen.

7

Feedback
Bittet eure Gäste um ein Feedback. Das Feedback könnte in einem Gespräch direkt nach dem Menü oder durch einen vorbereiteten Fragebogen eingeholt werden.
Hat etwas nicht so gut geklappt? Lernt daraus und macht es beim nächsten Mal besser!

8

Auswertung (Reflexion)
Hängt Bilder eures Themenmenüs im Klassenraum auf. Nutzt diese Gelegenheit, um noch einmal über die folgenden Punkte nachzudenken:
- Was habe ich besonders gut gemacht?
- Was kann ich noch verbessern?
- Was ist uns als Team gut gelungen?
- Wie und wodurch kann sich das Team für ähnliche Projekte verbessern?

4.1 Sicherheit und Hygiene in der Küche

4.1.1 Ist Küche gleich Küche?

Wenn du zu Hause mit deiner Familie eine Suppe kochst, verwendest du wahrscheinlich einen großen Topf und stellst ihn auf eine Kochplatte eures Herdes. Wird in der Firmenkantine deiner Eltern oder in der Schulkantine eine Suppe gekocht, werden große Kessel genutzt, die das Fassungsvermögen einer kleinen Badewanne haben. Doch worin unterscheiden sich Küchen noch?

Ein Blick hinter die Kulissen einer Schulkantine

82305-04

M1 Eine Suppe für alle?

1

Köchinnen rühren in einem Kessel.

2

Topf in der eigenen Küche

M2 Der oder die Letzte macht das Licht aus!

82311-171

Heute hatten Sünke und ihre Klasse 6a wieder Unterricht in der Lehrküche. Es wurden viele Gerichte zubereitet und dabei unzählige Töpfe und Pfannen verwendet. Als es zum Unterrichtsende klingelt, haben es plötzlich alle eilig. Alle 6. Klassen und deren Klassenlehrkräfte treffen sich zur Vorbereitung des Sportfestes in der Aula. Selbst Sünkes Lehrer, Herr Schwertfeger, verlässt schlagartig den Raum, ohne diesen noch mal auf Ordnung und Sauberkeit zu kontrollieren. Sünke, die die letzte im Klassenzimmer ist, ruft er noch zu: „Die Letzte macht das Licht aus!". Frau Klein macht sich zeitgleich auf den Weg, denn sie geht heute mit der 5a das erste Mal in die Lehrküche. In den Stunden zuvor hatte sie immer wieder betont: „Ordnung und Sauberkeit sind das halbe Leben. Das gilt insbesondere für die Lehrküche!"

Als Frau Klein die Lehrküche für ihre 5. Klasse aufschließt, trifft sie fast der Schlag. Als die Schülerinnen und Schüler die Unordnung sehen, lachen sie. „Tja Frau Klein, Ordnung und Sauberkeit sind das halbe Leben!". Nun muss selbst Frau Klein lachen.

Bearbeiter

KÜCHE

Eine Küche dient der Zubereitung von Lebensmitteln. Private Küchen (auch Haushaltsküchen genannt) sind zudem oft ein beliebter Treffpunkt. Viele Familien nutzen die Zeit dort, um von Erlebnissen des Tages zu berichten und sich auszutauschen. Private Küchen sind eher wohnlich eingerichtet. Gewerbliche Küchen (z. B. in Restaurants oder Schulkantinen) sind funktional, übersichtlich und robust eingerichtet. In ihnen arbeiten ausgebildete Köchinnen und Köche sowie Küchenhilfen. Hier werden Mahlzeiten für andere Menschen (z. B. für Schülerinnen und Schüler oder Restaurantgäste) zubereitet. Unabhängig vom Aussehen und der Funktion haben alle Küchen die folgenden Arbeitsbereiche: Vorbereitungs-, Koch- und Backbereich sowie einen Aufbewahrungs- und Entsorgungsbereich.

gewerblich
Tätigkeiten oder Räume, die mit der Absicht Geld zu verdienen, ausgeübt oder genutzt werden.

Bearbeiter

M3 Der weite Weg zur Mahlzeit

Je nachdem wie eine Küche eingerichtet ist, muss man für die Zubereitung von Essen mehr oder weniger Strecke hin- und herlaufen. Für drei Mahlzeiten am Tag läuft man in einer ungünstig eingerichteten Küche durchschnittlich 336 Meter. In einer gut eingerichteten Küche können viele Meter eingespart werden. Hier liegt der Durchschnitt bei 62 Meter pro Mahlzeit, also ca. 186 Meter pro Tag. Für professionelles Küchenpersonal bedeutet eine ungünstig eingerichtete Küche Extra-Meter an einem Arbeitstag. Das kann auf Dauer belastend sein.

Köchinnen und Köche bei der Arbeit

Bearbeiter

professionell
Tätigkeit, die man beruflich ausübt

Beruf Küchenhilfe
ungelernte Tätigkeit; unterstützt Köche und Köchinnen mit einfachen Aufgaben, z. B. Ware verräumen, Lebensmittel kontrollieren oder Reinigungsarbeiten in der Küche

AUFGABEN

82311-172

1. a) Stelle Vermutungen darüber an, weshalb die gleichen Gerichte anders schmecken – je nachdem, wo sie zubereitet wurden (**M1**, **#Küche**).
   b) Erläutere, wo dir dein Lieblingsessen am besten schmeckt und warum.
2. a) Beschreibe das Problem von Frau Klein (**M2**).
   b) Entwickelt in Kleingruppen Ratschläge für Herrn Schwertfeger, wie er zukünftig die Lehrküche hinterlassen sollte.
   c) Erarbeitet für eure Klasse Regeln zur Sauberkeit in der Lehrküche, an die ihr euch halten wollt.
3. Arbeitet zu zweit.
   a) Erstellt eine Skizze eurer privaten Küche (**M3**).
   b) Nennt Vor- und Nachteile eurer Küchen.
   c) Erörtert, wie ihr die Nachteile beheben würdet.

4.1.2 Welche Sicherheits- und Hygieneregeln gelten in (Lehr-)Küchen?

Erklärvideo zum Thema Sicherheit und Hygiene in der Lehrküche

82305-05

Kleine Fehler können in der Lehrküche schnell zu einem ungewollten Besuch im Krankenhaus führen. Beispielsweise kann ein wenig verschüttete Flüssigkeit dazu führen, dass eine Mitschülerin oder ein Mitschüler oder ihr selbst auf dem Fliesenboden ausrutscht. Eine Platzwunde am Kopf? Ursache dafür könnte die offene Schranktür gewesen sein. Auf diese oder ähnliche Erlebnisse könnt ihr sicher verzichten, oder?

M4 Mit Fachraumregeln zu mehr Ordnung und Sicherheit

HYGIENE

Das Wort Hygiene kommt aus dem Altgriechischen und bedeutet „Gesundheit". Darunter sind alle Maßnahmen zu verstehen, die dazu beitragen, dass keine Krankheiten und Gesundheitsschäden an dir oder anderen auftreten. Eine der wichtigsten Hygienemaßnahmen ist zum Beispiel das Händewaschen nach dem Toilettengang. Grundsätzlich kann in **Personal-**, **Arbeitsplatz-** und **Lebensmittelhygiene** unterschieden werden. Personalhygiene sind Maßnahmen, die du selbst (an dir) durchführen kannst. Die Reinigung des Arbeitsplatzes ist eine Maßnahme der Arbeitsplatzhygiene. Ziel der Lebensmittelhygiene ist es, mithilfe von Maßnahmen die Gefahren durch das Lebensmittel zu bannen, z. B. durch das Einhalten der Kühlkette beim Transport leicht verderblicher Lebensmittel vom Supermarkt nach Hause.

Kühlkette
bezeichnet die ständige Kühlung eines leicht verderblichen Lebensmittels (z. B. roher Fisch oder Fleisch) vom Geschäft bis zu dir nach Hause. Hierzu kann z. B. eine spezielle Kühltasche verwendet werden. Nur so kann sichergestellt werden, dass die Qualität und die Haltbarkeit des Lebensmittels nicht beeinträchtigt wird.

Bearbeiter

M5 Welche Hygieneregeln gibt es?

Personalhygiene

- Die Lehrküche gesund betreten, z. B. ohne Erkältung.
- Händewaschen vor dem Beginn der Arbeit und nach dem Toilettengang.
- Fingernägel sind immer kurz, sauber und frei von Nagellack.
- Uhren und Schmuck sind abzulegen.
- Lange Haare werden zurückgebunden.
- Stets saubere Schürzen anziehen.
- Bei kleinen Wunden an den Händen Handschuhe tragen.

Lebensmittelhygiene

- Leicht verderbliche Lebensmittel (Fleisch, Milchprodukte ...) kühl lagern.
- Lebensmittel immer abdecken (Deckel oder Folie).
- Leicht verderbliche Lebensmittel immer durcherhitzen (auf mindestens 65 °C).

Arbeitsplatzhygiene

- Die Lehrküche, Arbeitsplätze, Werkzeuge und Maschinen immer sauber halten.
- Heruntergefallene Lebensmittel oder verschüttete Flüssigkeiten sofort beseitigen.

Bearbeiter

AUFGABEN

82311-091

1. Untersuche **M4** auf vermeidbare Fehler in der Lehrküche und benenne diese.
2. Diskutiert in der Klasse weitere Hygiene- und Sicherheitsregeln für eure Lehrküche (**M4**, **M5**, **#Hygiene**).
3. Gestaltet in Kleingruppen ein Plakat mit Regeln für eure Lehrküche und fügt weitere sinnvolle Regeln hinzu (**M5**).
4. Bewertet die Plakate im Plenum anhand der Kriterien: kreativste Gestaltung, Hygiene und Informationsgehalt.

4.1.3 Ist das noch gut oder muss das weg?

Ob ein Lebensmittel noch zum Verzehr geeignet ist oder nicht, sollte man nicht ausschließlich am Mindesthaltbarkeitsdatum (MHD) festmachen. Aber wie findet man heraus, was noch gut ist und was nicht?

M6 Alles frisch?

1

Vollkornbrot

2

Pralinen

3

Fleisch und Fisch

M7 Ab in den Müll damit!?

82311-092

Tipps zur richtigen Lagerung von Lebensmitteln

82305-06

Zeynep hat ihren Einkaufszettel zu Hause vergessen. Sie versucht sich zu erinnern, was in ihrem Kühlschrank noch vorrätig ist und was ihr für das heutige Abendessen noch fehlt. Etwas später treffen sie und Jasmin zeitgleich zu Hause ein. Zunächst sortiert Zeynep alle angefangenen Lebensmittel aus dem Kühlschrank aus. „Der Joghurt ist von gestern; die Wurst ist schon drei Tage offen; die Möhren sehen auch nicht mehr knackig aus. Mist, Butter hatte ich ja noch jede Menge!", murmelt sie. Während des Sortierens greift sie zum Mülleimer, um die geöffneten Sachen wegzuschmeißen, da ruft Jasmin: „Das kannst du doch nicht alles wegschmeißen!" Jasmin prüft die Lebensmittel genau, anschließend riecht sie an allen Produkten und kostet den Joghurt. „Alles vollkommen in Ordnung. Wir kochen was daraus. Lass mich den Kühlschrank mal ein bisschen umsortieren. Mit ein bisschen Ordnung halten die Lebensmittel länger und wir haben einen besseren Überblick, was wir alles zu Hause haben!"

Bearbeiter

1. Zubereitete Speisen, Reste, Süßspeisen
2. Milchprodukte (Käse, Joghurt, Butter etc.)
3. Fleisch, Fisch
4. Obst, Gemüse
5. Eier, Marmelade
6. Saucen
7. Getränke

M8 Was können wir gegen Lebensmittelverschwendung tun?

82311-093

Beim **Ernteprozess** wird beschädigtes oder zu klein geratenes Obst und Gemüse aussortiert, auf dem Markt würden sich kaum Abnehmerinnen und Abnehmer dafür finden. Sehen Gemüse und Obst nicht mehr frisch genug für den **Verkauf** aus oder sind die Backwaren vom Vortag, entsorgen einige Händlerinnen und Händler die Lebensmittel. **Zuhause** wird oft zu viel eingekauft, gekocht oder falsche Vorratshaltung betrieben. Dabei gibt es gute Ideen, die Verschwendung von Lebensmitteln zu reduzieren: Verbraucherinnen und Verbraucher können Lebensmittel kostenfrei, durch sogenannte „Foodsharing Fairteiler", für andere zur Verfügung stellen. Zudem spenden viele Händlerinnen und Händler Obst, Gemüse und Backwaren, welche sich nicht mehr für den Verkauf eignen, an die Tafeln. Durch diese werden z. B. Familien, die in finanziellen Schwierigkeiten stecken, mit Lebensmitteln versorgt.

Bearbeiter

Vorratshaltung
Eine bestimmte Menge an Lebensmitteln für später aufbewahren. Viele Haushalte haben einen Vorratsschrank, in dem Nudeln, Mehl und andere (haltbare) Lebensmittel aufbewahrt werden.

Konzept des Vereins „Die Tafel"

82305-08

MINDESTHALTBARKEITSDATUM (MHD) UND VERBRAUCHSDATUM

Das Mindesthaltbarkeitsdatum gibt den Zeitpunkt an, bis zu dem der Hersteller garantiert, dass das Lebensmittel ungeöffnet und bei richtiger Lagerung seine Eigenschaften (z. B. Geruch, Geschmack und Nährwerte) behält. Lebensmittel sind meist über dieses Datum hinaus genießbar und gesundheitlich unbedenklich, vorausgesetzt sie werden richtig gelagert. **Das Verbrauchsdatum, erkennbar am Aufdruck „zu verbrauchen bis", steht auf verpackten, besonders leicht verderblichen Lebensmitteln (z. B. Hackfleisch, Fisch). Bis einschließlich diesem Datum kann das Lebensmittel noch verzehrt werden.** Wird das Lebensmittel nach dem Verbrauchsdatum konsumiert, kann es zu einer Lebensmittelvergiftung kommen.

Auf vielen Produkten findest du diesen Hinweis neben dem Mindesthaltbarkeitsdatum.

Bearbeiter

AUFGABEN

82311-094

1. a) Beschreibe, woran du erkennst, ob die Lebensmittel noch genießbar sind (**M6**).
   b) Erkläre, wie die Lebensmittel gelagert werden sollten, damit sie möglichst lange haltbar sind und du sie nicht wegwerfen musst (**M6**, **M7**).
2. Nenne Gründe, warum Lebensmittel weggeworfen werden (**M8**).
3. Versetze dich in Jasmins Lage und gib Zeynep weitere Tipps gegen Lebensmittelverschwendung (**M7**, **M8**, **#Mindesthaltbarkeitsdatum**).
4. Überprüft, was ihr zu Hause gegen Lebensmittelverschwendung tut und was ihr möglicherweise noch besser machen könntet. Besprecht eure Erkenntnisse in der Klasse.

H zu Aufgabe 1a
Welche deiner fünf Sinne (sehen, hören, riechen, schmecken, tasten) können dir dabei helfen?

F zu Aufgabe 1
Salz hat ein Mindesthaltbarkeitsdatum – obwohl es bereits mehrere Millionen Jahre alt ist. Begründe, warum der Hersteller ein MHD aufdruckt.

4.1.4 (Wie) Verändern sich Lebensmittel im Laufe der Zeit?

Wer kennt es nicht? Die Sommerferien sind vorbei und du hast vergessen die Brotdose vom letzten Schuljahr auszuleeren. Beim Blick hinein brauchst du starke Nerven. Eine Schicht aus blauem Schimmel liegt über den Resten. Ein echt unappetitlicher Anblick. Aber warum können wir auf Schimmelpilze, Bakterien und Hefen oft nicht verzichten?

M9 Kuchenbasar mit Folgen

Nicht jeder Kuchen eignet sich für einen Kuchenbasar.

Maliks Klasse plant einen Kuchenbasar in der Frühstückspause, um Geld für einen Klassenausflug zu sammeln. Viele Eltern haben Kuchen mitgeschickt, einige wenige haben für den Transport zur Schule sogar Kühlakkus beigelegt. Das Geschäft läuft leider schleppend an. Malik, der den Verkauf mit drei weiteren Mitschülerinnen und Mitschülern betreut, ist verärgert: „Es ist heute sicherlich zu warm, alle würden lieber Eis essen!" Die Schülerinnen und Schüler beschließen, den Kuchen zunächst in einen leeren Vorbereitungsraum zu bringen und ihn in der Mittagspause nochmal anzubieten. Malik schaut kurz vor der Pause auf das Thermometer im Klassenraum, es zeigt 29 °C an. „Bei der Hitze will doch keiner unseren Kuchen", denkt er. Kurze Zeit später in der Mittagspause scheinen viele Hunger zu haben, innerhalb kürzester Zeit ist fast der gesamte Kuchen verkauft. Am kommenden Tag fehlen beträchtlich viele Schülerinnen und Schüler in den Klassen. Eines fällt auf: Die meisten von ihnen leiden seit der Nacht an Durchfall, Erbrechen und Fieber.

Bearbeiter

M10 Schlechte Karten für Bakterien, Pilzen & Co.

Bienenwachstücher können eine gute Alternative zur Plastik- oder Alufolie sein. Bei rohem Fleisch und Fisch solltest du sie jedoch nicht verwenden.

1

Lebensmittel im Kühlschrank immer abdecken (z. B. mit einem Teller, Folie oder Deckel).

Bearbeiter

2

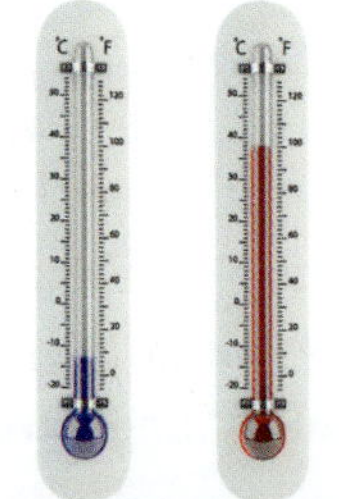

Halte die Kühlkette ein und möglichst kurz. Empfindliche Lebensmittel vertragen keine langen Umwege.

3

Geöffnete Lebensmittel sollten innerhalb kürzester Zeit verbraucht werden.

M11 Was sind Mikroorganismen?

Mikroorganismen sind eine Vielzahl an mikroskopisch kleinen Lebewesen. Zu ihnen zählen Bakterien, Protozoen und Pilze. In der Produktion unserer Lebensmittel spielen sie eine wichtige Rolle, vorausgesetzt sie werden gezielt eingesetzt. Milchsäurebakterien lassen aus Milch Joghurt, Quark und Käse entstehen. Milchsäurebakterien können auch für eine längere Haltbarkeit von Lebensmitteln sorgen. Zum Beispiel entsteht mit ihrer Hilfe aus Weißkohl haltbares Sauerkraut. Pilze in Brot und Bier? Ja, denn die Hefen gehören zu den Pilzen. In vielen Backwaren und auch beim Bierbrauen kommt Hefe zum Einsatz. Die Hefe baut im Bier und in den Backwaren Zucker ab. Es entstehen unter anderem Kohlensäure und Alkohol. Diesen Prozess nennt man alkoholische Gärung. Durch diese Gärung wird der Teig locker, das Bier alkoholhaltig und die Kohlensäure sprudelt. Bei vielen Käsesorten, z. B. dem Camembert oder dem Blauschimmelkäse, geben gezielt eingesetzte Edelschimmelpilze den Lebensmitteln ein besonderes Aroma. Der Verzehr dieser Lebensmittel ist ungefährlich. Anders ist es, wenn Bakterien oder Pilze sich ungewollt und unkontrolliert verbreiten. In unserer Luft schweben viele „wilde" Mikroorganismen, die nur darauf warten, sich auf einem geeigneten Untergrund auszubreiten. Beispiele hierfür sind das verschimmelte Brot oder der stinkende alte Fisch. Sie können gesundheitsschädlich sein und dich krankmachen.

Bearbeiter

Protozoen
Einzeller, welche anders als Bakterien einen Zellkern besitzen, z. B. das Pantoffeltierchen.

Bakterien und Pilze
Sie lieben Zeit, Wärme und Feuchtigkeit. Unter diesen Bedingungen vermehren sie sich am liebsten.

M12 Welche Mikroorganismen waren hier am Werk?

1

Käse

2

Bier

3

Sauerkraut

AUFGABEN

1. Analysiert in der Klasse, was beim Kuchenbasar schiefgelaufen ist (**M9**).
2. Finde fünf Beispiele für Lebensmittel, die abgedeckt, gekühlt und in kurzer Zeit verbraucht werden sollten (**M10**).
3. Erläutere mithilfe von **M11**, welche Mikroorganismen die in **M12** abgebildeten Lebensmittel verändert haben.
4. Bewertet die Entscheidung der Klasse, den Kuchen in der Mittagspause erneut anzubieten (**M9–M11**).

H zu Aufgabe 1
Beziehe das Konzept der Kühlkette mit ein (siehe **#Hygiene**).

F zu Aufgabe 4
Schreibe die Geschichte so um, dass der Kuchenbasar keine negativen Folgen für die Schülerinnen und Schüler hat (**M10**).

4.1.5 Was tun mit Lebensmitteln nahe des MHDs?

Familie Meyer erntet in der Hauptsaison viel frisches Obst und Gemüse. Alles, was im Hofladen nicht mehr verkauft werden kann, wird zu haltbaren Lebensmitteln verarbeitet. Doch wie können Lebensmittel über lange Zeit haltbar gemacht werden?

M13 Wie lassen sich Lebensmittel vor der Tonne retten?

M14 Wie können Lebensmittel haltbar gemacht werden?

1 

Räuchern: Fleisch und Wurstwaren werden eingesalzen und dann über mehrere Stunden oder Tage in Rauch gehangen.

2 

Einfrieren: Werden Lebensmittel bei unter minus 18 °C gelagert, können sich Mikroorganismen kaum vermehren.

3 

Trocknen: Fleisch, Fisch, Gemüse oder Kräuter werden an der Luft getrocknet. Einige Lebensmittel müssen zuvor eingesalzen werden.

4 

Einkochen: Gemüse, Obst oder ganze Gerichte können, fest in Schraub- oder Einweckgläsern verschlossen und teils über mehrere Stunden hoch erhitzt, für Jahre haltbar gemacht werden.

5 

Zuckern: Wird frisches Obst geschnitten und eingezuckert, hält es sich im Kühlschrank 2–3 Tage. Wird stark gezuckertes Obst zudem eingekocht und in Gläsern verschlossen, erhält man ca. 2 Jahre haltbare Marmelade.

6 

Milchsäuregärung: Durch Milchsäurebakterien werden Lebensmittel (wie z. B. Sauerkraut und Kimchi) haltbar gemacht und bekommen ihren typischen Geschmack.

Bearbeiter

HALTBARMACHEN

Das Haltbarmachen von Lebensmitteln spielt auch heute noch eine große Rolle. Ein Blick durch die Regale im Supermarkt zeigt viele, durch unterschiedliche Methoden haltbar gemachte Lebensmittel: eingewecktes Obst, sauer eingelegte Gurken, tiefgekühlte Pizza ...
Als es noch keine Kühlschränke gab, mussten Lebensmittel, die im Frühling, Sommer oder Herbst geerntet wurden, haltbargemacht werden. Nur so konnten die Menschen den Winter überleben. Hierfür entwickelten sie im Laufe der Zeit verschiedene Methoden. Bereits in der Altsteinzeit (600.000 bis 10.000 v. Chr.) wurden z. B. Lebensmittel geräuchert und getrocknet.

Bearbeiter

M15 Das ist doch noch gut, oder?

82311-097

Sünke räumt Opas Küche auf. Doch was ist das? Über der Obstschale tummeln sich Obstfliegen. Acht leicht schrumpelige Äpfel, drei bräunliche Bananen und eine äußerlich ziemlich trockene Zitrone scheinen die Ursache zu sein. Fix schnappt sie sich die Obstschale und will den Inhalt in den Müll schütten. Da kommt ihr Opa um die Ecke und ruft lautstark: „Das ist doch noch gut!"
Sünke kann das Obst gerade noch vor dem Müll bewahren. Ihr Opa seufzt erleichtert: „Daraus können wir bestimmt noch was Schönes zaubern ..."

Bearbeiter

AUFGABEN

82311-098

1. Nenne Möglichkeiten, die abgebildeten Lebensmittel weiterzuverarbeiten oder für einen längeren Zeitraum haltbar zu machen (**M13**, **M14**).
2. Überprüfe deine Küche. Welche haltbar gemachten Lebensmittel findest du? (**M14**)
   a) Analysiert zu zweit, warum heutzutage weniger Menschen Lebensmittel zu Hause selbst haltbar machen.
   b) Erläutere, wie die Erdbeeren im Film (**QR-Code**) haltbargemacht wurden.
   c) Beschreibe drei weitere Möglichkeiten, frische Erdbeeren haltbar zu machen.
3. a) Bewerte, ob es richtig war, das Obst nicht in den Müll zu werfen (**M15**).
   b) Recherchiert Rezepte, mit denen Opa Fritz sein Obst sinnvoll verarbeiten könnte.

H zu Aufgabe 2a
Bezieht dabei Wohnsituationen, Ausstattungsmerkmale von Küchen und weitere Punkte in eure Überlegungen mit ein.

Frische Erdbeeren im Fertigmüsli? Video zur Methode Gefriertrocknung

82301-05

4.2 Sicher mit Küchengeräten und Werkzeugen umgehen

4.2.1 Welche Küchengeräte brauchst du wirklich?

Elektrische Saftpresse, Knoblauchpresse, Pizzaschere ... unzählige Küchenwerkzeuge und Maschinen sind in den Schubladen und Schränken unserer Küchen zu finden. Doch welche brauchen wir wirklich?

Inklusive Hilfsmittel in der Küche

82305-09

Barrierefreie Küche
Einige Menschen benötigen, neben den hier abgebildeten Geräten, besondere Hilfsmittel in der Küche. Die Gründe hierfür können vielfältig sein, z. B. nachlassende Kraft im Alter, Bewegungseinschränkungen oder Probleme beim Sehen. Für alle, die dennoch Spaß am eigenständigen Kochen haben, wurden Geräte und Hilfsmittel entwickelt, die sie in ihrer Küche unterstützen.

M1 Die Unverzichtbaren: Hilfsmittel in der Küche

1
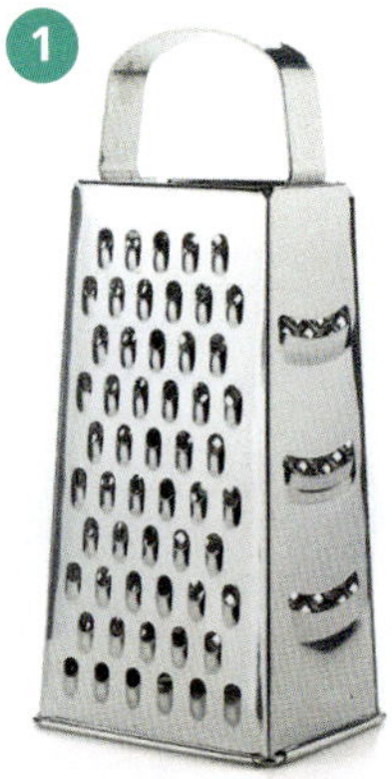

2

3

4

5

6

7
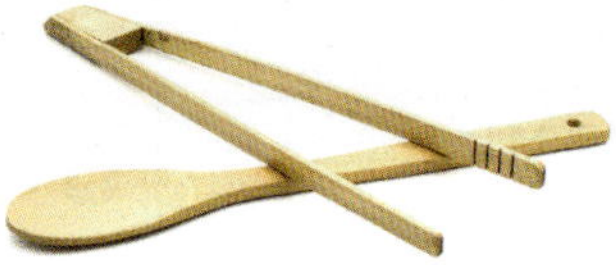

8

9

Waage | **Nudelholz** | **Rührlöffel, Pfannenwender, Zange usw.** | **Vierkantreibe (Raspel / Reibe / Hobel)** | **Elektrisches Handrührgerät** | **Messbecher** | **Schneebesen** | **Zitruspresse** | **Sieb**

M2 Anna und der Küchenroboter

Jasmin und Zeynep sind bei ihren Freunden Hauke und Anna zum Abendessen eingeladen. Bereits auf dem Hinweg knurrt Zeynep laut der Magen. Heute war es so stressig in der Schule, dass sie für das Mittagessen einfach keine Zeit gefunden hat. Gemütlich sitzen alle im Wohnzimmer und unterhalten sich.

„Wenn Hauke und Anna nicht bald anfangen zu kochen, sterbe ich vor Hunger!", denkt sie sich. Kurze Zeit später ertönt eine Melodie aus der Küche. „Das Essen ist fertig!" sagt Anna freudig zu ihren Gästen. Jasmin und Zeynep schauen sie verwundert an. „Heute kocht der Roboter", meint Hauke und ergänzt: „Anna experimentiert so gerne in der Küche, deshalb haben wir uns vor Kurzem eine vollautomatische Küchenmaschine mit Kochfunktion gekauft. Da musst du am Anfang nur die Zutaten reinlegen und den Rest übernimmt die Maschine."

Abends auf dem Nachhauseweg machen sich Jasmin und Zeynep dazu Gedanken. Sie überlegen, welche Vorteile ein solcher „Kochroboter" hat. Immerhin kostet dieser in der Grundausstattung fast 1.400 €.

Bearbeiter

AUFGABEN

1. Ordne die Bezeichnungen den Küchenwerkzeugen und -geräten zu (**M1**).

2. Beschreibe zu jedem Küchenwerkzeug und -gerät eine Tätigkeit, die du damit ausführen kannst.

3. Nenne Besonderheiten, die du im Umgang beachten solltest. Denke dabei auch an die Sicherheit.

4. a) Tauscht euch in der Klasse über Erfahrungen mit Kochrobotern aus (**M2**). Recherchiert alternativ im Internet zu den Funktionen und Anwendungsmöglichkeiten von Kochrobotern.
b) Nennt Vor- und Nachteile bei der Verwendung eines Kochroboters.
c) Bezieht Stellung zur Aussage: „Durch die Nutzung eines Kochroboters verlernt man das Kochen."

Arbeitsplatzeinrichtung

Wer länger in der Küche arbeitet, legt dabei häufig weite Wege zurück. Deshalb sollten alle Geräte und Zutaten im Vorfeld so bereitgestellt werden, dass keine unnötigen Wege zurückgelegt werden müssen. Deshalb wird ein Küchenarbeitsplatz möglichst effektiv eingerichtet.

Checkliste für die Ordnung am Arbeitsplatz

- Rezept lesen
- Arbeitsmittel und Werkzeuge bereitlegen
- Arbeitsplatz einrichten
- Zutaten ggf. säubern, zerkleinern und bereitstellen
- Zubereitung des Gerichts
- Aufräumen und Sauberkeit

Hier findest du weitere Infos zur Arbeitsplatzeinrichtung

82305-11

Der optimale Arbeitsplatz

Darstellung der Greifräume am Arbeitsplatz

Im sogenannten **inneren Greifraum** liegen das Schneidebrett sowie die Messer und der Sparschäler. Im **äußeren Greifraum** stehen im besten Fall drei Schüsseln bereit. Eine Schüssel für die gewaschenen und unverarbeiteten Lebensmittel, eine für die geschnittenen Lebensmittel sowie eine Schüssel für den Abfall. Dahinter können weitere benötigte Zutaten oder Geräte stehen.

Werkzeuge immer am richtigen Platz

Um zu verhindern, dass Schälmesser oder der Sparschäler versehentlich in der Abfallschüssel landen, bietet sich ein „Messerparkplatz" an. Zudem erinnert er dich, dass alle Schneidwerkzeuge (Sparschäler, Universalmesser, Schälmesser) über dem Schneidebrett liegen sollten. So werden Unfälle vermieden, die durch das Herunterfallen von falsch abgelegten Messern, z. B. auf der Kante der Arbeitsplatte, entstehen können. Wenn ihr die vorbereitete Druckvorlage des Messerparkplatzes mit einer Laminierfolie verseht, könnt ihr diesen problemlos und hygienisch reinigen und deshalb in der Küche verwenden.

Messerparkplatz über dem Schneidebrett

Druckvorlage Messerparkplatz

82305-12

Zutaten bereitstellen (französisch: Mise en Place)

Als Mise en Place wird die Vorbereitung aller Zutaten für den Zubereitungsprozess verstanden. Wenn du alle Lebensmittel nach Rezept vorbereitest (z. B. waschen, wiegen, schneiden) und dir zurechtlegst, kannst du dich später besser auf die eigentliche Zubereitung fokussieren. Das spart Zeit und hilft, Fehler zu vermeiden.

Vorbereitete Zutaten

Sicher mit Messern arbeiten

Es gibt nur wenige Gerichte, für die du keinerlei Lebensmittel schneiden musst. Die Auswahl der richtigen Werkzeuge und die richtige Vorgehensweise sind deshalb sehr wichtig. Gerade mit Messern kann es sonst schnell zu Unfällen kommen.

Hilfs- und Arbeitsmittel zum Schälen und Schneiden

Für alle Schülerinnen und Schüler sollte je ein Universalmesser 1, Gemüse-/Schälmesser 2, Sparschäler 3 und eine Schneideunterlage 4 aus Kunststoff oder Glas in der Lehrküche bereitstehen. Schneideunterlagen aus Holz dürfen in der Lehrküche nicht verwendet werden. Denn diese bleiben nach Gebrauch lange feucht. In den winzigen Einschnitten auf der Oberfläche können sich Mikroorganismen unkontrolliert vermehren und im schlimmsten Fall krank machen.

Das richtige Werkzeug

Das Koch- oder Universalmesser wird für fast alle Lebensmittel zum Schneiden verwendet. Erfüllt das Messer die hier abgebildeten Kriterien, spricht man auch von einem Sicherheitsmesser.

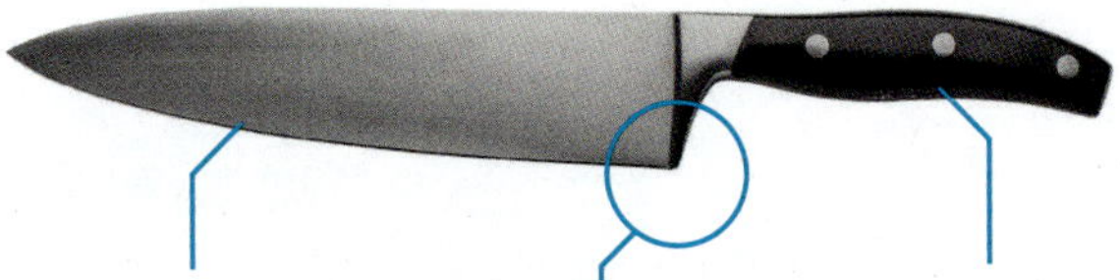

Erklärvideo zum richtigen Umgang mit dem Universalmesser

82301-11

Ein sicheres Messer sollte, wenn du es auf den Messerrücken legst, immer auf die Seite kippen. So kannst du nicht versehentlich in die Klinge fassen.

Greiftechniken

Runde Lebensmittel (z. B. Möhren, Gurken) werden vor dem Schneiden immer mithilfe des Tunnelgriffs halbiert.

1 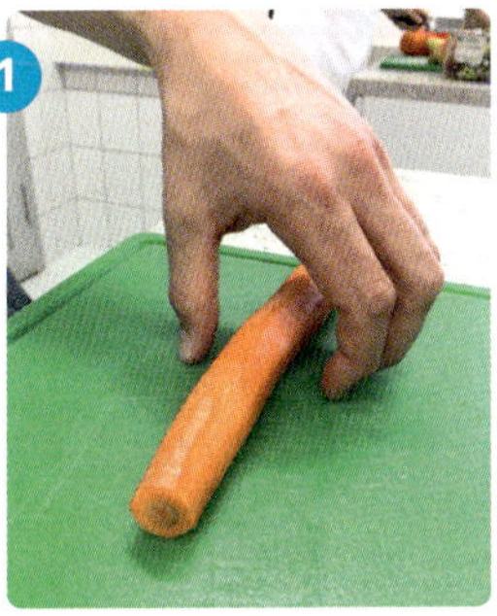

2 

Der Tunnelgriff
wird zum Halbieren von Lebensmitteln oder zum Grobschnitt angewendet. Das Messer „fährt" zum Schneiden in den „Tunnel", der durch Daumen und Finger gebildet wird.

Der Krallengriff
wird angewendet, um Scheiben, Streifen oder Würfel zu schneiden. Die Finger bilden hierzu eine „Kralle" und halten das Lebensmittel fest. Die Krallenform schützt die Fingerkuppen. Beim Schneiden, rutschen die Finger immer Stück für Stück nach hinten.

1 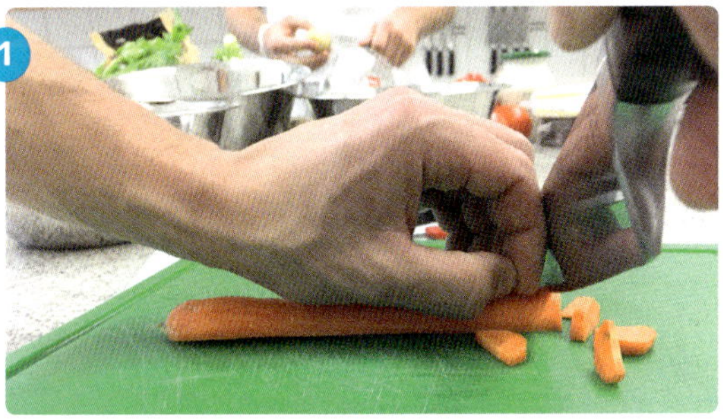

Schneidetechniken

1 

2 

3 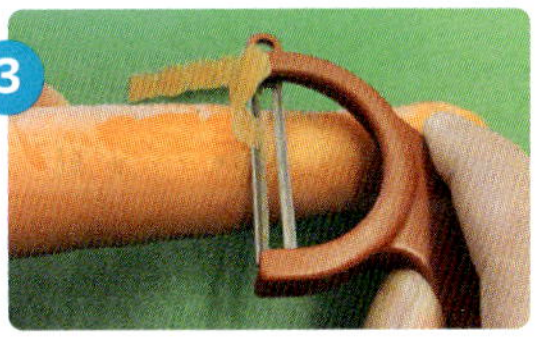

1 Zum Hacken wird das Messer fest in eine Hand genommen. Zwei Finger und der Daumen der anderen Hand halten den Messerrücken. Schneide gleichmäßig und mit wenig Kraft.
Anwendung: Kräuter, wie z. B. Schnittlauch oder Petersilie

2 Beim Wiegeschnitt schneidet das Messer auf der Schneideunterlage in einer wiegenden Bewegung durch das Lebensmittel. Dazu wird es mittels Krallengriff fest in der Hand gehalten und nur wenig Druck ausgeübt. Dabei verliert das Messer möglichst nie den Kontakt zur Schneidunterlage.
Anwendung: Gemüse, Obst und Fleisch

3 Zum Schälen von Obst und Gemüse wird der Sparschäler verwendet. Hierzu wird der Sparschäler fest in der Hand gehalten und immer weg vom Körper geschält.
Anwendung: Gemüse, Obst

Erklärvideo „Schneidetechniken"

82301-12

Erklärvideo „Kräuter wiegen und hacken"

82301-13

Bearbeiter

4.2.2 Wie handelst du bei Verletzungen richtig?

In der Küche lauern jede Menge Gefahren. Solange du konzentriert arbeitest, wird nichts passieren. Aber wie Opa Fritz immer zu sagen pflegt: „Unverhofft kommt oft." Deshalb ist es gut, auf den Ernstfall vorbereitet zu sein. Nur wie funktioniert eigentlich Erste Hilfe?

Erklärvideo zur stabilen Seitenlage

82305-16

M3 Was tun, bis Hilfe da ist?

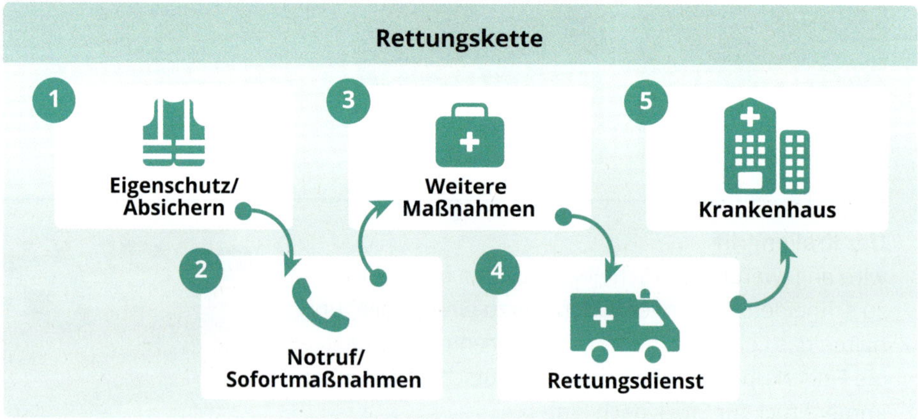

Bearbeitergrafik

M4 Nochmal haarscharf gut gegangen

82311-101

Penetrationstrauma
Stecken durch einen Unfall Fremdkörper (z. B. Messer) in einer verletzten Person, werden diese unter keinen Umständen durch die Ersthelferinnen und -helfer entfernt.

Sünke, Amea und Paul sind heute ein Team in der Lehrküche. Die Schülerinnen und Schüler sollen die Schneidetechniken wiederholen. Dazu werden sie viel Gemüse klein schneiden, aus dem sie eine bunte Gemüsesuppe kochen. Paul beginnt mit dem Gemüsemesser die Schale einer Zwiebel zu schälen. Nun wechselt er das Messer. Dabei landet das Gemüsemesser versehentlich in der Abfallschüssel. Mit dem Kochmesser halbiert er nun die Zwiebel mithilfe des Tunnelgriffs, legt sie auf die flache Schnittfläche, schneidet sie ein und würfelt sie. Schnell legt Paul das Kochmesser neben das Schneidebrett. Er will Amea holen, um ihr sein gutes Schneidergebnis zu zeigen. Leider ragt das abgelegte Kochmesser mit dem Griff über die Arbeitsplatte hinaus. Sünke, die neben Paul gearbeitet hat, schält mit dem Sparschäler Möhren. Die vielen Schalen legt sie sorgsam in die Abfallschüssel, die sie sich mit Paul teilt. Die Schalen passen nicht richtig in die Schüssel. Sie drückt sie mit den Händen zusammen. Plötzlich schnellt eine Klinge durch die Möhrenschalen, genau zwischen ihre Hände. Sünke erschreckt sich, zieht die Hände blitzschnell aus der Schale. Mit dem Ellenbogen stößt sie dabei an das unglücklich abgelegte Kochmesser. Es fällt zu Boden und verfehlt um wenige Zentimeter Sünkes Schuh. Hände und Füße sind zum Glück unverletzt. Herr Schwertfeger bemerkt die Situation und holt das Team zusammen. Er möchte mit ihnen besprechen, welche Fehler passiert sind und wie sie zukünftig nicht mehr auftreten.

Bearbeiter

M5 „ROT": Signalwörter verwenden

Um Verbrennungen und Verbrühungen zu vermeiden, sollten andere gewarnt werden. Wird ein heißer Backofen geöffnet, eine heiße Pfanne oder ein mit heißer Flüssigkeit gefüllter Topf durch die Küche getragen, warnen wir die anderen: „**Achtung heiß!**"

Ist es zu einem schwereren Unfall gekommen, bietet sich das Signalwort „**ROT**" an. Alle stellen daraufhin sofort das Arbeiten ein, legen die Arbeitsmittel ab und nehmen die Hände sichtbar nach oben. Daraufhin wird auch der Notausschalter betätigt. So können weitere Gefahren abgewendet werden. Anschließend die **Rettungskette (M3) einleiten**!

Bearbeiter

KLEINE ERSTE HILFE

Kleine Schnittwunden, Verbrennungen und Prellungen zählen zu den häufigsten Unfällen in der Lehrküche. In diesen Fällen muss Erste Hilfe geleistet werden. Grundsätzlich versteht man unter Erster Hilfe alle Maßnahmen, die dazu führen, Schmerz zu lindern, ein Menschenleben zu retten und drohende Gefahren von den Verletzten abzuwenden.

Kleine Schnittwunden sollten mit einem Pflaster bedeckt oder einem Wundverband verbunden werden. Kleine Verbrennungen mit kaltem (nicht eiskaltem) Wasser zwei bis drei Minuten kühlen. Prellungen werden mit einem Ice-Pack gekühlt, das in ein Tuch eingeschlagen ist, und ggf. einem Arzt oder einer Ärztin vorgestellt.

Benötigtes Material findest du im Verbandskasten. Dieser sollte in jeder Lehrküche vorhanden sein. Tritt ein schwerwiegenderer Unfall auf, ist die Rettungskette zu aktivieren.

Ersthelferinnen und -helfer
sollten bei der Versorgung von Verletzten immer medizinische Handschuhe tragen.

Bearbeiter

AUFGABEN

82311-102

1. Stelle Vermutungen an (**M3**):
   a) Warum ist der Eigenschutz in der Rettungskette am wichtigsten?
   b) Wieso ist es wichtig, die stabile Seitenlage zu kennen und anwenden zu können?
2. Probealarm: Übt gemeinsam das Ausrufen des Signalwortes „**ROT**" und die anschließende Rettungskette sowie die stabile Seitenlage (**M3**, **M5**).
3. Erläutere die Fehler, die Herr Schwertfeger in **M4** ansprechen wird, und wie diese hätten vermieden werden können.
4. Angenommen Pauls Messer wäre sehr unglücklich gelandet und hätte Sünkes Fuß stark verletzt: Wie würdet ihr reagieren? Diskutiert eure Vorschläge in der Klasse (**M3–M5**, **#kleine Erste Hilfe**).

4.3 Vom Rezept zum fertigen Gericht

4.3.1 Garverfahren – wird in der Küche nur gekocht?

„Ich habe Lust, mir was zu kochen!“ Was für eine Suppe oder einen Grießbrei zutrifft, ist bei einer Pizza schon nicht mehr ganz korrekt, denn sie wird nicht gekocht, sondern gebacken. Darüber hinaus gibt es weitere Garverfahren. Welche kennst du schon und wie unterscheiden sie sich?

M1 Alles gekocht?

1

Schnitzel mit Kartoffelsalat

2

Jiaozi-Teigtaschen

3

Borschtsch-Eintopf

4

Rührkuchen

M2 Gemüse mit Knack

Heute sind im Hofladen von Onno und Maike zwei Kilogramm Brokkoli übriggeblieben, die sie morgen nicht mehr zum Verkauf anbieten können. Onno beschließt, dass es zum Abendessen gekochten Brokkoli mit Kartoffeln und Soße geben wird. Seine Entscheidung trifft bei Tochter Imke auf wenig Gegenliebe: „Bähh! Papa, wenn du den Brokkoli kochst, sieht er immer so grau aus und ist mega matschig.“ Onno holt sich bei seiner Frau Maike Rat. Sie erklärt ihm: „Wenn du den Brokkoli zu lange im Wasser kochst, verliert er seine Farbe und wird schlapp. Ich rate dir, ihn nur für fünf Minuten zu dämpfen. Dann ist er grün und knackig und die Vitamine bleiben im Gemüse.“

Bearbeiter

M3 Welche Garverfahren gibt es?

Frittieren | Dämpfen | Backen | Kochen

Grillen | Braten | Mikrowellengaren

Garen in wenig Fett. Bei 140 °C – 200 °C entsteht eine Bräunung.

Garen in Wasserdampf bei 97 °C – 100 °C.

Garen in 180 °C – 450 °C heißer Luft, meist durch Verbrennung erzeugt.

Garen in viel flüssigem Fett bei 160 °C – 175 °C.

Garen von meist stärkehaltigen Lebensmitteln in 160 °C – 275 °C heißer Luft.

Garen mithilfe von Mikrowellenstrahlung.

Garen in viel Flüssigkeit bei 97 °C – 100 °C.

1

2

3

Tajine
Kochtopf aus Ton, bestehend aus einer Schale und einem kegelförmigen Deckel. Wird seit Jahrtausenden u. a. in Marokko zum Garen verwendet.

4

5

6

7

1 Backofen
2 Holzkohle- oder Gasgrill
3 Kochstelle mit einer Tajine oder Topf mit fest verschließbarem Deckel
4 Fritteuse
5 Kochstelle, Kochtopf, Deckel und Siebeinsatz
6 Kochstelle und Pfanne
7 Mikrowellengerät und geeignetes Geschirr

Bearbeiter

GARVERFAHREN

Um Geschmack, Aussehen, Konsistenz und Nährstoffgehalt von Lebensmitteln zu ändern, werden sie auf unterschiedliche Arten gegart (z. B. gekocht, gedämpft, gebacken). Durch das Erhitzen ändern sich diese Eigenschaften. Das Garverfahren wird passend zum gewünschten Ergebnis gewählt (z. B. das Frittieren für knusprige Pommes).
Die Auswahl des Garverfahrens hat auch Einfluss auf den Vitamingehalt in den Lebensmitteln. So werden z. B. wasserlösliche Vitamine beim Kochen ausgeschwemmt und verbleiben im Kochwasser.

Bearbeiter

M4 Vitamine auf der Flucht

Eine lange Garzeit hat nicht nur Auswirkungen auf das Aussehen und die Konsistenz der Lebensmittel.
Mit einem langen Garprozess werden auch eine Vielzahl an hitzeempfindlichen Vitaminen zerstört. Werden z. B. Kartoffeln oder anderes Gemüse in viel Wasser gekocht, gelangen viele der Vitamine in das Kochwasser. Meist wird diese Flüssigkeit dann weggeschüttet, obwohl dort viele wasserlösliche Vitamine und andere Mineralstoffe enthalten sind.

Viele Vitamine befinden sich in Obst, Gemüse und Hülsenfrüchten.

Oft kann man dieses Kochwasser, auch Brühe genannt, weiterverwenden und daraus Suppen oder Soßen herstellen.

Bearbeiter

AUFGABEN

82311-188

1. a) Beschreibe, was du auf den Bildern siehst (**M1**).
   b) Stelle Vermutungen an, welche Garverfahren für die Zubereitung der Speisen zum Einsatz kamen.
   c) Welche Garverfahren hast du bereits eigenständig zur Zubereitung von Speisen genutzt? Erläutere ein Garverfahren.
2. a) Benenne Punkte, die einen Einfluss auf Geschmack, Aussehen, Konsistenz und Nährstoffgehalt von Lebensmitteln haben (**M2**, **#Garverfahren**).
   b) Beurteile, warum es gesünder ist, Gemüse eher zu dämpfen, statt es zu kochen (**M2**, **M4**, **#Garverfahren**).
3. Ordne den Garverfahren (blau) in **M3** die passende Beschreibung (grün) und die benötigten Hilfsmittel (Bilder 1–7) zu.

F zu Aufgabe 3
Recherchiert zu zweit nach Beispielen für alle in **M3** genannten Zubereitungsarten für Kartoffeln.

4.3.2 Warum sollten wir uns an Rezepte halten?

„Wer will guten Kuchen backen, der muss haben sieben Sachen: Eier und Schmalz, Zucker und Salz, Milch und Mehl, Safran macht den Kuchen gehl." Selbst im Kindergarten weiß jedes Kind, dass es sich für einen guten Kuchen an ein Rezept halten sollte.

M5 Immer nach Rezept kochen?

Für Anfängerinnen und Anfänger und diejenigen, die beim Kochen oder Backen strukturiert vorgehen möchten, sind Rezepte ein wertvolles Hilfsmittel, um zu einem schmackhaften Ergebnis zu kommen. Rezepte geben Sicherheit bei der Durchführung der einzelnen Arbeitsschritte. Für kreative Freigeister sowie für Köchinnen und Köche kann es vorteilhaft sein, ab und zu auf eigene Instinkte und Kreativität zu vertrauen. So können neue Gerichte und individualisierte Speisen entstehen. Stell dir vor, in jedem Restaurant der Welt würden Speisen exakt gleich schmecken. Langweilig, oder?

Bearbeiter

Vater und Sohn kochen zusammen.

M6 Einem 3.700 Jahre alten Rezept auf der Spur

82311-103

Forschenden der Harvard-University (USA) ist es 2020 gelungen, ein 3.700 Jahre altes Rezept aus dem alten Babylon zu übersetzen. Das Problem am Rezept: Es waren alle Zutaten angegeben, jedoch keine Mengen. „Mit einem Rezept ist es wie bei einem Musikstück: Fehlt nur ein Teil, dann stimmt die ganze Komposition nicht mehr. Und so ist es auch, wenn nur eine Zutat fehlt." So der Experte der Harvard-University. Um dem Gericht auf die Spur zu kommen, gründete er ein Team aus Historiker:innen, Chemiker:innen [...] [, Köchinnen und Köchen]. Gemeinsam fanden sie heraus, dass es sich um einen wohlschmeckenden Eintopf handelte,

Rezept in Keilschrift auf einer Tontafel (1700 v. Chr.)

den sie nachkochten. Er besteht aus einer Lammkeule, einer Tasse Schafs-Fett sowie Zwiebeln, Schalotten, Knoblauch, Koriandersaat, Kreuzkümmel, Rucola, rote Beete und Bier.

Schmitt, Christian: Kochen wie in Babylon – So schmeckt das älteste Rezept der Welt. In: www.deutschlandfunknova.de, 20.04.2020

Babylon
historische Stadt am Euphrat im heutigen Irak. Die Blütezeit Babylons war zwischen 1800–140 v. Chr.

REZEPT UND REZEPTTREUE

Als Rezept bezeichnet man eine Anleitung zur Zubereitung einer bestimmten Speise. Im Rezept sind verschiedene Angaben enthalten: Zutaten und die benötigten Mengen, Arbeitsgeräte und Zubereitungshinweise. Bei vielen Speisen ist es wichtig, sich sehr genau an die Angaben im Rezept zu halten, um ein optimales und gut schmeckendes Ergebnis zu erzielen. Im Unterricht ist es besonders wichtig, ausschließlich Zutaten zu verwenden, die auf dem vorgegebenen Rezept stehen (Rezepttreue). Werden andere Zutaten verwendet, besteht die Gefahr, dass Mitschülerinnen und Mitschüler auf diese allergisch reagieren. Das kann gefährlich werden.

Bearbeiter

M7 Kleine Ursache, große Wirkung

82311-104

„Ich schmecke schnell die Suppe ab!", ruft Eren seinen Teamkolleginnen und -kollegen in der Lehrküche zu. Eren kostet die Suppe immer wieder. „Irgendetwas fehlt noch", murmelt er, überprüft erneut das Rezept und stellt fest, dass alle Zutaten in der Suppe sind. „Jetzt weiß ich es!", freut er sich und fügt der heißen Suppe noch einen Löffel Paprikapulver hinzu, obwohl es nicht im Rezept steht. Fix serviert er die heiße Suppe. Allen schmeckt sie hervorragend. Plötzlich hustet der AWT-Lehrer Herr Möller. Er wird rot im Gesicht und bekommt schlecht Luft. Schnell holt er aus seiner Tasche ein Notfallmedikament, welches er sich sofort verabreicht. Die Stunde nimmt ein abruptes Ende und eine Kollegin übernimmt kurzfristig die Klasse. Jetzt bekommt es Eren mit der Angst zu tun. War er etwa schuld an dem Vorfall?

Bearbeiter

M8 Richtig maßhalten

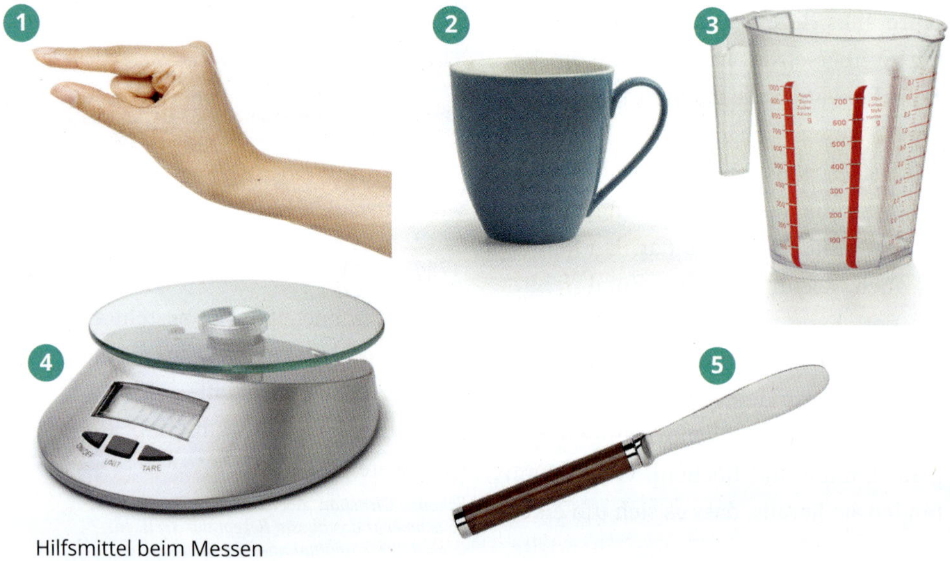

Hilfsmittel beim Messen

Erklärvideo zum richtigen Messen und Wiegen

82305-17

Backen ohne Wiegen: Schoko-Becherkuchen

Du brauchst:

- 1 Becher Sauerrahm (= 200 g)
- 1 Becher Mehl
- ½ Becher Zucker
- 1 Becher Kakaogetränkepulver
- 1 Becher Nüsse / Mandeln, gerieben
- ½ Becher Öl
- 1 Pck. Backpulver
- 1 Pck. Vanillezucker
- 3 Eier

Alle Zutaten mit dem elektrischen Handrührgerät in einer Schüssel für 2 Minuten verrühren und auf ein mit Backpapier ausgelegtes Backblech geben. Bei 170 °C (Umluft) für ca. 40 Minuten backen.

Bearbeiter

Backen mit Becher/ Tasse

Möchtest du einen kleinen Kuchen backen, nimm eine kleinere Tasse. Das Verhältnis der Zutaten bleibt gleich. Lediglich die Menge an Eiern und Backpulver muss dann angepasst werden.

!

Wenn du dieses oder ein anderes Rezept zu Hause zubereiten möchtest, frage immer zuerst deine Eltern oder andere Erwachsene um Erlaubnis. Besprecht gemeinsam, welche Arbeitsschritte du allein und welche du mit Unterstützung ausführen darfst!

AUFGABEN

82311-105

1. Beschreibe Vor- und Nachteile von Rezepten für die Arbeit in der Lehrküche und zu Hause (**M5**).
2. a) Befragt eure Verwandten nach alten Familienrezepten (**M6**).
   b) Stellt die Rezepte in der Klasse vor und ermittelt die drei beliebtesten Gerichte.
   c) Bereitet die drei beliebtesten Gerichte in der Lehrküche zu. Welches Gericht schmeckt am besten?
3. Erkläre Erens Fehlverhalten (**M7**).
4. a) Erläutere, welche Mengen- oder Maßangaben mit den abgebildeten Hilfsmitteln ermittelt werden können (**M8**).
   b) Es muss nicht immer abgewogen sein. Backt den Schoko-Becherkuchen und verkostet ihn im Unterricht. Überlegt gemeinsam, welche Zutaten ihr beim nächstem Mal noch hinzufügen würdet.
5. Nenne weitere Hilfsmittel zur Bestimmung von Mengen in der Küche (**M8**).
6. Erörtert die These: „Sich an das Rezept zu halten, kann Leben retten.“

Ein Rezept lesen und verstehen

Worum geht es?

Beim Backen und Kochen wird oft ein Rezept verwendet. Weicht man vom Rezept ab, weil noch eine Geheimzutat für die besondere Note hinzugegeben werden soll, kann das natürlich dazu beitragen, dass die Speise noch besser schmeckt. Überließt man jedoch, dass dem Teig Backpulver hinzugefügt werden soll, können aus feinen Plätzchen schnell steinharte Bauklötzchen werden.

Geht dabei so vor:

Schritt 1: Rezept lesen

Lest das Rezept komplett und aufmerksam durch. Falls notwendig, markiert euch Textpassagen, die ihr nicht ganz verstanden habt.
Unklarheiten könnt ihr in der Klasse oder mit deiner Lehrkraft besprechen.

Schritt 2: Materialien und Zutaten bereitstellen

Stellt euch alle benötigten Materialien bereit und messt nach und nach die Zutaten ab. Es kann hilfreich sein, sich die bereits verwendeten Zutaten auf dem Rezept abzuhaken, um nichts zu vergessen.

Schritt 3: Haltet euch an das Rezept

Haltet euren Arbeitsplatz sauber und ordentlich!

Grundsätzlich gilt: Verwendet in der Schule keine Zutaten, die nicht im Rezept stehen. Es ist möglich, dass jemand in der Klasse eine Allergie gegen bestimmte Zutaten hat.
Wenn es doch unbedingt eine zusätzliche Zutat sein muss, stimmt euch immer mit eurer Lehrkraft ab!

Schritt 4: Die Speise zubereiten

Jetzt bereitet ihr eure Speisen zu. Achtet dabei auf die Angaben im Rezept. Etwas Fingerspitzengefühl benötigt ihr bei Zeit- oder Temperaturangaben in Rezepten. Alle Herde, Öfen oder Pfannen sind anders und so kann sich die Garzeit verlängern oder verkürzen. Darum bleib immer wachsam am Herd oder Ofen, sodass ihr ggf. eingreifen könnt.

Bearbeiter

Einen Hefeteig nach Rezept herstellen

Ob Pizza, Berliner oder Hefekuchen – Lebensmittel aus Hefeteig sind in vielen Kulturen beliebt. Typisch für Niedersachsen sind zum Beispiel: Prilleken, Stutenkerle oder auch einfach Butterkuchen. Jede Spezialität hat ihr eigenes Rezept. Hier verraten wir dir ein Rezept für Stutenkerle.

Die Zutaten für den Teig:

- ½ Würfel frische Hefe
- 250 Milliliter Vollmilch lauwarm, **nicht** heiß
- 80 Gramm Zucker
- 500 Gramm Weizenmehl (Typ 405)
- 1 mittelgroßes Ei
- 70 Gramm weiche Butter
- 1 Beutel Vanillezucker
- 1 Prise Salz

Zum Fertigstellen:

- 1 mittelgroßes Eigelb verquirlt
- 1 Esslöffel Milch
- Rosinen und Mandeln zum Verzieren

Material:

Tasse
Rührschüssel
Handrührgerät
Nudelholz
Küchentuch
Backblech
Backpapier
Backpinsel
Küchenwaage

Die Zubereitung:

1. Milch in einer Tasse leicht erwärmen (z. B. kurz in die Mikrowelle), den Zucker sowie die Hefe (zerbröselt) hinzufügen und gut verrühren.
2. Mehl in eine Schüssel geben. In die Mitte eine Mulde drücken und die Milch-Hefe-Mischung und hineingeben. Mit einer Gabel die Milch mit einem Teil des Mehls verrühren. Mit einem Tuch abdecken und 15 Minuten ruhen lassen.
3. Ei, Butter, Salz und Vanillezucker hinzufügen und einen geschmeidigen Teig daraus kneten. Den Teig erneut ruhen lassen (45 min).
4. Den Teig dann 2–3 cm dick ausrollen und mit einem Ausstecher für Stutenkerle ausstechen ODER von Hand formen.
5. Ofen auf Umluft 160 °C vorheizen.
6. Eigelb mit einem Esslöffel Milch verquirlen (verrühren).
7. Die Front der Stutenkerle mit der Milch-Ei-Mischung einpinseln und mit Rosinen und Mandeln verziehen.
8. Auf einem Backblech mit Backpapier für ca. 15–20 Minuten backen, bis die Stutenkerle goldbraun sind.

So sehen Stutenkerle aus. Sie werden in vielen Regionen Deutschlands rund um den Martinstag gebacken und gegessen. Traditionell bestehen sie aus einem süßen Hefeteig und sollen an den heiligen Martin oder an den Bischof Nikolaus von Myra erinnern.

4.3.3 Was macht ein gutes Rezept aus?

Marktlücke
fehlendes Angebot eines Produkts oder einer Dienstleistung, für die jedoch Bedarf / Interesse vorhanden ist

Einige Unternehmerinnen und Unternehmer haben eine Marktlücke entdeckt: Sie verschicken Lebensmittelboxen mit den genau dazu passenden Rezepten. Die Rezepte sind einfach geschrieben und durch viele Bilder wird genau gezeigt, wie das perfekte Gericht gelingt. Viele Käuferinnen und Käufer lieben dieses Angebot wegen der einfachen Rezepte. Doch was macht ein gutes Rezept aus?

M9 Mein Leibgericht

Bearbeiter

M10 Ein gutes Rezept?

Sind Frikadellen international? Viele Landesküchen bereiten Speisen mit Klößen aus Hackfleisch zu.
Schweden: Köttbullar
Italien: Polpette
Algerien: Mtewem

! Wenn du dieses oder ein anderes Rezept zu Hause zubereiten möchtest, frage immer zuerst deine Eltern oder andere Erwachsene um Erlaubnis. Besprecht gemeinsam, welche Arbeitsschritte du allein und welche du mit Unterstützung ausführen darfst!

Frikadellen (Zubereitungszeit: ca. 35 min)

Du brauchst:
500 g Hackfleisch, 10 g Petersilie, 2 EL Paniermehl, 1 Ei, 1 Zwiebel, 1 TL Salz, 1 TL Senf, 2 TL Paprikapulver, 1 TL Majoran, 1 Prise Muskatnuss, 1 Prise schwarzen Pfeffer, Pflanzenöl zum Braten

Arbeitsgeräte:
1 Schneidebrett, 2 Pfannen (eine kleine, eine große), 2 Teller, 1 Schneebesen, 1 Gemüsemesser und Teelöffel

1. Arbeitsbereitschaft herstellen.
2. Die Zwiebel in feine Würfel schneiden. Die Petersilie fein hacken.
3. Die Zwiebeln in einer Pfanne mit etwas Pflanzenöl andünsten.
4. Ei, Salz, Senf, Paprikapulver, Majoran, Pfeffer und Muskatnuss in einer großen Schüssel mit einem Schneebesen vermischen.
5. In die Schüssel das Hackfleisch, die Zwiebeln, die Petersilie und das Paniermehl hinzugeben. Alles mit feuchten Händen vermengen.
6. Die Hackfleischmasse zu runden Bällchen formen und auf einem sauberen Teller zwischenlagern.

Zwiebeln, feingeschnitten

7 Eine große Pfanne auf den Herd stellen und darin die Frikadellen auf beiden Seiten goldbraun anbraten. Die fertigen Frikadellen auf einem weiteren Teller lagern.

8 Fertig! Die Frikadellen mit der Beilage eurer Wahl (z. B. Kartoffeln, Salat, Rot- oder Weißkraut etc.) servieren.

Frikadellen braten in der Pfanne.

Bearbeiter

M11 Oma Ellis Rezeptbuch

Heute konnte sich Tom endlich überwinden, das alte Rezeptbuch seiner verstorbenen Oma aufzuschlagen. In diesem Buch finden sich so viele Erinnerungen an Gerichte, die seine Oma extra für ihn zubereitete. Das Rezeptbuch ist handschriftlich geführt und gut strukturiert. Die Ränder der Seiten des Buches sind so abgeschnitten, dass sie kleine Kapitel ergeben. Auf ihnen ist zu lesen: Vorspeisen, Suppen, Hauptgerichte, Süßspeisen, Kuchen, Torten. Das letzte Kapitel ist nur mit einem Herz gekennzeichnet. Als Tom dieses Kapitel aufschlägt, stockt ihm der Atem. „Für meine Lieben" steht auf der ersten Seite geschrieben.

Oma Elli hat feinsäuberlich notiert, welche Leibgerichte ihr Mann, ihre Kinder und Enkel am liebsten mögen. Neugierig sucht Tom seinen Namen und wird fündig: Grießbrei OHNE Rosinen; Frikadellen; Topfwurst. Als er am Tag darauf die Frikadellen aus dem Rezeptbuch zubereitet, war es fast so, als würde Oma Elli mit ihm gemeinsam den Kochlöffel schwingen, was für ein tolles Gefühl!

Bearbeiter

AUFGABEN

82311-106

1. a) Beschreibe, was dein Leibgericht so besonders macht und ob du eine bestimmte Erinnerung (Person, Ort oder Zeit) damit verbindest (**M9**).
   b) Erarbeitet eine Übersicht der beliebtesten Gerichte eurer Klasse.
2. a) Verfasst einen Einkaufszettel zum Rezept (**M10**). Vergesst nicht, zuvor den Bestand in der Lehrküche zu prüfen.
   b) Bereitet das Gericht nach Rezept zu.
   c) Erarbeitet rückblickend, welche Kriterien ein gutes Rezept erfüllen muss.
3. a) Diskutiert, was das Rezeptbuch von Toms Oma besonders macht (**M11**).
   b) Gestalte ein eigenes Rezeptbuch. Überlege dir eine passende Struktur.
   c) Schreibe das Rezept deines Leibgerichts in dein Buch. Beachte dabei die Kriterien für ein gutes Rezept aus Aufgabe 2 (siehe nachfolgende Methode).

F zu Aufgabe 2b
Macht Fotos der einzelnen Arbeitsschritte und schreibt das Rezept in euer Rezeptbuch (s. Aufgabe 3). Ergänzt es mit euren Fotos.

Ein Rezept verfassen

Worum geht es?

Sicherlich ist es möglich, tolle Speisen ohne ein Rezept zuzubereiten. Es gibt jedoch Gerichte, deren Zubereitung man nicht im Kopf hat, z. B. weil man diese selten oder noch nie zubereitet hat. Zudem kennst du vielleicht die Situation, dass nach einem leckeren Essen gefragt wird: „Kannst du mir das Rezept geben?“ In diesen Fällen ist ein strukturiertes und inhaltlich korrektes Rezept Gold wert und der Dank deiner Rezept-Fans ist dir sicher.

Geht dabei so vor:

Schritt 1: Was wird zubereitet?

Nenne den Namen deines Gerichtes. Dieser sollte möglichst treffend sein. Bezeichnungen wie „Claras Traum“ sind grundsätzlich ok, es empfiehlt sich aber eine Konkretisierung z. B. „Claras Traum: Vanillepudding mit Zimtkirschen“.

Schritt 2: Was wird benötigt?

- Zähle alle benötigten Zutaten auf und gib die konkret benötigte Menge, z. B. in Gramm, Milliliter, Päckchen o. ä., an.
- Die Angabe aller Werkzeuge, Geräte oder Hilfsmittel erspart später unnötige Wege. So hast du bereits am Anfang alles Notwendige am Arbeitsplatz.
- Die Angabe einer Zubereitungszeit hilft abzuschätzen, wann du mit der Zubereitung beginnen musst. So kann unnötige Wartezeit vermieden werden.

Schritt 3: Eins nach dem Anderen

- Achte auf die richtige Reihenfolge der einzelnen Arbeitsschritte. Beachte, dass einige Arbeitsschritte parallel laufen können, um Zeit zu sparen. Z. B. „Teig wie folgt zubereiten und dabei den Ofen auf 200 °C (Umluft) vorheizen.“
- Beachte beim Schreiben: verschiedene Satzanfänge (vermeide „und dann ... und dann ... und dann ...“), knappe und sachliche Sätze, die Verwendung von Fachsprache, die richtige Zeitform (Präsens), schreibe keine Ich-Erzählungen.
- Fotos aller oder besonders komplizierter Arbeitsschritte können für dich oder andere hilfreich sein.

Bearbeiter

So nicht ...

„Claras rosa Wölkchen"

Zutaten: Milch, Erdbeeren, Zucker

Ich liebe Erdbeermilch. In den Sommermonaten macht mein Vater immer mit mir diese Milch. Zuerst wäscht er die Erdbeeren unter viel Wasser und dann schnippelt er sie klein. Das Grünzeug muss weg. Dann kommt alles in den Mixer. Mhhh lecker!

Gerne so ...

„Claras rosa Wölkchen: kalter Erdbeermilchshake"

Zutaten:

- 1 Liter Milch,
- 250 g Erdbeeren, optional 20 g Zucker

Das benötigt man zusätzlich:
Sieb, Schneidebrett, Kochmesser, Abfallschüssel, Standmixer oder hohe Schüssel und Stabmixer, Waage, Messbecher, Esslöffel

Wenn du dieses oder ein anderes Rezept zu Hause zubereiten möchtest, frage immer zuerst deine Eltern oder andere Erwachsene um Erlaubnis. Besprecht gemeinsam, welche Arbeitsschritte du allein und welche du mit Unterstützung ausführen darfst!

Zunächst die benötigten Erdbeeren abwiegen, in ein Sieb legen und unter kaltem, fließendem Wasser gründlich waschen. Die Erdbeeren gut abtropfen lassen. Mit dem Kochmesser die Erdbeeren halbieren, anschließend das Grüne entfernen und in der Abfallschüssel entsorgen. Die halbierten Erdbeeren in den Behälter des Standmixers geben. 1 Liter Milch abmessen und dazugeben.

Erdbeermilchshake

Achtung: maximale Füllmenge des Standmixers beachten, Deckel des Standmixers fest verschließen und für 1 Minute auf höchster Stufe mixen. Wenn das Gerät ausgeschaltet ist, mit einem Esslöffel kosten. Sollte der Erdbeermilchshake noch zu sauer sein, den Zucker hinzufügen und nochmals mit verschlossenem Deckel 10 Sekunden mixen.

Der Erdbeermilchshake schmeckt gut gekühlt am besten. Dazu den Shake abdecken und für mindestens 1 Stunde in den Kühlschrank stellen. Vor dem Servieren kurz und kräftig mit einem Löffel durchrühren.

Tipp: Wenn du keinen Standmixer hast, kannst du einen Stabmixer und eine Schüssel verwenden. Alternativ zum Stabmixer können viele elektrische Handrührgeräte mit einem Mix-Aufsatz versehen werden.

Bearbeiter

4.4 Grundnährstoffe und Ernährungsempfehlungen

4.4.1 Die Grundnährstoffe – Grundlage unserer Ernährung?

In unserer Nahrung stecken unzählige winzige Nahrungsbestandteile, die der menschliche Körper zum Überleben benötigt. Neben Vitaminen, Mineralstoffen und Wasser benötigen wir die Grundnährstoffe Kohlenhydrate, Fette und Eiweiße. Doch wo sind diese zu finden?

M1 Nährwerte von Lebensmitteln: Was steckt drin?

Um Lebensmittel besser vergleichen zu können, werden neben den Nährstoffangaben je Portionsgröße (z. B. 40 g Müsliriegel) die Werte auch je 100 g angegeben.

Durchschnittliche Nährwerte einer Packung Tomatenpüree

M2 Nährstoffen auf der Spur

82311-107

Wichtiger Hinweis
Ein bewusster Umgang mit Lebensmitteln ist wichtig – dazu gehört zu wissen, was in den Produkten steckt. Zu viel Kontrolle und ständiges Nachdenken über Inhaltsstoffe kann jedoch ungesund werden. Wer es übertreibt, riskiert, dass aus gesunder Ernährung ein gestörtes Essverhalten wird.

Heute hat Sünke AWT-Unterricht und die Schülerinnen und Schüler sollen sich mit den Grundnährstoffen auseinandersetzten. Zunächst stellt der Lehrer Herr Schwertfeger die Frage, in welchen Lebensmitteln Kohlenhydrate, Eiweiße und Fette enthalten sind. Sünke hat die Begriffe schon oft gehört. Aber wo diese Stoffe nun genau zu finden sind, ist ihr und den anderen in der Klasse noch ein Rätsel. Herr Schwertfeger bittet alle Schülerinnen und Schüler, ihr Frühstück auszupacken. „Da stecken die gesuchten Grundnährstoffe drin!" Er zeigt auf ein belegtes Brot. Er erläutert weiter: „Brot macht man aus Mehl. In Mehl ist, neben Eiweißen, sehr viel Stärke enthalten. Stärke ist ein Kohlenhydrat." Er zeigt auf eine Salami. „Hier! In dieser Salami verstecken sich gleich zwei Grundnährstoffe: Fett und Eiweiß."

Sünke hat einen Müsliriegel dabei. Auf ihm findet sie eine Nährwerttabelle. Tatsächlich, hier sind alle drei Grundnährstoffe angegeben. Zudem ist ablesbar, wie viel der drei Stoffe jeweils in 100 g Müsliriegel enthalten sind. In diesem Fall: Kohlenhydrate (56 g), Fett (19 g) sowie Eiweiß (11 g).

Bearbeiter

NÄHRSTOFFE

Nährstoffe werden in Makronährstoffe und Mikronährstoffe unterschieden. Zu den Makronährstoffen gehören Kohlenhydrate, Fette und Eiweiße. Zu den Mikronährstoffen zählen Mineralstoffe und Vitamine.
Der Körper gleicht einem Kraftwerk, welches sich ständig im Umbau befindet. Er benötigt Brennstoffe (Fette, Kohlenhydrate) z. B. zur Energiegewinnung und Baustoffe (Eiweiße) und zum Auf- und Abbau von Zellen. Zudem muss er Hilfsstoffe (Wasser, Mineralstoffe und Vitamine) aufnehmen, um diese Vorgänge durchführen zu können. Werden alle diese Stoffe in ausreichender Menge aus einer ausgewogenen Ernährung aufgenommen, sind alle Körperfunktionen wie u. a. Atmung, Gehirnleistung und Verdauung intakt.

Makro
= groß/größer als normal

Mikro
= klein/gering

Bearbeiter

M3 Wie viel sollte es sein?

Mit einer ausgewogenen Ernährung meinen Expertinnen und Experten, dass dem Körper eine ausreichende Menge an Eiweißen, Kohlenhydraten und Fetten zugeführt wird. Zusätzlich muss der Körper mit Vitaminen, Mineralstoffen und Flüssigkeit versorgt werden.
Das Kreisdiagramm stellt die empfohlenen Anteile der Grundnährstoffe dar. Kohlenhydrate sind in Getreide, Obst und Gemüse enthalten. Fette sind in tierischen Produkten (z. B. Fleisch oder Fisch), aber auch in pflanzlichen Produkten (z. B. Sonnenblumenöl oder Oliven) enthalten. Auch Eiweiße können tierischen (z. B. Eier oder Fleisch) oder pflanzlichen Ursprungs (z. B. Linsen oder Soja) sein.

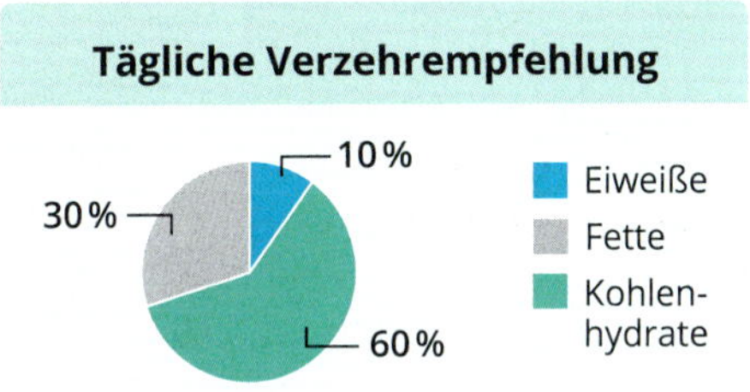

Bearbeitergrafik

Bearbeiter

AUFGABEN

82311-108

1. Beschreibe die Nährstofftabelle in **M1**. Welche Angaben sind zu finden?
2. a) Vergleicht zu zweit die Nährstoffangaben von Süßwaren (z. B. Müsliriegel), Milchspeisen (z. B. Fruchtjoghurt) und würzigen Speisen (z. B. Fertiggericht) (**M2, #Nährstoffe**). Was hat euch überrascht?
   b) Bewertet die Nährstoffangaben der Lebensmittel im Hinblick auf die tägliche Verzehrempfehlung.
3. a) Recherchiere zu allen Grundnährstoffen fünf weitere Lebensmittel, in denen diese in großer Menge vorkommen (**M3**).
   b) Erstelle für Eiweiße und Fette je eine Tabelle und sortiere deine Lebensmittelbeispiele (aus Aufgabe 3a) nach pflanzlichem und tierischem Ursprung.

4.4.2 Wo bekommt der Körper Energie her, wenn die Reserven leer sind?

„Beim Nichtstun verbraucht man keine Energie" sagt Christian zu Anne – „Bei allem was du machst, verbrauchst du Energie, sogar, während du einfach nur faul auf dem Sofa liegst. Denn du atmest, dein Herz schlägt, dein Körper hält die Temperatur aufrecht und baut Zellen auf und ab." In welchen Lebensmitteln steckt Energie? Und was passiert damit im Körper?

M4 Kohlenhydrate: Energie oder Ballast?

Bearbeiter

M5 Eins, zwei, viele – der Aufbau von Kohlenhydraten

 **Einfachzucker**	 **Zweifachzucker**	 **Mehrfachzucker**
Traubenzucker, Fruchtzucker (Fruktose)	Haushaltszucker, Milchzucker (Lactose), Malzzucker	Stärke, Ballaststoffe, Glykogen
• sättigen nicht langfristig • Hungergefühl setzt schneller ein → man isst mehr • kurzkettig → kann der Körper leicht und schnell verarbeiten → Energie steht schnell bereit		• Vollkornprodukte machen länger satt und führen dazu, nicht mehr zu essen als nötig • langkettig → Körper braucht mehr Zeit zur Verarbeitung → es wird viel Zeit benötigt, bis Energie bereitsteht • stärkeres Sättigungsgefühl durch im Bauch quellende Ballaststoffe

Bearbeiter

KOHLENHYDRATE

Kohlenhydrate gehören zu den Makronährstoffen. Sie sind ein wichtiger Energielieferant für den Körper. Kohlenhydrate können in Einfach-, Zweifach und Mehrfachzucker eingeteilt werden. Nicht alle Kohlenhydrate liefern Energie. Ballaststoffe (gehören auch zu den Mehrfachzuckern) liefern dem Körper keine Energie, dennoch sind sie wichtig für bestimmte Körperfunktionen.

Allein das Gehirn benötigt ca. 25 Prozent der gesamten Körperenergie. Der Körper kann Kohlenhydrate nur in der kleinsten Form, also in Form von Einfachzuckern in die Blutbahn aufnehmen. Aus diesem Grund spaltet der Körper während des Verdauungsvorgangs lange Kohlenhydratketten zu Einfachzuckern auf. Dieser Vorgang startet bereits beim Kauen von Nahrung im Mund. Ein Enzym im Speichel spaltet hier erste Mehrfachzucker in Zweifachzucker. Den Beweis liefert das nebenstehende Experiment.

Bearbeiter

Kleines Experiment: Nimm ein Stück Vollkornbrot in den Mund und zerkaue es für mindestens drei Minuten. Schmeckt süß, oder?

Enzym
= Stoff, der bestimmte chemische Vorgänge (im Körper) beschleunigen kann.

M6 Wie wird aus Zucker Fett?

Bei der Verdauung werden die meisten Kohlenhydrate zu Einfachzuckern abgebaut, denn nur diese Bausteine sind klein genug, um durch die Darmwand ins Blut zu gelangen und für die nötige Energie zu sorgen. Wird dem Körper zu viel Energie in Form von Kohlenhydraten zugeführt, speichert der Körper die Energie. Er speichert sie für harte Zeiten – größtenteils in Form von Fett. Ist diese erhöhte Zufuhr von Kohlenhydraten ein Dauerzustand, werden Fettpolster angelegt.

Bearbeiter

Übermäßiger Konsum zuckerhaltiger Lebensmittel fördert Übergewicht.

AUFGABEN

82311-109

1. Seid ihr eher auf Christians oder eher auf Annes Seite? (**M4**) Stellt euch in der Klasse entlang einer Positionierungslinie (→ Methodenglossar) auf. Begründet eure Position.
2. Arbeite aus **M5** und **#Kohlenhydrate** heraus,
   a) wie du Kohlenhydrate unterscheiden kannst.
   b) für welche Körperfunktionen sie wichtig sind.
3. Ergänze die Beispiele in der Tabelle **M5**, indem du recherchierst, in welchen weiteren Lebensmitteln Einfach-, Zweifach- und Mehrfachzucker vorkommen. Nutze dafür auch **M4** und **M6**.

4.4.3 Ist Fett wirklich immer etwas Schlechtes?

Fett hat ein schlechtes Image. Es ist ungesund, wir vergleichen unsere Körper anhand des Fettanteils und es ist sogar ein Schimpfwort. Aber vielleicht ist Fett doch nicht ganz so schlecht?

M7 Ist Fett gleich Fett?

Sucuk ist eine kräftig gewürzte Rohwurst aus z. B. Rindfleisch. Sie stammt ursprünglich aus Südosteuropa.

Sucuk:
Fett: 30 g/100 g

Avocado:
Fett: 15 g/100 g

Mayonnaise:
Fett: 80 g/100 g

Butter:
Fett: 82 g/100 g

Margarine:
Fett: 80 g/100 g

Frischkäse:
Fett: 21 g/100 g

Bearbeiter

M8 Sucuk-Sandwich vs. Avocado-Frischkäse-Sandwich

Fiete und Memet unterhalten sich beim Frühstück in der Schule über ihre Sandwiches. Fiete hat an diesem Tag ein Sandwich mit 20 g Frischkäse und 80 g Avocado dabei. Memet hat ein Sandwich mit 10 g Butter und 90 g Sucuk dabei. Die zwei Sportbegeisterten unterhalten sich, welches der zwei Sandwiches besser für ihre Gesundheit ist. Memet behauptet fest, dass nur in seinem Sandwich alles steckt, was der Körper braucht: Kohlenhydrate, Fette und Eiweiße.

Bearbeiter

M9 Die Menge macht's

Die angegebenen Werte entsprechen den Empfehlungen der Deutschen Gesellschaft für Ernährung (DGE).

	Kohlenhydrate	Fette
Wie viel braucht der Körper am Tag?	5–6 g/kg Körpergewicht	0,8 g/kg Körpergewicht
Wie viel Energie liefern sie?	4 kcal/g	9 kcal/g

Bearbeiter

M10 Fett kann viele Erscheinungsformen haben

Getreide, Getreideprodukte, Kartoffeln (z. B. Pommes Frites, Kuchen, Kartoffelchips)

Öle und andere Fette (Olivenöl und Leinöl sind besser als Palmöl und Sonnenblumenöl)

Milch, Milchprodukte (z. B. Sahnejoghurt, Sahne, Crème fraîche, griechischer Joghurt)

Fleisch, Wurst, Fisch, Eier (einige Fleischsorten wie z. B. Schweinefleisch enthalten von Natur aus mehr Fett als andere, z. B. Hähnchen). Auch Fisch enthält eine Vielzahl von Fettsäuren, die besonders gesundheitsförderlich sind (Omega-3-Fettsäuren).

Bearbeiter

FETTE

Fette sind wichtige Energielieferanten und haben viele weitere wichtige Funktionen, auf die ein Körper nicht verzichten kann. Inzwischen weiß man, es kommt hier mehr auf die Fettqualität als auf die Menge an.
Erst nachdem die aufgenommenen Kohlenhydrate vom Körper verbrannt wurden, macht sich der Körper an die Fettverbrennung.
Gesunde Fette (am besten in Form von mehrfach ungesättigten Fettsäuren) versorgen den Körper mit lebensnotwendigen Fettsäuren und sorgen für die Aufnahme fettlöslicher Vitamine. Ein bisschen Fett unter der Haut schützt den Körper vor Wärmeverlust und vor Verletzungen von außen.
Fett dient zudem als Geschmacksträger – deshalb gehört auf eine gute Soljanka auch ein Klecks Crème fraîche. Pflanzliche Fette (pflanzliche Öle) sind gegenüber tierischen Fetten (Butter, Sahne, Wurst) zu bevorzugen, da sie vorrangig ungesättigte Fettsäuren enthalten.

Bearbeiter

AUFGABEN

82311-110

1. a) Ordne die Lebensmittel den Kategorien „pflanzliche Fette“ und „tierische Fette“ zu. Ergänze mit weiteren selbstgewählten Beispielen (**M7**).
   b) Tauscht euch zu zweit aus: Was hat euch hinsichtlich der enthaltenen Fettmenge erstaunt?
2. Vergleiche den Fettanteil von Fietes und Memets Sandwiches. Wer hat Recht? (**M7**, **M8**)
3. Recherchiere, wie viel Fett die Lebensmittel aus **M10** enthalten.
4. Berechne deinen empfohlenen Bedarf an Fetten laut der DGE (**M9**).
5. Benenne Lebensmittel, mit denen du deinen Tagesbedarf decken könntest (**M10**).
6. Diskutiert die Bedeutung von Fetten für den Körper (**#Fette**).

F zu Aufgabe 2
Bewerte Memets Aussage hinsichtlich des Wahrheitsgehalts: „In meinem Sandwich steckt alles, was der Körper braucht“ (**M8**).

4.4.4 Sind Proteine die Baustoffe im Körper?

In Maliks Klasse werden Riegel, Puddings und Müslis, die „reich an Proteinen" sind, in der Pause aus den Taschen geholt. Brauchst du eine extra hinzugefügte Portion Eiweiß?

M11 Vielfalt von Eiweißquellen

Bearbeiter

Proteinvielfalt

Hülsenfrüchte

M12 Insekten: knusprig und proteinreich?

82311-111

Info zu Insekten
Insekten zum Verzehr gibt es mittlerweile in vielen Supermärkten oder in Onlineshops zu kaufen. Bei einer Allergie gegen Hausstaubmilben, Weich-, Schalen- und Krustentiere sollte auf den Verzehr von Insekten verzichtet werden.

Insekten werden immer mehr als Fleischalternative in Betracht gezogen – doch warum ist das so? Insekten liefern viel hochwertiges Eiweiß, sind reich an Mineralien und Vitaminen. In ihrem Geschmack unterscheiden sie sich: einige erinnern an Pinienkerne, andere an Haselnuss. Insekten gelten als deutlich klimafreundlicher, da sie im Vergleich zu Tieren, die Fleisch liefern, deutlich weniger Futter, Wasser und Landfläche benötigen. Zudem liegt der essbare Anteil bei ihnen bei 80 Prozent, beim Rind werden hingegen für gewöhnlich nur 40 Prozent gegessen. Ob gegrillt, gebraten, zu Müsliriegeln oder Burgerpatties verarbeitet – Insekten sind vielfältig genießbar, wenn man denn möchte.

Bearbeiter

1

2

Links: Insekten am Spieß, rechts: Mehl aus Bambuswürmern

M13 Die Menge macht's

	Proteine (Eiweiße)
Wie viel braucht der Körper am Tag?	0,9 g/kg Körpergewicht
Wie viel Energie liefern sie?	4 kcal/g

Die angegebenen Werte entsprechen den Empfehlungen der DGE.

Bearbeiter

M14 Eine Botschaft aus der Zukunft

23.07.2085 – Planet Mars

Wir haben erfolgreich unsere Nahrungsfabrik aufgebaut. Milliarden von Insekten werden gezüchtet und zu schmackhaften Riegeln gepresst, um die Bevölkerung hier vor Ort mit allen notwendigen Nährstoffen versorgen zu können. Mein Favorit: Mehlwurmriegel mit Salami-Geschmack.

Bearbeiter

EIWEIß

Eiweiße gehören wie Kohlenhydrate und Fette zu den Makronährstoffen. Sie sind ein wichtiger Baustoff für den Körper. Eiweiß ist der Baustoff, mit dem Zellen und Gewebe aufgebaut und erneuert werden. Außerdem benötigen wir Eiweiße für viele weitere wichtige Prozesse im Körper. Der Mensch kann Eiweiße tierischen Ursprungs (z. B. aus Fleisch, Wurst und Eiern) sowie pflanzlichen Ursprungs (z. B. Tofu, Bohnen und Kartoffeln) aufnehmen.

Bearbeiter

Tofu
Auch Bohnenquark genannt; wird aus der Milch der Sojabohnen gewonnen und stammt ursprünglich aus dem chinesischen Raum.

AUFGABEN

82311-112

1. a) Recherchiere zu jedem der Begriffe die Bedeutung im Zusammenhang mit Proteinen (**M11**). Lies dafür **M12** und schau dir die Tabelle **M13** an.
   b) Berechne deinen eigenen Eiweißbedarf.
   c) Erläutere, welche proteinreichen Lebensmittel du regelmäßig konsumierst.
2. Erstelle eine Tabelle, in welcher du Vor- und Nachteile vom Insekten- und Fleischkonsum gegenüberstellst (**M12**). Weitere Informationen findest du im Internet.
3. Diskutiert in der Klasse, ob Insekten in der Zukunft einen festen Platz auf unserem Speiseplan erhalten sollten (**M12, M14, #Eiweiß**).

F zu Aufgabe 2
Recherchiere das Konzept „nose to tail" oder Ganztiernutzung und ergänze die Tabelle.

4.4.5 Die Ernährungspyramide – kann ich essen so viel ich möchte?

vegan
Verzicht auf den Konsum tierischer Produkte (z. B. Käse, Honig, Lederwaren)

Familie Meyer hat schon viel versucht, um bei der Ernährung eine Balance für alle zu finden: Kalorien zählen, Mahlzeiten abwiegen, auf Ungesundes verzichten und am besten nur Obst, Gemüse und Fisch essen. Fiete findet: „Am besten gar kein Fleisch essen – idealerweise sogar vegan.“ Und was ist mit Zucker und Fett? Es gibt unzählige Empfehlungen, wer was essen sollte – doch jeder Mensch ist anders. Da fällt es schwer, den Überblick zu behalten.

M15 Muss Ernährung vielseitig sein?

Sünke: Tiere finde ich gut. Insbesondere zu Steak und Wurst verarbeitet, kann ich nicht genug davon bekommen.

Imke: Obst ist gesund und schmeckt mir am besten. Weil ich so viel Obst esse, brauche ich kein Gemüse mehr zu essen, das schmeckt mir eh nicht.

Malik: Als Sportler ist es wichtig, genug Power zu haben. Reis und Hühnchen gibt es bei mir täglich.

Fiete: Tiere und ihr Wohlergehen sind mir sehr wichtig. Deshalb verzichte ich auf möglichst viele tierische Produkte: kein Fleisch, kein Fisch, wenig Milchprodukte.

Bearbeiter

M16 Was steckt drin?

1

2

3

4

Lasagne, Croissants, Homemade Lemonade oder Sandwiches. Jeder kennt sie, aber was steckt drin?

M17 Die Ernährungspyramide

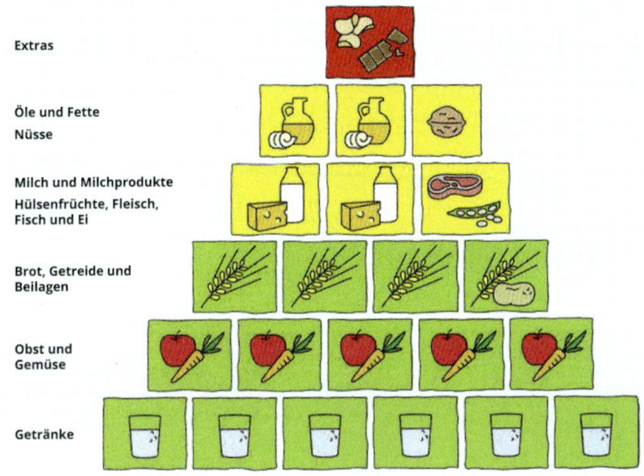

Ernährungspyramide als App „Was ich esse"

82305-18

DIE RICHTIGE PORTIONSGRÖẞE

Jeder Mensch is(s)t anders. Deshalb gibt es keine festgesetzte Menge, in der bestimmte Lebensmittel verzehrt werden sollen, lediglich Empfehlungen. In der Ernährungspyramide stellt ein Baustein eine Portion dar. Eine Portion entspricht dabei meist der Menge, die in die Handfläche der jeweiligen Person passt. Für geschnittenes Gemüse oder Obst gilt als eine Portion die Menge, die in zwei Hände passt und bei Öl / Fett entspricht sie ca. 1–2 Esslöffeln. Die Handgröße stellt eine Orientierung dar, die jeder Mensch für sich und seine körperliche Aktivität anpassen sollte. Vor allem aber sollte auf den Körper gehört werden: essen, wenn man hungrig ist und aufhören, wenn man satt ist.

Bearbeiter

AUFGABEN

82311-113

1. Beschreibe, welche Lebensmittel in **M15** jeweils bevorzugt werden und auf welche verzichtet wird.
2. Ermittelt in eurer Klasse, welche Lebensmittel(gruppen) beliebt sind und auf welche eher verzichtet wird.
3. Benenne die einzelnen Bestandteile der Lebensmittel in **M16**.
4. Untersuche die Bausteine der Ernährungspyramide (**M17**).
   a) Vergleiche die Empfehlungen mit deiner Ernährungsweise.
   b) Ordne die Bestandteile aus **M16** den Stufen der Pyramide zu.
   c) Erarbeite für jeden Baustein weitere Lebensmittel.
   d) Überprüft zu zweit, welche Bausteine/Portionen in den abgebildeten Lebensmitteln und Gerichten (**M16**) abgedeckt werden (**M17**, **#Die richtige Portionsgröße**).

F zu Aufgabe 1
Beschreibe: Wie nennt man die in **M15** beschriebenen Ernährungsformen?

4.4.6 Ist Wasser das Lebenselixier des Körpers?

Unser Körper besteht je nach Alter zu 60–80 Prozent aus Wasser. Dieses wird insbesondere in den Zellen, im Zellzwischenraum und im Blut eingelagert. Trinkt ein Mensch über einen bestimmten Zeitraum nichts oder zu wenig, kann dieser Umstand lebensbedrohlich sein. Hast du heute schon etwas getrunken?

M18 Ist Wasser gleich Wasser?

1

2

3

Wasser kann man in verschiedensten Formen und Quellen bekommen.

M19 Ausreichend Trinken leicht gemacht

Regelmäßige Trinkpausen beim Sport, bei Ausflügen und auf Reisen einlegen.

Am besten zu jeder Mahlzeit etwas trinken.

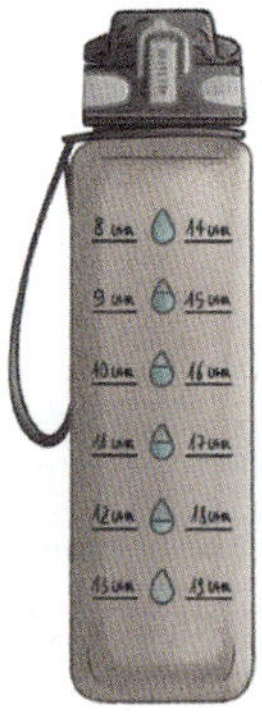

Bunte Trinkflaschen oder schön gestaltete Trinkgefäße motivieren zum Trinken.

Wasserspender in der Schule (und in der Öffentlichkeit) aufstellen.

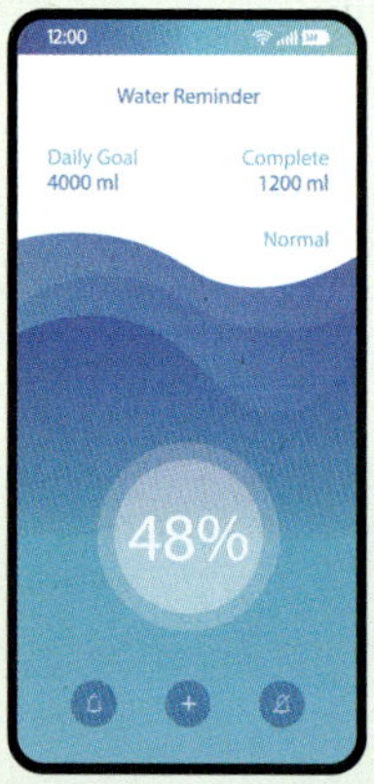

Erinnerung über eine Trink-App.

Bearbeiter

M20 Einmal auftanken bitte!

„Habe deine Trinkflasche dabei! Schütze unsere Umwelt! Trink genug Wasser! Lebe gesund! Spare Geld!"
Refill Station. In: www.refill-deutschland.de, Abruf am 03.06.2025

Bei den mit Stickern gekennzeichneten Auffüllstationen können mitgebrachte Trinkflaschen kostenlos mit Leitungswasser aufgefüllt werden.

Refill Station
KOSTENFREI TRINKWASSER | FREE TAP WATER

Die Europäische Bürgerinitiative Right2Water vertritt die Ansicht, dass die Wasserversorgung der Menschen ein Grundrecht ist. Deshalb kämpft sie dafür, dass jeder Bürgerin und jedem Bürger der EU Zugang zu Wasser und sanitären Einrichtungen gewährt wird.
Basierend auf: Europäische Union: Right2Water, 2019

FLÜSSIGKEITSBEDARF

Wasser ist einer der wichtigsten Grundbestandteile unserer Ernährung und zählt neben Eiweißen und Mineralstoffen zu den Baustoffen. Der menschliche Körper besteht zu ca. 70 Prozent aus Wasser.
Empfohlen wird für Jugendliche und Erwachsene eine Flüssigkeitszufuhr von mindestens 1,5 Litern täglich – je nach körperlicher Aktivität. Diese Liter sollten sinnvoll über den ganzen Tag verteilt werden. Deutlich höher sollte die Trinkmenge bei trockener Luft, Hitze und bei Erkrankungen wie Fieber und Durchfall sein.
Nicht nur Wasser, auch ungesüßte Kräuter- oder Früchtetees sowie stark verdünnte Saftschorlen sind geeignet, da sie den Durst wirklich stillen. Softgetränken, Säften und Eistees gelingt dies nicht. Sie enthalten außerdem oft so viel Zucker, dass der Tagesbedarf allein durch diese Getränke bereits erreicht oder überschritten wird. Übermäßiger Konsum von Zucker führt nachweislich zu ernährungsbedingten Krankheiten.

Bearbeiter

Der menschliche Körper besteht zum Großteil aus Wasser.

AUFGABEN

82311-114

1. Führt eine Umfrage durch: Wer trinkt am Tag mindestens 0,5 Liter, 1,0 Liter oder 1,5 Liter? Welche Getränke (z. B. Wasser, Tee, Softdrinks, Säfte, Schorlen) werden in eurer Klasse häufig getrunken?
2. a) Beschreibe, worin sich die dargestellten Formen von Wasser unterscheiden (**M18**).
   b) Recherchiere die konkreten Unterschiede von Mineralwasser und Tafelwasser.
3. Tauscht euch zu zweit über die Trinktipps in **M19** aus. Welche beachtet ihr und fallen euch weitere ein?
4. Bildet Kleingruppen.
   a) Recherchiert im Internet nach den Aufgaben einer der Organisationen aus **M20**.
   b) Erstellt einen Steckbrief zu der gewählten Organisation.
   c) Stellt der Klasse euren Steckbrief vor.
   d) Entwickelt gemeinsam Ideen: Was könnt ihr dafür tun, dass in eurer Schule oder in eurer Stadt mehr (Leitungs-) Wasser getrunken wird?

H zu Aufgabe 4
Das könnt ihr in den Steckbrief aufnehmen:
- Wo und wann ist die Organisation entstanden?
- Gibt es in deiner Nähe ein Angebot, welches du nutzen / unterstützen kannst?
- In welchen Ländern wird diese Organisation aktiv?

4.4.7 Was steckt in Softdrinks?

Wenn Imke mal wieder das Aufstehen schwerfällt, rettet sie manchmal der Gedanke an einen erfrischenden und wachmachenden Energydrink. Ihr Cousin Tom meint, da sei zu viel Zucker und Koffein drin und sie soll lieber einen dieser Tee-Drinks nehmen. Neben denen trinkt er auch gerne Multivitaminsaft – ist ja schließlich gesund, oder?

M21 Durstlöscher oder Süßigkeit?

Eistee
Zucker: 7,2 g/100 ml

Apfelsaft
Zucker: 9,6 g/100 ml

Grüner Tee
Zucker: 0 g/100 ml

Energydrink
Zucker: 13,8 g/100 ml

Bearbeiter

M22 Koffein steckt nicht nur in Kaffee ...

Info zur Umrechung
Da es bei der Umrechung von Milligramm und Milliliter auf die Dichte des Stoffes ankommt, ist 1 mg nicht gleich 1 ml. 1 mg entsprechen etwa 0,001 ml, 100 mg entsprechen etwa 0,1 ml.

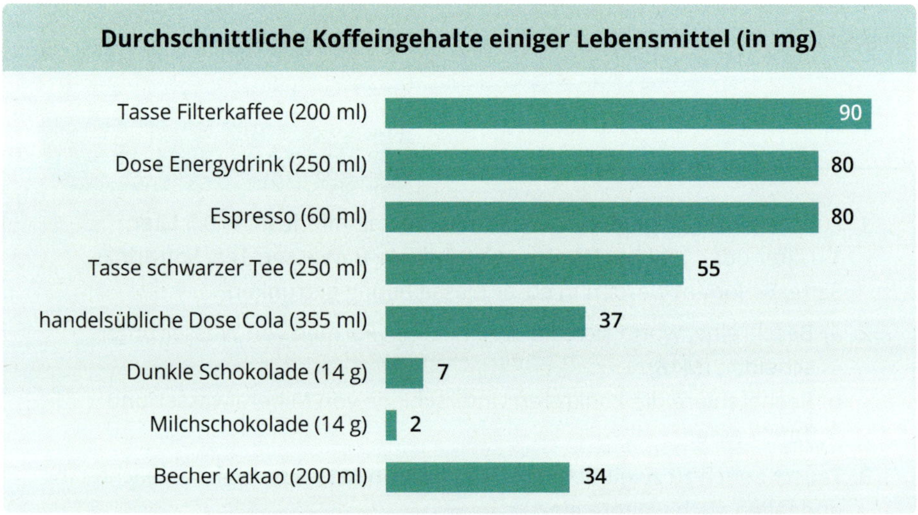

Bearbeitergrafik, Zahlen nach: Eufic: Koffeingehalt in verschiedenen Lebensmitteln und Getränken. In: www.eufic.de, 03.10.2024

M23 Voller Geschmack, zero Zucker?

82311-115

Imke unterhält sich auf dem Schulhof mit ihrem Kumpel Max. Weil dieser bald Geburtstag hat, fragt sie ihn, was er sich wünscht. Er sagt, er möchte eine besondere Trinkflasche. Obwohl man nur Wasser trinkt, soll man unterschiedliche Geschmacksrichtungen wie Ananas, Gurke oder Limette schmecken können – ganz ohne Zucker, Zusatz- oder Farbstoffe. Über Duftringe, die über das Mundstück gesteckt werden, riecht man sozusagen die verschiedenen Geschmacksrichtungen. Max erklärt weiter, dass diese Duftringe zwar immer wieder nachgekauft werden müssen, man dafür aber das Geld und die Kalorien spart, die sonst für Softdrinks oder Säfte zusammenkommen. „Wenn du dir eine Scheibe Gurke und Limette in deine Wasserflasche wirfst, hast du auch einen tollen frischen Geschmack und das für weniger Geld und Verpackung, dafür aber mit Vitaminen und echten Zutaten. Sind diese Duftringe nicht auch voll teuer und umwelttechnisch eher fragwürdig?" entgegnet Imke daraufhin.

Bearbeiter

ENERGYDRINKS

Energydrinks zeichnen sich durch einen hohen Koffein- und Zuckergehalt aus.

Für Kinder und Jugendliche gelten 3 mg Koffein pro Kilogramm Körpergewicht als unbedenklich. In kleinen Mengen ist Koffein grundsätzlich nicht schädlich, jedoch wird schnell die empfohlene Höchstmenge überschritten, da Koffein nicht nur in Energydrinks steckt bzw. oftmals mehr als eine Dose (250 ml) getrunken wird.

Energydrinks enthalten Zusatzstoffe wie Taurin, Glucuronolacton und Inosit – die angeblich belebende Wirkung der letzteren wurde nicht vollständig wissenschaftlich belegt. Die Auswirkungen von einem überhöhten Koffeinkonsum können unter anderem Schlaflosigkeit, Bluthochdruck, Herzrasen und Wahrnehmungsstörungen sein.

Die Dosen sind oft bunt designt und versprechen durch ihr Design viel Action, was junge Konsumentinnen und Konsumenten besonders anspricht.

Basierend auf: Europäische Behörde für Lebensmittelsicherheit EFSA, 2013

AUFGABEN

82311-116

1. a) Vergleiche die Zuckerangaben miteinander (**M21**).
   b) Welche Getränke trinkst du außerdem? Recherchiere deren Zuckergehalt pro 100 ml.
   c) Erstelle eine Zuckeranteil-Rangliste der Getränke aus **M21** und deinen persönlichen Favoriten.
   d) Meistens bleibt es nicht dabei, dass nur ein Glas (250 ml) getrunken wird. Berechne den Zuckergehalt für jeweils ein Glas und die gesamte Flasche/Dose.
2. Stelle die Kernaussage der Grafik **M22** in zwei Sätzen dar.
3. Beurteile den Wunsch von Max mit Imkes Argumenten (**M23**).
4. Bewerte, inwiefern Max' Trinkflasche hinsichtlich Preis, Verpackung und Haltbarkeit eine Alternative zu Softdrinks darstellt.

F **zu Aufgabe 1**
Recherchiert nach Rezepten für leckere Getränke ohne Zucker oder künstliche Zusätze.

F Vergleiche den Zuckergehalt zwischen Saft und Nektar im Laden. Wähle dazu zwei sortenreine Angebote, z. B. nur Orange oder Apfel.

4.4.8 Bunt und lecker? Der Vitamincheck

„Nehmen Sie noch einen Kohlrabi mit, da stecken viele Vitamine drin!" – versucht Onno seine Kundinnen und Kunden im Gemüseladen zum Kauf zu motivieren. Er weiß, alle sollten täglich frisches Obst und Gemüse essen, damit man eine ausreichende Menge an bestimmten Vitaminen zu sich nimmt. Aber warum brauchst du Vitamine, welche gibt es, wo genau stecken diese denn nun drin und vor allem: Wie bekommt man sie dort raus?

M24 Beispiele: Was ist dran an Gesundheitsmythen?

Stimmt's oder nicht? Gesundheitsmythen im Check

82305-21

Sonne: bringt Vitamin D

Zitrone: liefert Vitamin C

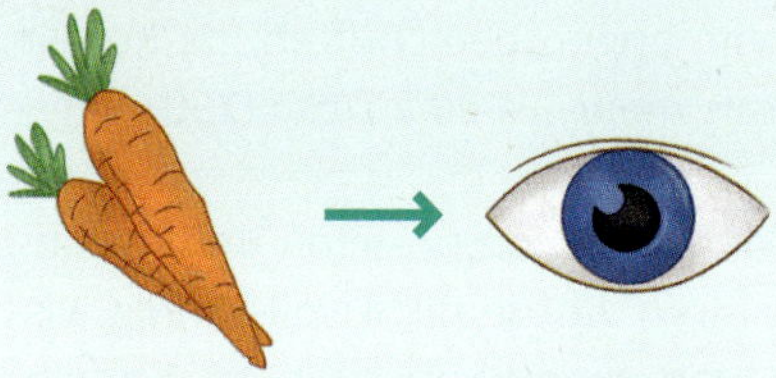

Möhre: gut für die Augen

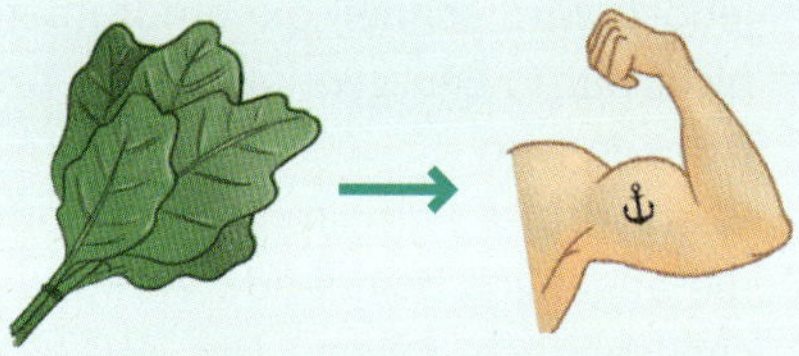

Spinat: macht stark

Bearbeiter

M25 Mehr als gesund sein

82311-117

Eselsbrücke Vitamine
Merke dir diese Eselsbrücke, um dir die fettlöslichen Vitamine (A, D, E, K) herzuleiten: ED(E)KA

Vitamine sind wichtig, um gesund zu sein – doch das ist nicht alles. Was gehört zum gesund sein dazu? Vitamine sind generell gut für das Immunsystem, aber auch entscheidend für den Auf- und Abbau von Zellen, für den Stoffwechsel und vieles mehr.

Die bunte Welt der Vitamine lässt sich grundsätzlich in fettlösliche und wasserlösliche Vitamine unterscheiden. Fettlösliche können am besten vom Körper aufgenommen werden, wenn sie mit etwas Fetthaltigem gegessen werden (z. B. in Öl anbraten). Sie brauchen eine Transporthilfe (Öl), damit sie aus der Nahrung über das Blut in den Körper geliefert werden können. Bei der Aufnahme von wasserlöslichen Vitaminen sollte beachtet werden, dass diese nicht im Kochwasser herausgeschwemmt werden. Dünsten oder Dampfgaren ist hier die bessere Zubereitung.

Am besten werden Lebensmittel, die diese Vitamine enthalten, roh gegessen. Wasserlösliche Vitamine können nicht vom Körper gespeichert werden und sollten daher regelmäßig aufgenommen werden.

Bearbeiter

Vertiefungstext zu Vitaminen

82305-22

M26 Eine Hand voll guter Sachen

Verschiedenes Obst und Gemüse enthält verschiedene Vitamine und Mineralstoffe. Damit der Körper mit allen versorgt wird, braucht er eine vielseitige Ernährung und die ausreichende Menge. Daher sollten täglich drei Portionen Gemüse und zwei Portionen Obst konsumiert werden. Der Vitaminbedarf ist von Mensch zu Mensch unterschiedlich – deshalb gleicht eine Portion auch nicht der anderen. Eine Portion ungeschnittenes Obst oder Gemüse passt dabei etwa in die eigene Hand.

Bearbeiter

M27 Brokkoli: das Supergemüse im grünen Umhang

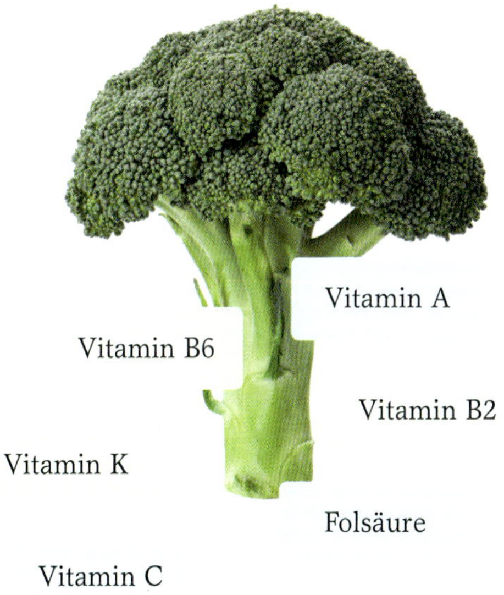

Grünes Gemüse ist ein richtiger Superheld, wenn es um den Vitamingehalt geht.

Nicht nur die Röschen stecken voller Vitamine – auch der Strunk und die Blätter! Diese können genauso mitverarbeitet werden.

Ein weiterer Vorteil: Viele grüne Gemüsesorten können in Deutschland angebaut werden und müssen deshalb keine langen Wege zurücklegen, bis sie auf dem Teller landen.

Bearbeiter

AUFGABEN

82311-118

1. Tauscht euch in Kleingruppen über die abgebildeten Gesundheitsmythen aus. Stimmt ihr ihnen zu? (**M24**)
2. a) Benenne die beiden Gruppen der Vitamine (**M25**).
   b) Erläutere, was du bei der Zubereitung von Lebensmitteln beachten solltest, um Vitamine möglichst gut aufzunehmen.
3. Stelle Vermutungen an, was eine ausgewogene Ernährung in Bezug auf den Konsum von Obst und Gemüse bedeutet (**M26**).
4. Trage die enthaltenen Vitamine sowie interessante Fakten über zwei weitere Gemüse- und zwei weitere Obstsorten wie in **M27** zusammen.

F zu Aufgabe 2
Fertige zu **M25** eine Tabelle an, in der du auflistest, welche Vitamine im Text genannt werden, in welchen Lebensmitteln sie enthalten sind und wofür sie gut sind.

H zu Aufgabe 3
Weitere Multitalente in Sachen Vitamingehalt findest du in **M25** und dem dazugehörigen QR-Code.

4.4.9 Liefert Ernährung rund um die Uhr Energie?

„Morgens sollst du essen wie ein Kaiser, mittags wie ein König und abends wie ein Bettler" – doch wie königlich ist es, wenn es in der Schulkantine nur Milchnudeln, Ketchup-Brötchen und Schokoriegel gibt? Mensa-Köchin Ingrid ist stets bemüht, so zu kochen, dass die Köpfe der Schülerinnen und Schüler den ganzen Schultag über fit bleiben – aber wie kann das gelingen?

M28 Guten Appetit

1

Essen aus einer Kantine

2

Currywurst

3

Ketchup-Brötchen

4

Selbstbedienungs-Buffet

M29 Eine Ernährung für alle

	Typ 1	Typ 2	Typ 3
Frühstück	Avocado-Vollkorn-Brot	Haferflocken mit Hafermilch, eine Handvoll Beeren	Weizenbrötchen mit Salami und Ei
1. Zwischen-mahlzeit	/	Müsliriegel	Handvoll Nüsse
Mittag	Lasagne aus Zucchinischeiben und passierten Tomaten	Pitabrot mit Feta und buntem Salat-mix mit leichtem Dressing	Mit Käse über-backene Hähnchen-brust mit Reis und Röstzwiebeln
2. Zwischen-mahlzeit	Birne	Chia-Hirse-Joghurt	Banane
Abendessen	Brokkoli-Salat	Vollkornstulle mit Gewürzgurke und Käse	Pizza mit Sauce Hollandaise

Bearbeiter

M30 Mit voller Power durch den Schultag

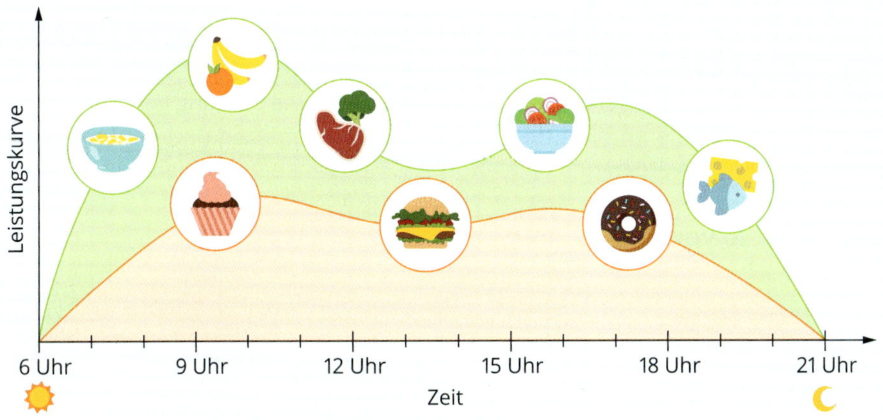

Bearbeitergrafik

GRUNDUMSATZ UND LEISTUNGSUMSATZ

Menschen und ihr Bedarf an Kalorien unterscheiden sich u. a. durch ihre Größe und ihr Alter, aber auch durch den Aktivitätsgrad, der ihren Alltag prägt. Der Grundumsatz entspricht der Energiemenge, die ein Körper pro Tag bei völliger Ruhe benötigt, um die Körperfunktionen aufrechtzuhalten (z. B. wenn du ruhig auf dem Sofa liegst). Der Leistungsumsatz ist die Energie, die ein Körper zusätzlich für körperliche Aktivitäten nutzt. Das bedeutet also, wer sich täglich viel bewegt, hat einen höheren Kalorienbedarf als jemand, der lediglich sitzende Tätigkeiten ausführt.

Bearbeiter

AUFGABEN

82311-119

1. Beschreibe die verschiedenen Essensangebote in **M28**. Welches Angebot würdest du deiner Schule am ehesten zuordnen?
2. Vergleicht zu zweit die Angebote hinsichtlich des zu erwartenden Preises, Herstellungsaufwands und der Nährstoffqualität (**M28**).
3. a) Stelle Vermutungen an, welcher Typ eher der Ernährung von Sportskanonen, krankgeschriebenen Personen und Tierfreundinnen und -freunden entspricht (**M29**, **#Grundumsatz und Leistungsumsatz**).
   b) Diskutiert eure Ergebnisse in der Klasse.
4. Ordne den einzelnen Mahlzeiten für beide Leistungskurven konkrete Lebensmittelbeispiele zu (**M30**).
5. Erörtert, wie ihr euch nach den folgenden Mittagessen fühlt:
   - Schnitzel mit Pommes und Champignons in Sahnesauce
   - Bunter Salat mit Falafelbällchen und magerem Kräuterquark

F zu Aufgabe 1
Entscheide, mit welchem der Angebote du am besten durch den Tag kommen würdest.

H zu Aufgabe 3
Inspiration findest du auf den vorherigen Seiten dieses Kapitels.

Einen Lebensmittelcheck durchführen

Worum geht es?

Als Verbraucherin oder Verbraucher von Lebensmitteln kannst du beim Einkauf in einige Fallen tappen. Damit du bei der Vielfalt der angebotenen Lebensmittel den Überblick behältst, ist es sinnvoll, alle Angaben auf der Verpackung genau zu prüfen. Dadurch kannst du deren Wert für deinen Körper einschätzen und erfährst, welche Zutaten verwendet wurden und teilweise auch, wo diese herkommen.

Gehe dabei so vor:

Schritt 1: Prüfe den Inhalt

Zutatenliste – was steckt drin?
Die Zutatenliste zeigt dir die mengenmäßige Reihenfolge der verwendeten Lebensmittel, beginnend bei der größten Menge.

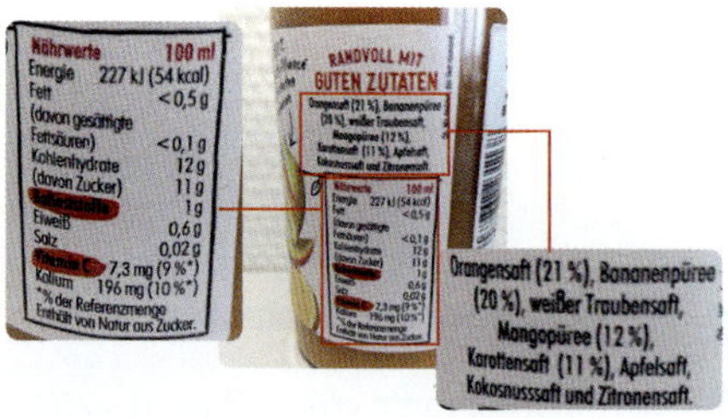

Nährwertangaben – was steckt drin?
Die Nährwertangaben geben dir Aufschluss darüber, welche Nährwerte in welcher Menge enthalten sind. Die Angaben werden meist auf 100 g oder ml runter- oder hochgerechnet oder für eine Portion angegeben. Du solltest im Blick behalten, welche Nährstoffe du in welchen Mengen zu dir nehmen musst, um gesund zu bleiben.

Mengenangabe & Preis – ist das Produkt teurer geworden bzw. bekommst du inzwischen weniger für dein Geld?

Schritt 2: Prüfe die Angaben auf der Verpackung

Mogelpackung

Folgende Fragen können dir helfen, um eine Mogelpackung zu entdecken:

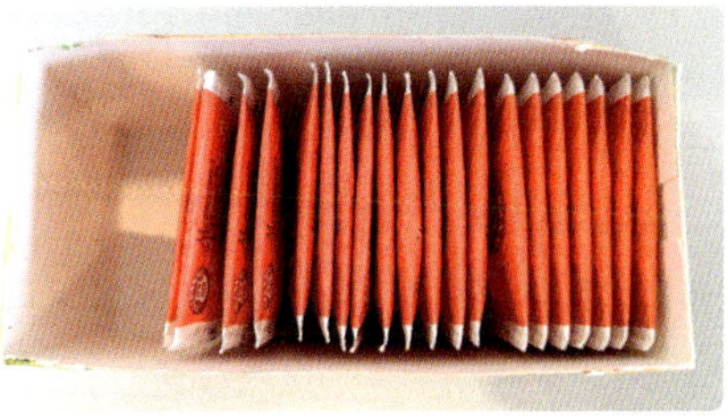

- Sind die Zutaten enthalten, die auf der Packung abgebildet sind?
- In welcher Menge sind die Zutaten enthalten, die im Titel des Produktes (z. B. Mango-Maracuja-Smoothie) stehen?
- Ist die Packung vollständig gefüllt?

Werbeaussagen kritisch prüfen (z. B. high protein)

Prüfe hier kritisch, um welches Produkt es sich handelt. Ist ein Schokopudding mit „high protein" gekennzeichnet, ist neben viel Eiweiß in der Regel auch Zucker und Fett enthalten. Bei anderen Produkten ist die Angabe überflüssig, da sie von Natur aus einen hohen Eiweißgehalt haben: Haferflocken damit zu kennzeichnen, dient nur als Marketinginstrument.

Gütesiegel

Ein Gütesiegel stellt bestimmte Anforderungen an ein Produkt (z. B. biologischer Anbau, fair produziert, energiesparend, ...). Das Gütesiegel auf der Verpackung bestätigt, dass das Produkt den gestellten Anforderungen entspricht.
Vergeben werden Gütesiegel vom Staat (z. B. der Grüne Knopf, Blauer Engel) und von unabhängigen Organisationen (z. B. Demeter, FairTrade). Gütesiegel bieten Verbraucherinnen und Verbraucher eine gute Möglichkeit, sich beim Einkaufen zu orientieren, wenn sie auf bestimmte Merkmale Wert legen. Gleichzeitig sind sie für Unternehmen eine gute Werbemöglichkeit. Deshalb werden auch Gütesiegel von Unternehmenszusammenschlüssen einzelner Branchen angeboten, die eher geringe Anforderungen an das Produkt haben (z. B. Initiative Tierwohl). Viele Gütesiegel bedeuten deshalb nicht immer eine bessere Qualität oder nachhaltige Herstellung.

Schritt 3: Kaufen oder selbst machen?

Du solltest überlegen, ob du ein Fertigprodukt wirklich kaufen möchtest oder dieses lieber selbst zubereitest.

- Welche Verarbeitungsstufen wurden durchlaufen?
- Welche Zutaten stecken drin?
- Braucht dein Körper diese Zutaten?
- Wie viel Geld würdest du ausgeben, wenn du selbst kochst?

Bearbeiter

4.4.10 Du bist, was du isst – welche Ernährungsformen gibt es?

Das Essen auf dem Teller ist heute so vielfältig wie nie zuvor. Auch die Ansprüche an die eigene Nahrung sind größer geworden. Bei Familie Meyer ist das ein Thema am Essenstisch und nicht immer frei von Konflikten.

M31 Familie Meyer am Küchentisch

82311-120

Bearbeiter

M32 Ernährungsformen

82311-121

Es gibt eine Vielzahl weiterer Ernährungsformen. Zum Beispiel: Paleo, Rohköstler, Frutarismus, Clean Eating ... Sie alle sind abgewandelte, zumeist extremere Formen der drei Hauptgruppen.

Fritz: Du kannst doch nicht nur Salat essen. Das macht doch krank. Deinem Körper mangelt es mindestens an Eisen und Vitamin B12.

Fiete: Ich bin Vegetarier, kein Veganer. Ich nehme tierische Produkte zu mir: Milch, Käse, Eier, Honig. Deshalb habe ich diese Probleme nicht. Vielleicht werde ich irgendwann vegan, aber da möchte ich mich vorher viel mehr informieren. Das schaffe ich nicht von heute auf morgen.

Fritz: Ve ... was?

Fiete: Vegan. Wenn du vegan lebst, verzichtest du bei deiner Ernährung auf alle Produkte, die vom Tier stammen, weil sie, wie z. B. Milchkühe, trotzdem eingesperrt und unter schlechten Bedingungen leben. Das gilt auch abseits der Ernährung. Kleidung aus Leder ist z. B. tabu. Aber man kann auch vorwiegend vegan leben. Also nicht auf alles achten, aber auf vieles.

Fritz: Und was bin ich dann? Gibt es für den klassischen Fleischesser einen Begriff?

Fiete: Ganz einfach, du ernährst dich omnivor. Das bedeutet, du isst alles, was für den menschlichen Verzehr geeignet ist.

Bearbeiter

M33 Essen nach Plan

Auch in Hannover gibt es immer wieder Aufregung ums Essen. Jasmin und Zeynep probieren gerade selbst jeweils etwas Neues aus. Beide essen grundsätzlich alles.

Jasmin trainiert gerade sehr regelmäßig im Fitnessstudio. Sie verzichtet deshalb weitestgehend auf Kohlenhydrate. Sie sagt: „Das Sixpack wird in der Küche gemacht. Deshalb ernähre ich mich ketogen. Auch bekannt als Low-Carb. Manche essen sogar No-Carb, aber das ist mir zu kompliziert. Die Energie, die mir fehlt, nehme ich durch zusätzliche gesunde Fette und einen deutlich höheren Eiweißkonsum auf."

1

Zeynep hingegen fühlte sich oft aufgebläht, weil sie den ganzen Tag isst: besonders abends vor dem Rechner. „Ich habe das Intervall-Fasten für mich entdeckt. Ich esse 16 Stunden am Tag nichts, trinke nur Wasser, ungesüßten Tee und Kaffee. Die anderen acht Stunden esse ich ganz normal. Das funktioniert für mich super. Jasmin hat am Essenstisch deutlich mehr Probleme als ich. Sie verfolgt aber auch ein anderes Ziel."

Bearbeiter

2

AUFGABEN

82311-122

1. Beschreibe, mit welchen Problemen Fiete konfrontiert ist. Wie würdest du reagieren? (**M31**)
2. a) Benenne die drei genannten Ernährungsformen (**M32**).
   b) Erläutere, worin sich die Ernährungsformen unterscheiden (**M32**).
   c) Entwickelt zu zweit eine Übersicht zu den Ernährungsformen (**M32**, **M33**).
   d) Erörtert in der Klasse, ob und wie man in der Familie auf die Ernährungsgewohnheiten einzelner Familienmitglieder Rücksicht nehmen kann (**M30–M33**).
3. a) Recherchiert in Gruppen, welche gesundheitlichen Vor- und Nachteile eine Low-Carb/No-Carb Ernährung auf den menschlichen Körper hat (**M33**).
   b) Diskutiert eure Ergebnisse in der Klasse.

F **zu Aufgabe 2b**
Beziehe auch die in der Randnotiz genannten Ernährungsformen mit ein.

H **zu Aufgabe 2c**
Überlegt, ob ihr manches doppelt einordnen könnt.

4.4.11 Wie geht man mit Ernährungsempfehlungen um?

„Du musst weniger davon essen, das ist nicht gesund!“ Wer kennt diesen Satz nicht? Aber wenn wir von allem weniger essen, essen wir dann überhaupt noch genug? Gibt es andere Mittel und Wege den Problemen in der Ernährung entgegenzutreten?

M34 Das Ernährungspyramidenpuzzle

Interaktive Aufgabe: Pyramidenpuzzle

82311-189

© Bundesanstalt für Landwirtschaft und Ernährung (BLE), CC BY-ND, Stand 2025

M35 Eine Ernährung für alle?

Bearbeiter

M36 Regeln für eine gesunde Ernährung

Die Deutsche Gesellschaft für Ernährung (DGE) hat zehn Regeln aufgestellt, die dabei helfen sollen, gesünder zu leben. Aber was verbirgt sich dahinter?

Die zehn Regeln der DGE

82301-95

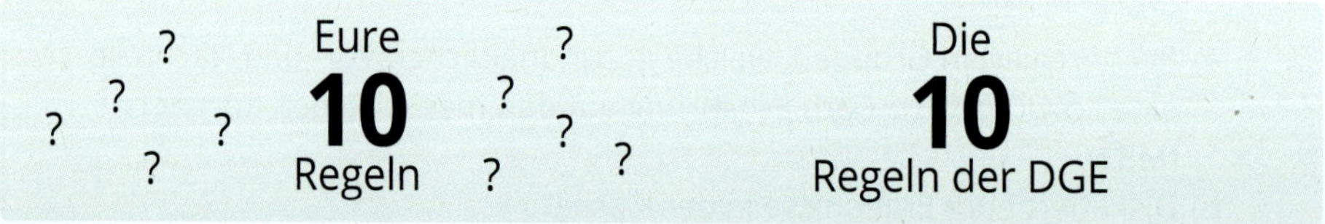

Bearbeiter

VOLLWERTIGE ERNÄHRUNG

Eine vollwertige Ernährung kann dabei helfen, Wachstum, Entwicklung, Leistungsfähigkeit und die Gesundheit des Menschen zu unterstützen. Die Grundlage bildet gesundheitsförderliches Essen und Trinken, das auf den eigenen Energiebedarf angepasst ist. Dieser ist abhängig von Alter, Geschlecht und Vorerkrankungen (z. B. Allergien, Diabetes ...), aber auch von der eigenen körperlichen Aktivität. Außerdem liefert eine vollwertige Ernährung ausreichend Vitamine, Mineral- und Ballaststoffe, um den eigenen Bedarf zu decken.

Bearbeiter

M37 „Gönnung!"

Malik und sein Kumpel Samy wollen den Ferienstart mit einer Zockernacht feiern. Zur Vorbereitung waren sie gemeinsam einkaufen. Neben Tiefkühlpizza und Pommes haben sie jede Menge Chips, Fruchtgummis und Schokolade gekauft. Natürlich dürfen Getränke wie Eistee und Cola nicht fehlen. „Woooohoooo! Heute gönnen wir es uns richtig!", rufen beide im Chor. Maliks Mutter ist wenig begeistert, als sie den Einkauf sieht. „Wenn ihr das alles in euch reinstopft, fallt ihr tot um. So viel Ungesundes kann euer Körper doch gar nicht verarbeiten."

Bearbeiter

AUFGABEN

82311-123

1. Setze die zerfallene Ernährungspyramide wieder zusammen (QR-Code zu **M34**).
2. Beschreibe die Abbildung. Stelle Vermutungen an, was sie aussagen soll (**M35**, **#Vollwertige Ernährung**).
3. a) Entwickelt zu zweit zehn Ernährungsempfehlungen, die ihr euren Freundinnen und Freunden geben würdet.
   b) Erarbeitet euch mithilfe des QR-Codes (**M36**) die zehn Regeln der DGE.
   c) Vergleicht eure Regeln mit den Regeln der DGE. Welche Gemeinsamkeiten und Unterschiede stellt ihr fest? (**M36**)
4. Diskutiert in der Klasse, ob Maliks Mutter mit ihrer Aussage recht hat (**M37**).

4.4.12 Esskultur – wie möchtest du essen?

Das Gefühl von Hunger kennt man auf der ganzen Welt. Essen spricht jedoch seine eigene Sprache. Es bestehen riesige Unterschiede darin, was, wann, wie und wo gegessen wird. Um davon einen Eindruck zu bekommen, musst du nicht einmal weit reisen.

M38 Göffel, Stäbchen und Co.

verschiedene Werkzeuge, um zu essen

M39 Das Pfannkuchenproblem

Pfannkuchen international
Pfannkuchen und Schmalzgebäck gibt es auf der ganzen Welt. Recherchiere weitere Varianten und zeige auf, worin sie sich in der Herstellung unterscheiden.

Onno macht einen Tagesausflug nach Berlin. Dort angekommen möchte er sich beim Bäcker einen kleinen Snack kaufen. Er bestellt: „Einen Berliner bitte." Der Verkäufer begegnet ihm mit einem freundlichen „Steht vor Ihnen. Sowat ham wa hier nich, junger Mann." Onno ist verwirrt. Er sieht doch mindestens 20 Stück in der Auslage liegen. „Aber da liegen doch so viele." entgegnete er. „Dit sind keene Berliner, sondern Pfannkuchen." „Da fahre ich von Niedersachsen nach Berlin und es werden aus Berlinern Pfannkuchen", antwortet Onno. „Richtig. Dafür jibt's auch noch 'ne janze Menge anderer Begriffe, müssen Se mal googlen. Dit is wie mit der Schrippe, der Stulle und der Boulette. Da kann man sich schon mal missverstehen. Also allet jut!" Onno bedankt sich und lässt sich seinen Berliner in Berlin schmecken, während er auf seinem Handy nach weiteren Bezeichnungen für das Gebäck sucht.

Bearbeiter

1

2

M40 Ein Stück Heimat im Urlaub

82311-124

Sünke: Ich gebe zu, ich bin sehr mäklig und esse eh nicht viel. Im Urlaub ist es die Hölle für mich, wenn weder Spaghetti noch Pizza auf der Speisekarte stehen. Keine Ahnung, was die da alles essen, ich esse es nicht. Dazu kommen noch meine Allergien gegen Walnüsse und Zitrusfrüchte. Woher soll ich wissen, ob die das in ihren typischen Gerichten verarbeiten?

Fiete: In einigen Ländern spielt Fleisch eine so große Rolle, dass ich als Vegetarier eine Woche lang große gemischte Salate und Pommes essen muss. Hier habe ich Glück, es gibt so viele leckere vegetarische Gerichte, da hat Deutschland noch einiges nachzuholen.

Maike: Ich liebe es, im Urlaub die vielen kulturtypischen Zutaten und Speisen zu probieren. Es gibt so viel Neues zu entdecken. Das Essen hier ist mit Restaurants in Deutschland nicht zu vergleichen. Die ausländische Küche inspiriert mich dazu, auch zu Hause neue Gerichte und Kombinationen auszuprobieren.

Opa Fritz: Das Schwierigste im Urlaub ist es, etwas Anständiges zum Essen zu finden. Ich verstehe weder die Sprache, noch kann ich dem Essen meist etwas abgewinnen. Ich will weder auf meine Kräuterlimonade noch auf meine Kartoffeln verzichten.

Bearbeiter

ESSKULTUR

Die Esskultur umfasst alles, was mit dem Essen verbunden ist und von Menschen entwickelt und hergestellt wurde. Hierzu zählen z. B. Lebensmittel und benötigte Geräte (materielle Ebene), ebenso wie Gedanken, Gefühle, Rituale und Kenntnisse (immaterielle Ebene).
Wie und womit bereite ich etwas zu? Woher stammen die Zutaten und Gerichte? Wer isst und trinkt was gerne und warum? Wie und wo wird gegessen? Diese Fragen dienen der Zubereitung und Auseinandersetzung mit Essen und Getränken, dem Essverhalten und damit der Esskultur.

Immateriell
geistig, nicht greifbar

Bearbeiter

M41 Andere Tische, andere Sitten

TISCHSITTEN

Tischsitten sind Umgangsformen, die beim Einnehmen von Speisen und Getränken in Gesellschaft gelten. Ziel ist es, allen Anwesenden das gemeinsame Essen und Trinken so angenehm wie möglich zu gestalten. Tischsitten unterscheiden sich je nach Land und Kulturkreis teils deutlich voneinander und ändern sich mit der Zeit.

Bearbeiter

M42 Darf's ein bisschen mehr (Qualität) sein?

Den ganzen Tag trinkt Jasmin keinen Kaffee. Doch wenn sie am Nachmittag das Café schließt, nimmt sie sich immer fünf Minuten Zeit für ihren Feierabendkaffee – es gleicht einem Ritual. Nur ihr eigener Kaffee entspricht ihren Qualitäts- und Geschmacksanforderungen.

Jule trinkt in der Schule mehr als sechs Tassen Kaffee. „Ohne Kaffee könnte ich nicht leben. Im Lehrerzimmer trinken wir immer den günstigsten Kaffee. Wirklich gut schmeckt der zwar nicht, aber bei der Menge wird es schnell teuer."

Bearbeiter

AUFGABEN

82311-125

1. Beschreibe, welches der Hilfsmittel zu welchen Gerichten, Situationen, Kulturen und Regionen passen könnte (**M38**).
2. Wo wird was gesagt? Recherchiert zu zweit nach Synonymen für Berliner, Bouletten, Stutenkerle und Brötchen und gestaltet eine Wortlandkarte mit den Begriffen (**M39**).
3. Reiseplanung: Erarbeitet zu zweit, wie ihr euch in Bezug auf die Esskultur für euren nächsten Urlaub vorbereiten könntet. Bedenkt die genannten Besonderheiten der Familie Meyer (**M40**).
4. Welche Tischsitten gibt es in eurer Klasse? Erörtert gemeinsam, ob Tischsitten heute noch wichtig sind (**M41**, **#Tischsitten**).
5. Nimm begründet Stellung: Bist du eher auf Jasmins oder Jules Seite? Lässt sich die Situation auf andere Konsumgüter übertragen? (**M42**, **#Esskultur**)
6. Erörtert in der Klasse, welche Vor- und Nachteile es haben könnte, alleine oder gemeinsam zu essen.

F zu Aufgabe 2
Kennst du noch andere Speisen, die verschiedene Namen haben? Benenne sie.

4.4.13 Welche Bedeutung hat unser tägliches Brot?

Deutschland und das Brot sind untrennbar miteinander verbunden. Nirgendwo gibt es so viele verschiedene Brotsorten wie hier. Welche Bedeutung hat Brot für uns und wie ist das in anderen Ländern und Kulturen?

Interaktive Aufgabe: Ordne die Brotsorten zu

82301-28

M43 Sortenvielfalt von Brot

Knäckebrot | Toastbrot | Weißbrot | Fladenbrot | Misch- und Vollkornbrot

Bearbeiter

Interaktive Aufgabe: Andere Länder, andere Brote

82301-27

M44 Sorten von Brot in der Welt

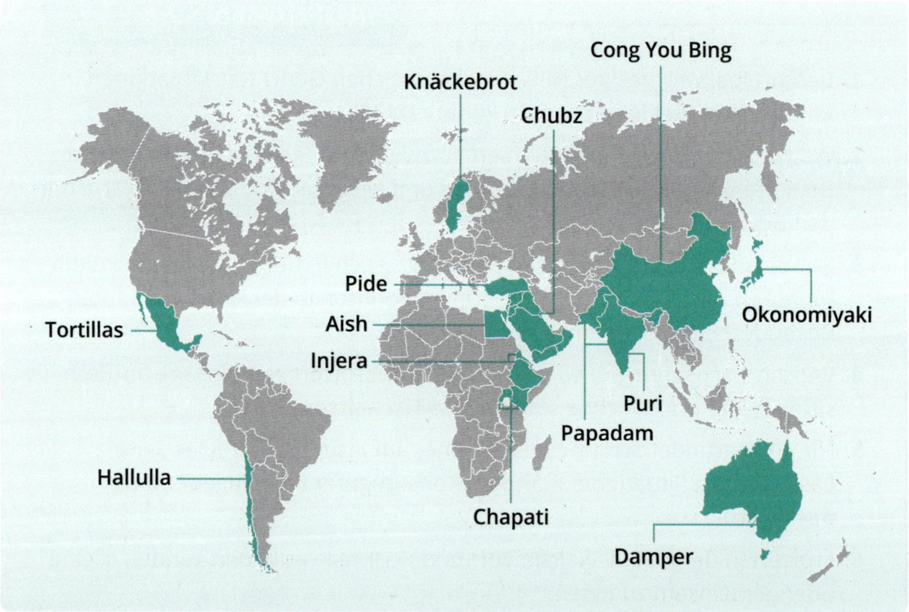

Bearbeitergrafik

M45 Wie geht Brotteig auf?

Um ein fluffig weiches Brot zu backen, brauchst du Unterstützung aus der Natur und Zeit. Denn ein Brotteig muss vor dem Backen „gehen". Durch biochemische Prozesse wird der Teig größer und luftiger. Dafür verwendest du entweder Hefe (Pilzkulturen) oder Sauerteig (Bakterien). Hefeteige sind die Grundlage für Weißbrot, Brötchen oder Ciabatta, Sauerteige für Brote aus Roggen- oder Vollkornmehl. Probiere es aus und beobachte, wie sich die Teige bei der Zubereitung verändern.

Bearbeiter

Brotteig, bevor und nachdem er aufgegangen ist.

Erfahre mehr über Mikroorganismen in **M11**, Kapitel 4.1.

M46 Welche Bedeutung hat Brot?

In der Politik versteht man unter „Brot- und Butter-Themen" alle wichtigen und eher alltägliche Themen, so wie es zu Hause jeden Tag Brot und Butter zu Essen gibt. *Brot für die Welt* ist eine international tätige Hilfsorganisation, die sich gegen Hunger und Armut einsetzt. Der Begriff „Brot und Spiele" stammt aus dem römischen Reich und steht im negativen Sinne für eine Politik, die nur dazu da ist, Wählerstimmen zu gewinnen, anstatt zielgerichtet Probleme zu lösen. Im Judentum und im Christentum hat das Brot ebenfalls eine besondere, spirituelle Bedeutung:
Das Teilen („Brot brechen") ist ein Zeichen der Nächstenliebe.
Das jüdische Pessachfest gedenkt dem Auszug der Israeliten aus Ägypten. An diesem Tag wird traditionell ungesäuertes Brot verzehrt.

Bearbeiter

AUFGABEN

82311-126

1. Ordne die Brotsorten zu (QR-Code zu **M43**).
2. Nenne zu den Brotsorten passende Beispielgerichte, Mahlzeiten und Herkunftsregionen (**M43**).
3. Erarbeite 2-Minuten-Vorträge zu den Brotarten. Sprich über die Zubereitung, Herkunft und Geschichte, sowie Gerichte, die traditionell dazu gegessen werden.
4. Bereitet in der Schulküche verschiedene Varianten von Brot zu und führt eine Verkostung durch (**M44**, **M45**).
5. Führe eine Umfrage in deiner Familie durch. Was verbindet sie mit Brot und seiner Bedeutung? Kennen sie Sprichwörter? (**M46**)

F **zu Aufgabe 3**
Recherchiert zu zweit die Vorteile und Nachteile von industrieller und handwerklicher Brotherstellung.

4.4.14 Wie viel Arbeit steckt in einem Brot?

Auf den ersten Blick sieht man einem Brot gar nicht an, wie viel Arbeit in ihm steckt. Bedenkt man jedoch, dass für ein Brot Böden vorbereitet, Samen gesät, Getreide geerntet und in einer Mühle gemahlen werden müssen, lässt sich der Aufwand schnell erahnen.

M47 Wo wird Mehl hergestellt?

1

2

links: Bockwindmühle Dornum, erbaut 1626; rechts: moderne Getreidemühle

M48 Was ist eine Bockwindmühle?

82311-127

Seitenansicht einer Windmühle

Seit dem 12. Jahrhundert sind in Europa, neben anderen Mühlentypen, sogenannte Bockwindmühlen zu finden. Bockwindmühlen, wie die in Dornum (Ostfriesland), dienen heute meist als Museum, mahlen aber auch noch heute mithilfe des Windes Mehl aus Getreidekörnern. Da der Wind aus unterschiedlichen Richtungen anströmt und die Flügelräder immer im Wind stehen müssen, ist das gesamte Mühlenhaus drehbar. Der Begriff Bockwindmühle beschreibt ihre Bauart: Auf einem fest stehenden Bock sitzt der Mühlenkörper mit den Flügelrädern. Gedreht wurde die Mühle entweder durch den Müller selbst oder z. B. durch einen Ochsen. Windmühlen waren so konzipiert, dass die gesamte Arbeit mit sehr wenig Personal möglich war. Meist hat lediglich ein Müller, mit maximal einem Gesellen, in einer Mühle gearbeitet. Bei guten Wetterbedingungen konnte er circa eine Tonne Mehl mahlen. Zum Vergleich: Moderne Mühlen produzieren 1.000 t Mehl – pro Tag!

Bearbeiter

M49 Welche Mehlsorten gibt es?

1

2

3

4

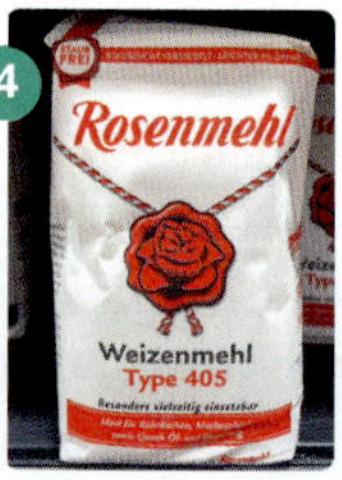

MEHL

Als Mehl wird das pulverförmige Nahrungsmittel beschrieben, welches durch Mahlvorgänge in einer Mühle (zumeist aus Getreidekörnern) gewonnen wird. Aus Mehl können Lebensmittel (Brot, Brötchen, Nudeln, Kuchen ...) hergestellt werden. Mehl kann aus unterschiedlichen Getreidesorten (Roggen, Dinkel, Weizen ...) hergestellt werden. Weit verbreitet ist das Weizenmehl Typ 405. Die Typenzahl gibt an, wie viele Mineralstoffe nach dem Aussieben der Schale noch im Mehl verblieben sind. Da die Schale des Getreides die meisten Mineralstoffe enthält und lange satt macht, wird der Verzehr von Vollkornmehlen empfohlen.

Bearbeiter

M50 Baguette oder Stockbrot?

Onno möchte ein Baguettebrot backen. Im Supermarkt entscheidet er sich „aus dem Bauch heraus" für ein Roggenvollkornmehl. „Für ein Baguette wird das schon passen. Mehl ist schließlich Mehl!", denkt Onno sich. Zuhause stellt er nach Gefühl einen Teig mit dem Roggenmehl her. Die ganze Familie möchte das frische, gut duftende Brot probieren. Onno setzt das Brotmesser an, um einige Scheiben abzuschneiden. Aber was ist das? Das Brot ist steinhart. Nach einiger Kraftanstrengung gelingt es ihm eine Scheibe abzuschneiden. Trotz darauf gestrichener Butter ist es fest, hart und trocken. Was ist wohl schiefgegangen?

Bearbeiter

So sollte ein Baguette aussehen.

Baguette
aus dem Französischen; ist ein langgestrecktes, außen knuspriges und innen weiches Weißbrot

AUFGABEN

82311-128

1. Beschreibe, welche Arbeitsschritte notwendig sind, um aus der Getreidepflanze ein Brot herzustellen (**M47**, **M48**).
2. Prüft zu zweit, ob und welche Art von Getreidemühlen in eurer Nähe zu finden sind.
   a) Plant gemeinsam eine Exkursion.
   b) Erstellt ein Exkursionstagebuch.
3. Recherchiert im Internet, welche Produkte aus den abgebildeten Mehlsorten vorrangig hergestellt werden können (**M49**).
4. Begründe, warum Vollkornmehl gesundheitsförderlicher ist (**#Mehl**, **M49**).
5. Beurteile, warum Onnos Baguette zu fest geworden ist (**M50**).

H zu Aufgabe 2b
Fragen, die für dein Exkursionstagebuch hilfreich sein könnten: Um welche Art von Mühle handelt es sich? Wie lange existiert die Mühle? Welche Getreidearten werden gemahlen? Welche Produkte bietet die Mühle an?

H zu Aufgabe 5
Nicht nur die Auswahl des richtigen Mehls ist wichtig, sondern auch die Zubereitung.

4.4.15 Die Reise der Lebensmittel – nur Grünkohl aus Niedersachsen?

Äpfel, Birnen, Tomaten und Gurken findest du wahrscheinlich in eurer Küche. Obst und Gemüse sind im Jahresverlauf zwar unterschiedlich teuer, aber verfügbar. Wie kann das sein, wenn Niedersachsen die Felder viele Monate im Jahr kahl sind?

M51 Immer bunte Vielfalt

1

2

3

Große Auswahl an Gemüse und Obst

M52 Woher kommt der Kohl?

Onno steht mit gepackten Bollerwagen am Hoftor und wartet auf seine Kolleginnen und Kollegen von den umliegenden Höfen. Heute ist Kohltour angesagt. Bereits vor zwei Tagen hat Onno den hofeigenen Grünkohl traditionell zubereitet. Nach zahlreichen Spielen und zurückgelegten Kilometern kehrt die fröhliche Runde in die Küche von Familie Aurich ein. Die Runde spottet über Grünkohl aus den niederländischen Gewächshäusern. Tina, die Kohlkönigin der Runde, fasst zusammen: „Grünkohl aus niederländischen Gewächshäusern hat keinen richtigen Frost bekommen, hat nicht die saftig grüne Farbe und über den Geschmack wollen wir gar nicht erst reden. Die Verbraucherinnen und Verbraucher kaufen ihn wahrscheinlich nur wegen des Preises." Onno ergänzt „Warum sollen wir Grünkohl aus einem anderen Land importieren, wenn wir doch hier ein super Produkt haben und das auch noch ohne lange Lieferwege?"

Bearbeiter

Ursprungsland		Sorte
Niederlande		
HKL		**Preis**
	g	**1,99 €/kg**
	Bund	
	Stck.	
	kg	
Mit Diphenyl/Orthophenylphenol Schale nicht zum Verzehr geeignet ○		Schale mit Naturstoffen gewachst ○

Ursprungsland		Sorte
Deutschland (Ostfriesland)		
HKL		**Preis**
	g	**3.85 €/kg**
	Bund	
	Stck.	
	kg	
Mit Diphenyl/Orthophenylphenol Schale nicht zum Verzehr geeignet ○		Schale mit Naturstoffen gewachst ○

M53 Weite Wege, große Folgen

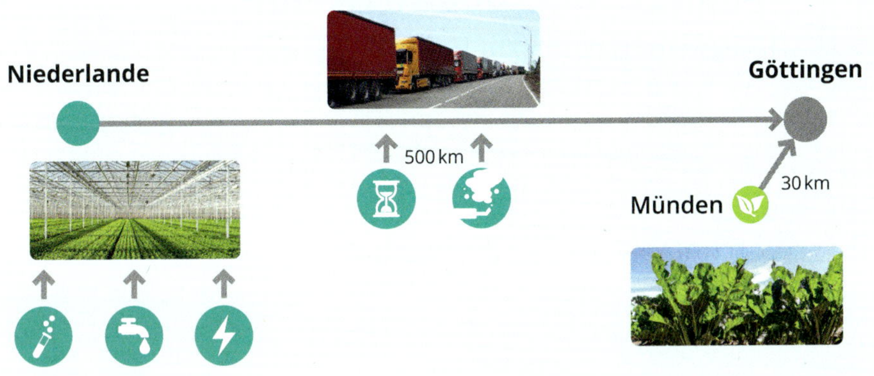

Bearbeitergrafik

Eine Menge Obst und Gemüse, das du im Supermarkt kaufen kannst, kommt nicht aus Deutschland. Sehr oft kommt es mit dem LKW aus anderen Ländern. Dort stehen riesige Gewächshausanlagen oder Ackerflächen, aber kaum Bäume. Einige Waren kommen sogar z. B. aus Tunesien oder Chile zu uns. Dabei handelt es sich nicht immer nur um Südfrüchte wie Papaya oder Granatäpfel, die hierzulande nicht wachsen. Auch eigentlich heimisches Gemüse wie Spargel wird zum Teil tausende Kilometer weit transportiert, um ganzjährig verfügbar zu sein.

Bearbeiter

REGIONALITÄT

Regionale Lebensmittel wachsen in deiner direkten Umgebung. Beispielsweise kann ein Lebensmittel aus dem eigenen Garten oder aus der Region Niedersachsen kommen. Alternativ kann aber auch ein Landschaftsraum oder Gebiet ausgewählt werden (z. B. Lüneburger Heide). Sie weisen also geringe Transportwege zwischen Erzeugern und Verbraucherinnen und Verbrauchern auf. Regionale Produkte und die damit verbundene Saisonalität wirken sich positiv auf die Umwelt und die Wirtschaft vor Ort aus.

Bearbeiter

AUFGABEN

82311-129

1. Benenne dir bekannte Obst- und Gemüsearten (**M51**).
2. Vergleiche die Bilder von **M52** miteinander. Was stellst du fest?
3. Erkläre, welche Vorteile regional produzierter Grünkohl gegenüber den Erzeugnissen, z. B. aus den Niederlanden hat (**M52**, **M53**).
4. Gestaltet in Gruppen einen eigenen Saisonkalender mit eurem Lieblingsobst und -gemüse auf einem (digitalen) Plakat.

F zu Aufgabe 3
Stelle Vermutungen an, warum Gemüse aus den Niederlanden oft günstiger ist als aus der Region.

4.4.16 Was unterscheidet konventionelle von ökologischer Landwirtschaft?

Um die Nahrungsversorgung sicherzustellen, ist eine funktionierende Landwirtschaft von großer Bedeutung. Expertinnen und Experten sagen, dass die Landwirtschaft wie sie heute funktioniert, einen erheblichen Anteil zum Klimawandel beiträgt und nicht zukunftssicher ist. Aber wie kommen sie auf diese Idee und was ist die Alternative?

M54 Wortketten zur Landwirtschaft

Ein Traktor auf dem Feld

M55 Was ist konventionelle Landwirtschaft?

konventionell
Regeln und Verhaltensnormen, die von Menschen beschlossen und eingehalten werden; ähnlich wie Traditionen.

Die konventionelle Landwirtschaft hat keinen guten Ruf. Das hat Gründe. Sie steht in vielen Fällen für Monokulturen und Massentierhaltung. Oft lautet das Ziel, möglichst hohe Erträge für den geringsten Preis zu produzieren. Um das zu erreichen, müssen viele Erzeugnisse produziert werden, die möglichst der höchsten Qualitätsklasse entsprechen. Dazu werden künstliche Dünger eingesetzt. Diese verhindern jedoch, dass sich im Boden natürliche Organismen bilden können. Die Inhaltsstoffe (z. B. Pestizidrückstände) der Düngemittel sickern außerdem in das Grundwasser und verunreinigen dieses. Zur Wahrheit zählt aber auch, dass diese Art der Landwirtschaft unsere Lebensmittelpreise sichert und viele Landwirte wegen des starken Preisdrucks ihrer Großabnehmer (Discounter, Supermärkte ...) kaum eine andere Wahl haben, anders zu arbeiten. Schließlich müssen auch die Landwirte für ihre harte Arbeit einen gerechten Lohn erhalten. Außerdem versuchen viele Betriebe einen Mittelweg zwischen Ertrag und Umweltschutz zu finden.

Bearbeiter

M56 Was ist ökologische Landwirtschaft?

82311-130

Die ökologische Landwirtschaft ist insgesamt klima- und umweltfreundlicher als die konventionelle Landwirtschaft. Es gibt mehr naturnahe Flächen auf den Feldern, die wilden Pflanzen und Tieren Lebensraum bieten. Außerdem wird auf künstliche Dünger und Pestizide verzichtet. Die Belastung des Bodens, des Grundwassers und des gesamten Ökosystems ist also insgesamt geringer. Es gibt oft auch eine größere Sorten- und Artenvielfalt, weil es nicht nur um den maximalen Ertrag geht. Auch in der Tierhaltung gibt es je nach Betrieb mehr oder weniger bessere Bedingungen. Dennoch gibt es nicht nur Vorteile. Auch in der ökologischen Landwirtschaft werden (natürlichere) Dünger und Pestizide eingesetzt, um die Ernte vor großen Ausfällen zu bewahren. Zudem ist diese Art der Landwirtschaft insgesamt weniger ertragreich. Außerdem sind die Verarbeitung und Produktion aufwändiger, was die Ware zusätzlich deutlich teurer und deshalb lange nicht für alle Verbraucherinnen und Verbraucher erschwinglich macht. Schließlich können viele Betriebe nur aufgrund staatlicher finanzieller Unterstützung existieren, da der wirtschaftliche Druck sehr hoch ist.

Bearbeiter

Bearbeitergrafik

Hier findet ihr Bio-Bauernhöfe in eurer Nähe, die ihr z. B. besichtigen könnt.

82311-173

(ÖKOLOGISCHE) LANDWIRTSCHAFT

Landwirtschaft bedeutet, den Boden wirtschaftlich zu nutzen. Sie verfolgt das Ziel pflanzliche (Ackerbau) und tierische (Viehwirtschaft) Produkte zu erzeugen. Im weiteren Sinne zählen zur Landwirtschaft die Forstwirtschaft, der Obstbau sowie die Fischerei, aber auch die heimische Gartenpflege mit Zierpflanzen und Gemüseanbau. Landwirtschaft ist immer ein Eingriff in die Natur. Bei der ökologischen Landwirtschaft soll dieser aber so erfolgen, dass mit dem und nicht gegen das vorhandene Ökosystem gearbeitet wird. Es soll so wenig wie möglich Einfluss von außen genommen werden (z. B. durch den Einsatz von Chemikalien).

Bearbeiter

M57 Kann konventionelle Landwirtschaft auch ökologisch sein?

Javid und Elli verwenden so wenige Pestizide wie möglich, ihr Hof trägt aber kein Bio-Siegel.

Wo Bio drauf ist, ist auch Bio drin und das ist gut so. Es heißt aber nicht, dass Produkte ohne Bio-Siegel alle unter vollem Einsatz von Düngern und Chemikalien entstanden sind. Hier reicht oft der Blick in die heimischen Gärten oder den Balkon. Die Tomaten werden nur mit Wasser gegossen, sie schmecken hervorragend, aber ein Bio-Siegel dürften sie trotzdem nicht tragen. Viele Landwirte versuchen so ökologisch wie möglich zu arbeiten, verzichten aber auf eine Zertifizierung als Bio-Hof, weil das mit sehr viel bürokratischem Aufwand und hohen Kosten verbunden ist, die sie durch die dann höheren Verkaufspreise ihrer Waren, nicht unbedingt wieder ausgleichen. Andere können und wollen auf bestimmte Dünger nicht verzichten. Als Verbraucherin und Verbraucher kann man von außen aber nicht erkennen, wie ökologisch ein Landwirtschaftsbetrieb arbeitet, außer man kennt den Betrieb. Das ist ein Nachteil für beide Seiten. Die einen wissen nicht, was sie bekommen und die anderen werden oft in eine Ecke mit Umweltverschmutzern gestellt.

Bearbeiter

M58 Eine Meinung zur Landwirtschaft

82311-131

Mara, Landwirtin: „Ich kann es nicht mehr hören. Die Schlagworte Bio, Öko, Nachhaltigkeit rufen sie aus allen Ecken. Die Landwirtschaft müsse sich radikal ändern, um das Klima zu retten. Wir sind der Natur und den Tieren verbunden, sonst würden wir diesen Beruf nicht ausüben. Aber wir sind auch Unternehmerinnen und Unternehmer, die hart für ihr Geld arbeiten, von dem uns immer weniger bleibt.

Außerdem sind wir die ersten, die die Folgen des Klimawandels spüren. Ob extreme Dürren, Regengüsse, Stürme oder das Insektensterben, alles führt zu Ernteverlusten und steigenden Kosten. Nicht selten sind Existenzen davon bedroht.

Klar muss sich etwas ändern, aber wer bezahlt das? Verbraucherinnen und Verbraucher durch deutlich höhere Lebensmittelpreise? Der Staat durch finanzielle Unterstützung oder wir, indem wir immer weniger für unsere Arbeit bekommen?"

Bearbeiter

AUFGABEN

82311-132

1. Bildet in der Klasse Wortketten (**M54**). Nennt Begriffe, die zum Thema Landwirtschaft gehören. Nutzt den letzten Buchstaben des Wortes als Anfangsbuchstaben für den nächsten Begriff. Jedes Wort darf nur einmal genannt werden.
2. Beschreibe, was man unter Landwirtschaft versteht (**#(ökologische) Landwirtschaft**).
3. a) Vergleiche die konventionelle mit der ökologischen Landwirtschaft hinsichtlich des Umweltschutzes, des Tierwohls, des Ertrags und des Preises für Lebensmittel (**M55**, **M56**).
   b) Erörtert in der Klasse weshalb landwirtschaftliche Betriebe auf die Zertifizierung als Öko-Betrieb verzichten oder auf Mischformen setzen (**M55–M57**).
4. Nimm begründet Stellung zu Maras Aussage (**M58**). Welche der genannten Herausforderungen sind deiner Ansicht nach die wichtigsten und wie könnten die entstehenden finanziellen Belastungen gerecht auf die genannten Gruppen verteilt werden? Nutze dazu auch die Informationen aus **M55**, **M56** und **#(ökologische) Landwirtschaft**.

F zu Aufgabe 1
Überprüft, welche Begriffe ihr in der Stunde wiederverwendet habt und in welchem Zusammenhang.

4.5 Ein Blick in die Zukunft der Ernährung

4.5.1 Warum verändern sich Berufe in der Lebensmittelbranche?

Die Lebensmittelbranche befindet sich im Umbruch, das betrifft auch diejenigen, die dort arbeiten. Neue Berufe entstehen, andere sind weniger gefragt. Warum ist das so und was verändert sich?

M1 Trends in der Lebensmittelbranche

1

2

3

4

5

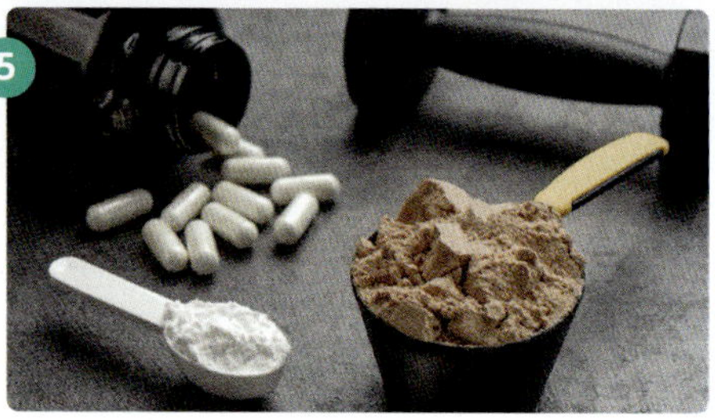

Branche
Wirtschafts- und Geschäftszweig, der viele Produkte, Dienstleistungen und Berufe zusammenfasst

M2 Warum verändern sich Berufe?

82311-133

Verbraucherinnen und Verbraucher legen heute andere Schwerpunkte bei der Auswahl von Produkten. Seit einigen Jahren wird immer mehr Wert auf gesunde, natürliche und umweltbewusste Produkte gelegt. Künstliche Zusatz- und Konservierungsstoffe verschwinden von Inhaltsstofflisten und werden durch natürlichere Stoffe ersetzt. Durch andere Produktionsverfahren können sie vielleicht sogar gänzlich weggelassen werden. Was einfach klingt, ist jedoch ein langer Entwicklungsprozess. Ständig kommen neue Produkte und Geschmacksrichtungen auf den Markt, um die Kundinnen und Kunden bei Laune zu halten. Geschmack und Aussehen sollen ansprechend sein und lange erhalten bleiben. Die Rezepturen, Produktionsanlagen, Verpackungen und Designs müssen angepasst werden. Für all das braucht es viele Tests von Expertinnen und Experten aus der Branche, die sich immer wieder auf die neuen Umstände einstellen und Lösungen entwickeln müssen. Gleichzeitig steigen die Kosten, der Konkurrenzdruck und der Fachkräftemangel. Und natürlich spielt auch die Automatisierung vor allem in Großbetrieben eine entscheidende Rolle bei Veränderungen im Arbeitsalltag.

Bearbeiter

LEBENSMITTELBRANCHE

Zur Lebensmittelbranche gehören die weiterverarbeitende Lebensmittelindustrie (z. B. Molkereien, Getreidemühlen, Schlachtereien), das -handwerk (z. B. Konditoreien, Fleischereien, Brauereien) und der -handel. Je nach Blickwinkel zählen auch die Landwirtschaft und die Gastronomie dazu.
Neben eher klassischen Berufen, denen du im Alltag begegnest, gibt es in der Branche auch Berufe, die eher hinter den Kulissen der Lebensmittelbranche arbeiten. Das sind zum Beispiel Lebensmitteltechnologen, Verfahrenstechnologinnen und Automatisierungstechnikerinnen. Sie sind z. B. dazu da, um die Qualität der Lebensmittel zu prüfen, sowie geeignete Verfahren und Produktionsanlagen zur Lebensmittelherstellung zu warten und kontrollieren.

Bearbeiter

M3 Einmal nachgefragt

- Welchen Beruf üben Sie aus?
- Wie lange arbeiten Sie schon in diesem Beruf?
- Was hat sich seitdem aus Ihrer Sicht positiv oder negativ verändert?

Bearbeiter

Fleischwaren aus dem Automaten

82311-134

Brot backen digital

82311-135

AUFGABEN

82311-136

1. Benenne die abgebildeten Trends (**M1**).
2. Beschreibe, welchen Einfluss die Trends auf Produkte, Prozesse und Personal in der Lebensmittelbranche haben könnten (**M1**).
3. a) Arbeitet zu zweit heraus, welche Berufe und Berufsgruppen zur Lebensmittelbranche gehören (**#Lebensmittelbranche**).
   b) Erläutert, welche Gründe es für den Wandel in der Lebensmittelbranche gibt (**M2**).
4. Beurteile, ob die in den Videos (**M3**) dargestellten Lösungsvorschläge langfristig das Lebensmittelhandwerk retten können (**M1–M3**).
5. Entwickelt in Gruppen anhand eines Beispiels eigene Ideen, wie die Branche auf gestiegene Kosten, Konkurrenzdruck und Fachkräftemangel reagieren könnte (**M3**).
6. Führe ein Interview mit einer Person aus der Lebensmittelbranche (**M3**; → Methode in Kap. 1, S. 45).

4.5.2 Perfektion auf Knopfdruck – verändern 3D-Drucker unsere Ernährung?

Kleine Modelle oder andere Produkte aus dem 3D-Drucker hast du bestimmt schon mal gesehen oder sogar in der Hand gehalten. Aber wie wäre es mal mit einem Steak oder einem Kuchen aus dem 3D-Drucker? Sieht so die Zukunft der Ernährung aus?

M4 Nachtisch aus dem 3D-Drucker?

Dessert aus Marzipan, hergestellt mittels 3D-Druck-Technik.

M5 Das sieht aus wie gedruckt, oder?

Essen hergestellt von einem 3D-Drucker? Forschenden der Columbia University in New York ist es gelungen, einen Käsekuchen mit einem 3D-Drucker herzustellen. Sie wollten beweisen, dass es möglich ist auch komplexere Gerichte, bestehend aus mehreren Zutaten, mit dieser Technologie herzustellen. Schicht für Schicht bedient sich der Drucker aus sieben Zutaten, welche direkt nach dem Auftragen von einem Laser „gebacken" werden. Die Forschenden sehen in der Zukunft viele Anwendungsfelder. Zum Beispiel haben viele ältere Menschen Probleme feste Nahrung zu kauen und zu schlucken. Mit der neuen Technologie können ansehnliche Gerichte gedruckt werden, die die Konsistenz von Püree haben und somit leichter geschluckt werden können. Die große Zukunftsvision der Forschenden ist, dass der Lebensmittel 3D-Druck auch in private Küchen einzieht. Ob das Essen bald auf dem heimischen Teller gedruckt wird, wird sich zeigen. Bis dahin heißt es aber noch: selbst kochen.

Bearbeiter

M6 Ein Burger aus dem Drucker

Als die ersten Fleischersatzprodukte – hergestellt aus Soja, Erbsen, Linsen, Lupinen oder Weizeneinweiß – auf den Markt kamen, wurden sie von vielen belächelt. Durch neue Herstellungsverfahren, unter anderem auch durch den 3D-Druck, sind die pflanzlichen Alternativen in Aussehen, Struktur, und Geschmack kaum noch vom Original zu unterscheiden, ohne dass hierfür Tiere gezüchtet und getötet werden müssen. Bei vielen Verbraucherinnen und Verbrauchern sind diese Alternativen sehr beliebt.

Bearbeiter

Ein Burger mit pflanzlichem Patty

M7 V-leisch und V-urst im Trend

Entwicklung vegetarischer und veganer Fleischersatzprodukte in Deutschland (Stand: 2025)

73000-918

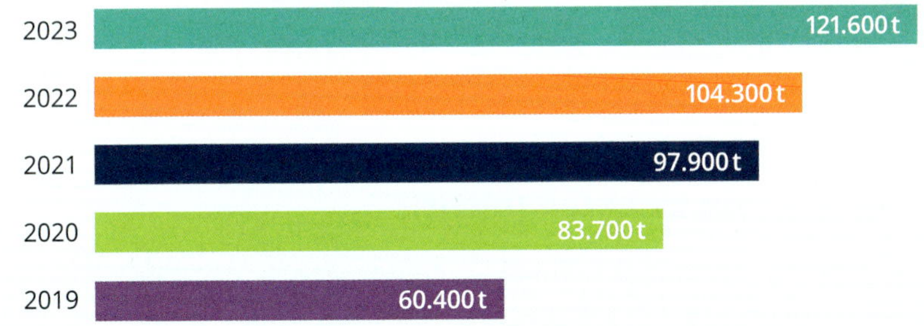

©C.C.Buchner Verlag, aktuelle Daten nach: DESTATIS (Datenerhebung: 2024; Grafikerstellung: 2025)

AUFGABEN

82311-137

1. Nenne Gründe, warum du die Nachspeise bestellen oder nicht bestellen würdest (**M4**).
2. Beschreibe, was den Forschenden gelungen ist und welchen Vorteil Sie darin sehen (**M5**).
3. Erläutere ...
   a) ... wie Fleischersatz entsteht (**M6**).
   b) ... aus welchen Lebensmitteln er hergestellt wird.
4. Führt eine Umfrage in eurer Klasse durch: Wer hat schon Fleischersatzprodukte probiert? (**M7**)
5. Diskutiert in der Klasse, welchen Mehrwert der Lebensmittel-3D-Druck für unsere Gesellschaft haben könnte (**M4 – M7**).

H zu Aufgabe 1
Denke dabei z. B. an den Geschmack, den Preis, das Aussehen, die Zubereitung, und deine Neugier.

F zu Aufgabe 2
Fallen dir weitere Vorteile von 3D gedrucktem Essen ein? Beschreibe sie.

4.5.3 Welche Rolle spielen Insekten zukünftig auf unserem Teller?

Eine Hand voll Mehlwürmer als Snack vor dem Fernseher oder ein Proteinriegel „mit Insekten" nach dem Training? Vielen dreht sich bei dem Gedanken daran der Magen um. Fakt ist, dass Insekten in viele Teilen der Welt eine wichtige Rolle in der Ernährung spielen.

M8 Was ist was?

- Hausgrillen
- Wander-heuschrecke
- Getreide-schimmelkäfer
- Mehlwürmer

Bearbeiter

M9 Was bieten Insekten (nicht)?

Insekten liefern Omega-3-Fettsäuren, B-Vitamine und wichtige Mineralstoffe. Vor allem sind sie reich an Eiweiß. Mehlwürmer, Heuschrecken und Grillen liefern ca. 60 g auf 100 g Trockenmasse, Das ist zwei bis drei Mal mehr als bei klassischen Eiweißlieferanten (Rind, Huhn, Lachs, Kichererbsen).

Die Insektenzucht ist deutlich klimafreundlicher als die Zucht von Rindern, Schweinen und Hühnern. Die Produktion stößt insgesamt weniger CO_2 aus und es wird weniger Futter, Wasser und Platz für die gleiche Ertragsmenge benötigt. Zudem sind im Schnitt 80 Prozent eines Insekts verwertbar, beim Rind sind es nur ca. 40 Prozent.

Der Verzehr von Insekten kann allergische Reaktionen hervorrufen. Wer allergisch gegen Meeresfrüchte, Schalentiere oder Hausstaubmilben ist, sollte vorsichtig sein. Hier könnten ähnliche Reaktionen beim Verzehr hervorgerufen werden. Gleiches gilt für Soja oder Weizen, mit denen die Tiere unter anderem gefüttert werden.

Die Ernährung mit Insekten ist weder vegan noch vegetarisch. Es wird aktuell aber davon ausgegangen, dass Insekten durch eine Massentierhaltung deutlich weniger leiden, weil sie auch in der Natur in großer Zahl und auf engstem Raum zusammenleben. Die Tiere werden durch Gefrieren getötet, dies soll ihrem natürlichen Tod im Winter entsprechen.

Bearbeiter

INSEKTEN ALS NAHRUNGSMITTEL

Insekten sind für etwa 2 Milliarden Menschen regelmäßiger Bestandteil ihrer Nahrung. Dies trifft vor allem auf Menschen zu, die in Asien, Afrika und Lateinamerika leben.
Oft sind Insekten dort sogar teure Spezialitäten. Mit rund 2.000 Arten, gibt es eine große Auswahl an essbaren Insekten. Dazu zählen vor allem Käfer, Heuschrecken, Grillen, Raupen und Ameisen.
In der EU sind nur wenige speziell für den menschlichen Verzehr gezüchtete Tiere zugelassen. Neben dem Verzehr als Ganzes können Insekten auch als Pulver oder Paste in Lebensmitteln beigemischt werden. Diese Lebensmittel müssen dann aber mit dem Zusatz „mit Insekten" gekennzeichnet sein. Nicht geregelt sind bisher allerdings die hygienischen Bedingungen in der Produktion.

Bearbeiter

M10 Müssen Insekten wirklich auf den Teller?

82311-138

Zeynep: Insekten haben auf dem Teller nichts zu suchen! Was haben wir davon, wenn wir in Europa weiter in Massen Tiere halten und töten, um uns zu ernähren? Es bleibt alles gleich. Es sind nur andere Tiere.

Malik: Für mich sind Insekten eine sinnvolle Alternative. Tolle Nährwerte bei gleichzeitig artgerechter Tierhaltung überzeugen mich ebenso wie der nussige Geschmack.

Bearbeiter

AUFGABEN

82311-139

1. Ordne den Insekten ihren Namen zu (**M8**).
2. Erarbeitet zu zweit Vor- und Nachteile von Insekten als Nahrungsmittel und stellt sie euch gegenseitig vor (**M9**).
3. Nehmt in der Klasse begründet Stellung zu den Aussagen von Zeynep und Malik (**M10**). Nutzt dafür die Informationen aus **M9** und **#Insekten als Nahrungsmittel**.

F zu Aufgabe 3
Fallen dir weitere Vorteile oder Nachteile ein? Denke dabei an Aussehen, Geschmack, moralische und kulturelle Aspekte.

4.5.4 Wiederholen ist gestohlen? Nicht immer …

Wenn du etwas in den Müll wirfst, unterscheidest du zwischen Glas, Papier, Verpackungs-, Bio- und Restmüll. Ist der Deckel der Tonne einmal zu, ist der Müll zwar aus den Augen, aber noch lange nicht weg.

M11 In welche Tonne kommt der Müll?

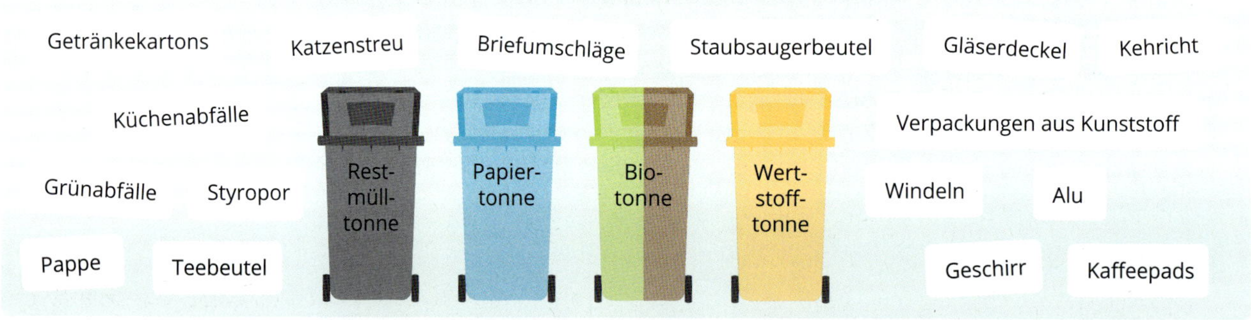

Bearbeiter

M12 Warum Müll trennen?

Wir trennen Müll, um ihn besser recyceln zu können und um weniger Müll verbrennen zu müssen. Recycling bedeutet so viel wie Kreislauf, also das Wiederverwerten von Abfällen. Weil nicht alle Rohstoffe extra abgebaut werden müssen, wird die Umwelt geschont. Altes Glas wird eingeschmolzen und neu geformt. Aus Altpapier werden frische Papierbögen und Gartenabfälle werden zu nährstoffreicher Erde. Bei Plastikmüll ist es komplizierter. Es gibt viele verschiedene Arten von Plastik, die oft miteinander verbunden sind. Deine Pfandflaschen werden eingeschmolzen, aber der Inhalt aus der Wertstofftonne wird meistens verbrannt. Das ist besonders ungünstig, weil die meisten Plastiksorten aus Erdöl gewonnen werden, dessen Vorkommen in absehbarer Zeit aufgebraucht sind. Außerdem werden bei der Verbrennung große Mengen von klimaschädlichen Stoffen ausgestoßen.

Bearbeiter

NATÜRLICHE RESSOURCEN

Natürliche Ressourcen sind vor allem Rohstoffe wie Erdöl, Gas, Gestein, Sand und Holz. Sie sind notwendig, um Dinge herzustellen, die unseren heutigen Lebensstandard ermöglichen. Einige der Ressourcen können von der Erde nicht nachproduziert werden, sie werden fossile Ressourcen genannt. Dazu zählen z. B. Erdöl und Erdgas. Nachhaltige Ressourcen wie Holz oder Gras erneuern sich nach einer bestimmten Zeit und sind weniger belastend für die Umwelt.

Bearbeiter

M13 Recycling als Wirtschaftszweig

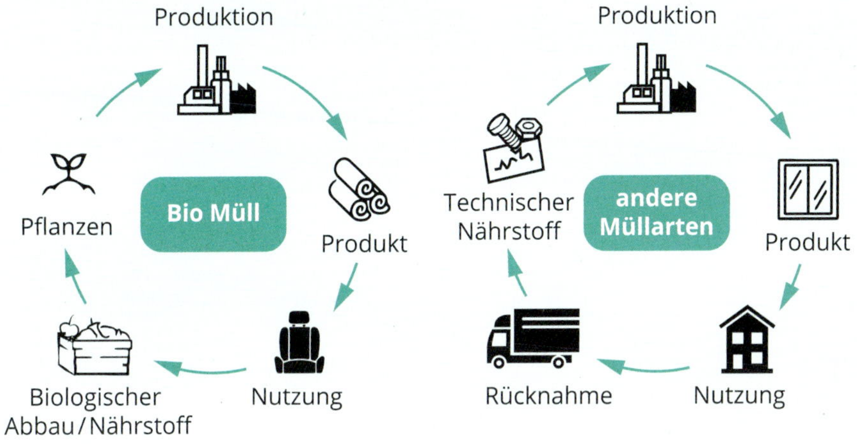

Bearbeitergrafik

M14 Neue Materialien, alte Probleme

Für Verpackungen aus nachwachsenden Rohstoffen werden vor allem Blätter und Holzreste verwendet. Doch auch hier wird für die Herstellung viel Energie und Wasser benötigt.
Zudem werden die Bestandteile häufig so mit Klebstoffen verbunden, dass sie sich nicht recyceln lassen. Am besten ist es deshalb, Müll zu vermeiden. Wenn weniger Verpackungen hergestellt werden, spart das am meisten Energie und Ressourcen.

Bearbeiter

Mais, Holz, Hanf, Gras

AUFGABEN

82311-140

1. Ordne die Abfälle den richtigen Tonnen zu (**M11**).
2. a) Erkläre, warum es wichtig ist, Müll zu trennen (**M12**).
   b) Erläutere, was mit dem Müll aus der Tonne passiert (**M12**, **M13**).
3. Nenne Gründe, warum Unternehmen Rohstoffe recyceln.
4. Beziehe Stellung zu folgender Aussage: „Der beste Müll ist der, der nicht entsteht“ (**M12–M14**).
5. Erkläre, wie du im Alltag weniger Müll verursachen kannst.

F zu Aufgabe 2
Stelle Vermutungen an, wieso es für die Abfallwirtschaft gut ist, wenn du deinen Müll trennst.

Kompetenztraining

Interaktive Aufgabe: Vervollständige die Tabelle.

82301-29

M1 Die große Nährstofftabelle

Makronährstoffe			Mikronährstoffe			
			Vitamine		Mineralstoffe	
Eiweiße		Fette				
			Vitamin E			
tierisch				Vitamin C	Calcium	
						Jod

Bearbeiter

M2 Energie für den Tag

Bearbeiter

M3 Packung öffnen, fertig, los!

Convenience Food gibt es in vielen Varianten. Es erleichtert das Essen im Alltag und macht es auch unterwegs vielfältig. Dennoch ist Convenience Food nicht unproblematisch.

M4 Durchblick im Ernährungsdschungel

Karnivore Ernährung   Veganismus   Vegetarismus

Rohkost   Omnivore Ernährung   Low-carb   Intervall-Fasten

Bearbeiter

M5 Eine Frage der Manieren

1

„Wie war das noch mal? Kommt das Handy auf die rechte Seite oder auf die linke?"
Karikatur: Mark Heath, 2009

2

„Leg sofort diese komischen Dinger weg! Wo sind nur deine Manieren geblieben?"
Karikatur: Kelly Kincaid, 2011

AUFGABEN

82311-141

1. Ordne die Nährstoffe in die Tabelle ein (**QR-Code**) und finde passende Beispiele, in welchen Lebensmitteln sie vorkommen (**M1**).
2. Erläutere die Aufgaben und Funktionen der Nährstoffe für den Körper (**M1**).
3. Erläutere, wie sich die Leistungsfähigkeit über den Tag entwickelt und was der Grundumsatz und der Leistungsumsatz damit zu tun haben (**M2**).
4. Diskutiere Vor- und Nachteile von Convenience Food. Denke dabei unter anderem an die Verbraucherinnen und Verbraucher, deren Gesundheit und die Umwelt (**M3**).
5. a) Gestaltet eine Mindmap (→ Methodenglossar) zu den Ernährungsformen (**M4**) und ergänze ihre Besonderheiten und passende Lebensmittel.
   b) Stelle dar, welche Ernährungsformen sich gegenseitig ausschließen und welche man miteinander kombinieren kann.
6. a) Beschreibe die Karikaturen (**M5**).
   b) Vergleiche die Karikaturen miteinander.
   c) Stelle Vermutungen an, auf welche Probleme hier aufmerksam gemacht werden soll.

Ein Zimmer mit Bett

Ein Zimmer mit Bett und Schreibtisch

Ein großes Zimmer zum Schlafen

Was weißt du schon?

82311-142

1. Beschreibe die Bilder: Welche Unterschiede und welche Gemeinsamkeiten stellst du fest?
2. Stell dir vor, dass du in eines der zu sehenden Zimmer einziehen darfst. Begründe, für welches du dich entscheiden würdest und warum.
3. Entwickelt zu zweit eine Mindmap (→ Methodenglossar) zum Thema „Wohnen".

5

#Wohn(t)räume

In einem Haus, in einer Wohnung. Allein, zusammen mit den Eltern, den Großeltern, oder mit guten Freundinnen und Freunden. Luxuriös eingerichtet oder mit eher schlichten Möbeln ausgestattet. Auf dem Land, mitten in der Innenstadt – es gibt unzählige Möglichkeiten, Formen und Arten zu Wohnen und (zusammen) zu Leben. Was sind die Unterschiede? Welche Vor- und Nachteile gibt es? Was ist für deine eigenen Wünsche und Bedürfnisse das Beste? Wie kannst du deinen persönlichen Wohn(t)raum konkret planen? Und was kostet das alles überhaupt?

Was lernst du in diesem Kapitel?

... die Begriffe Bedürfnis und Bedarf voneinander zu unterscheiden.
... unterschiedliche Arten von Immobilien und deren Vor- und Nachteile für den individuellen Bedarf zu erklären.
... verschiedene Formen und Arten des Zusammenlebens zu analysieren und zu bewerten.
... die Funktionen von Wohnräumen zu beschreiben.
... ein eigenes Wohnkonzept zu entwickeln und zu präsentieren.
... Tätigkeitsfelder verschiedener Bauberufe darzulegen.
... die Merkmale technischer Zeichnungen zu benennen.
... die Vor- und Nachteile mit Stift und Papier sowie mit einem digitalen Zeichenprogramm erstellter Skizzen und Zeichnungen zu erläutern.
... technische Zeichnungen zu lesen und selbst maßstabsgetreu per Hand oder mit einem digitalen Zeichenprogramm anzufertigen.
... die Kosten für Wohnen und Wohnausstattungen zu ermitteln und mit dem eigenen Budget abzugleichen.
... Formen des nachhaltigen Wohnens und Lebens zu reflektieren.

Wir gründen eine WG

Ihr habt die Schule abgeschlossen und möchtet endlich von zu Hause ausziehen. Um euch die Kosten teilen zu können, entscheidet ihr euch, zu viert eine WG (Wohngemeinschaft) zu gründen. Das erfordert eine sorgfältige Planung, da viele Wohnvorstellungen und Kostenpläne miteinander abgestimmt werden müssen. Damit später keine Streitigkeiten über die Aufteilung der Zimmer und Kosten entstehen, lohnt es sich, diesen Planungsprozess zu dokumentieren. Dafür könnt ihr ein Plakat oder ein Padlet nutzen, auf dem alle wichtigen Aspekte zur Gründung der WG festgehalten werden.

Geht dabei so vor:

Start

1. Bildet Vierer-Gruppen.

2. Entscheidet euch, ob ihr eure Planung mithilfe eines Plakats oder eines Padlets präsentieren wollt. Registriert euch ggf. auf der Website. Hinweis: Pro Account können kostenfrei Padlets erstellt werden (**QR-Code**).

   Padlet
   82311-143

3. Benennt, was euch bei eurer gemeinsamen WG besonders wichtig ist. Unterscheidet dabei zwischen eurem persönlichen Zimmer und den Gemeinschaftsräumen (→ Kap. 5.1).

4

Recherchiert im Internet bei Immobilienportalen und in Kleinanzeigen Wohnungen, die für eure WG in Frage kommen. Entscheidet selbst, in welche Stadt ihr ziehen möchtet (→ Kap. 5.1).

5

Teilt die Zimmer untereinander auf. Richtet eure Wohnung / euer Zimmer ein. Nutzt dazu entweder Stift und Papier oder ein digitales Zeichenprogramm (→ Kap. 5.2).

6

Ermittelt, wie viel jeder verdienen müsste, um sich die Wohnung gemeinsam leisten zu können. Verhandelt, wer welchen Anteil an der Gesamtmiete übernehmen müsste. Falls die Wohnung zu teuer sein sollte, recherchiert eine günstigere Alternative (→ Kap. 5.3).

7

Plant, wie ihr eure WG möglichst kostengünstig und nachhaltig einrichten könnt (→ Kap. 5.3).

8

Präsentiert eurer Klasse eure Planungsergebnisse. Wenn ihr mithilfe des Padlets präsentiert, teilt den Link. Vielleicht entscheidet ihr euch auch für eine Bewertung im Padlet mit Sternen, Likes oder Punkten.

5.1 Mein Wohn(t)raum

5.1.1 Was brauchst du, um glücklich zu sein?

Imke macht bald ihren Schulabschluss und ist momentan auf der Suche nach einem Ausbildungsplatz. Sie träumt bereits von ihrer ersten eigenen Wohnung und malt sich aus, wie toll es sein wird, endlich auf eigenen Beinen zu stehen. Doch was heißt es eigentlich, in seinen eigenen vier Wänden zu leben?

M1 Was brauche ich, um glücklich zu sein?

Bearbeiterin

M2 Die Bedürfnispyramide: alle Bedürfnisse gleich wichtig?

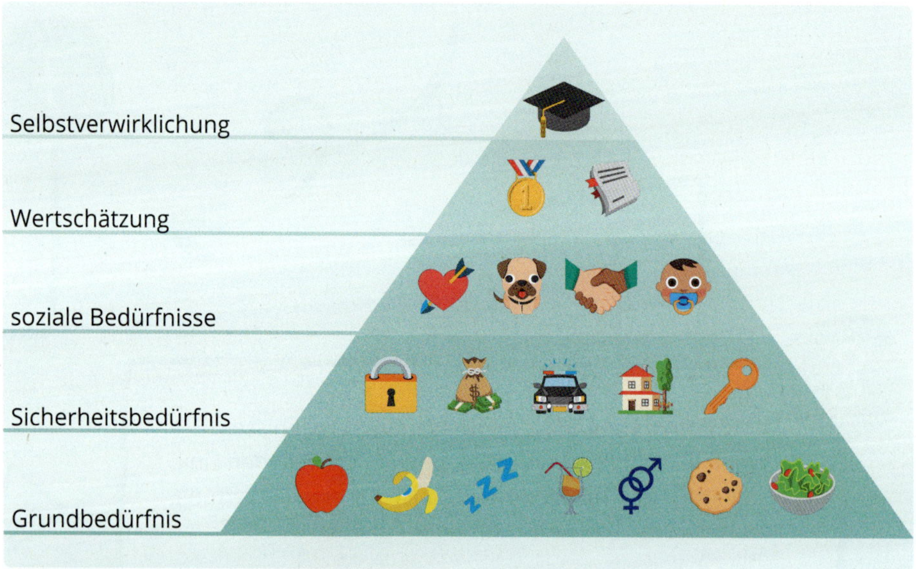

Bearbeitergrafik

BEDÜRFNIS UND BEDARF

Jedes Lebewesen hat Bedürfnisse. Bei einem Bedürfnis handelt es sich um einen empfundenen Mangel und dem anschließenden Wunsch, diesen zu beseitigen. Wenn du hungrig bist, verspürst du das Bedürfnis, etwas zu essen.

Aus einem Bedürfnis entsteht häufig ein Bedarf. Ein Bedarf ergibt sich aus dem Willen, ein Produkt käuflich zu erwerben, um ein Bedürfnis zu befriedigen. Wenn du hungrig bist, verspürst du das Bedürfnis, etwas zu essen. Du hast Lust auf einen Döner und besitzt auch ausreichend Geld, um dir einen kaufen zu können. Der Bedarf nach einem Döner ist entstanden.

Bearbeiterin

M3 Wohnungssuche: Werden alle gleich behandelt?

82311-144

Imke: Als deine Mutter die Stelle als Lehrerin in Hannover bekommen hat, seid ihr doch dorthin gezogen. Wie ist das damals bei euch so gelaufen?

Malik: Das war wirklich stressig. Viele unserer Wohnungsanfragen blieben unbeantwortet, obwohl die Wohnungen noch verfügbar waren. Und wenn wir mal zu einer Besichtigung eingeladen wurden, verhielten sich einige der Vermieterinnen oder Vermieter plötzlich komisch, sobald sie das Kopftuch meiner Mutter sahen. Hinterher hieß es dann oft, die Wohnung sei vergeben, obwohl wir sie doch gerade noch besichtigt hatten.

Bearbeiterin

AUFGABEN

82311-145

1. Gib an, was du persönlich brauchst, um glücklich sein zu können (**M1**).
2. a) Erläutere die Bedürfnispyramide. Welche Bedürfnisse bewertest du als überlebenswichtig, welche als weniger wichtig und warum? (**M2**)
   b) Ordne folgende Begriffe in die Stufen der Pyramide ein: Essen, Lob, Freunde, festes Einkommen, Wunschberuf, Familie, Trinken, Wohnung, Träume verwirklichen, Schlafen, Partner, Kleidung (**M2**).
3. Leite verschiedene Beispiele für drei Bedürfnisse und daraus entstehende Bedarfe im Kontext „Wohnen" ab (**M2**, **#Bedürfnis und Bedarf**).
4. a) Erläutert zu zweit mögliche Gründe, warum Maliks Familie Probleme bei der Wohnungssuche hatte (**M3**).
   b) Tauscht euch aus, ob ihr selbst ähnliche Erfahrungen gemacht oder von ähnlichen Erfahrungen gehört habt.
   c) Entwickelt Ideen, wie Maliks Familie mit den Vorurteilen der Vermieterinnen und Vermieter bei der nächsten Wohnungssuche umgehen kann.

H zu Aufgabe 3

82311-146

H zu Aufgabe 4a
Denkt dabei über mögliche mit der Herkunft verbundene Vorurteile wie bspw. Einkommen, Mentalität, Sprache, Religion etc. nach.

5.1.2 Unterschiedliche Immobilienarten unter der Lupe – mieten oder kaufen?

Imke freut sich auf den neuen Lebensabschnitt als Auszubildende und macht sich Gedanken, wie sie sich darauf am besten vorbereiten kann. Sicher ist, dass sie von Zuhause ausziehen möchte. Doch was für Möglichkeiten gibt es zu wohnen und wo kann sie sich am besten dazu informieren?

M4 Wie findet man sich im Immobilien-Dschungel zurecht?

Maike: Mensch Imke, du sitzt schon eine ganze Weile vor dem Computer, ohne etwas zu tun. Was ist denn los?

Imke: Weißt du Mama, sollte ich einen Ausbildungsplatz in Oldenburg bekommen, möchte ich auch dorthin ziehen. Ich würde gern schon etwas recherchieren, aber im Internet gibt es so viel, dass ich gar nicht weiß, wo ich anfangen und wie ich vorgehen soll ...

Bearbeiterin

M5 Welche Immobilienarten gibt es?

Immobilie
Bezeichnung für unbebaute oder bebaute Grundstücke aller Art einschließlich der darauf errichteten Gebäude

1

Wohngebäude mit vielen Wohnungen

2

Haus mit Garten

3

Ladenstraße

4

Grundstück mit Baugrube

M6 Mieten oder kaufen?

82311-147

Imke: Wir leben grad zusammen in einem großen Haus. Es wäre doch toll, wenn ich in Oldenburg auch so wohnen könnte. Vielleicht sollte ich gleich in ein Haus investieren?

Maike: Wohneigentum ist langfristig gesehen eine gute Wertanlage, aber die Anschaffungskosten sind sehr hoch, sodass man meist einen Kredit aufnehmen muss. Beim Wohnen zur Miete bleibt man flexibler, vor allem, wenn man irgendwann mal umziehen muss oder möchte. Mit einem eigenen Haus schützt du dich vor Mietpreiserhöhungen, du hast aber regelmäßige Kosten für beispielsweise Reparaturen, die bei einer Mietwohnung deine Vermieterin oder dein Vermieter übernehmen würden.

Kredit
Geld, das von einer Person oder Bank ausgeliehen wird und nach einer bestimmten Zeit zurückgezahlt werden muss

Imke: Ich habe im Internet auch gesehen, dass bei Grundstücken, Eigentums- und Mietwohnungen die Preise sehr unterschiedlich sind. Wie kommt das?

Maike: Der Grundstückspreis wird stark von der Grundstückslage beeinflusst. Eine gute Anbindung an den Nahverkehr oder die Nähe von Einkaufsmöglichkeiten und Freizeitangeboten machen eine Immobilie attraktiv, wodurch die Preise steigen. Umgekehrt kann man durchaus Kosten sparen, indem man sich weniger zentral liegenden Wohnraum sucht. Da musst du dann abwägen, was du dir leisten kannst und willst. Wenn du einen längeren Fahrtweg zu deinem Ausbildungsbetrieb in Kauf nimmst, kannst du dir vielleicht eine größere Wohnung etwas weiter außerhalb leisten.

Bearbeiterin

AUFGABEN

82311-148

1. a) Benennt zu zweit Immobilienportale, die Imke zur Wohnungssuche in eurer Stadt nutzen könnte. Recherchiert hierzu im Internet.
   b) Entscheidet euch begründet für ein Portal, das ihr Imke empfehlen würdet (**M4**).
2. a) Beschreibe die Abbildungen: Welche Arten von Immobilien sind darauf zu sehen? (**M5**)
   b) Diskutiert in der Klasse die Vor- und Nachteile der verschiedenen Immobilienarten, wenn sie als Wohnraum genutzt werden sollen (**M5**).
3. a) Arbeitet aus Maikes Aussagen Vor- und Nachteile von Eigentum und Mietwohnungen heraus.
   b) Beurteile, ob Imke in ihrer Lebenslage Wohnraum lieber kaufen oder mieten sollte (**M6**).

F zu Aufgabe 1b
Findet heraus, ob Imke im Internet auch abseits der offiziellen Immobilienportale nach einer Wohnung suchen kann.

F zu Aufgabe 3
In der Immobilienbranche gibt es den Ausspruch: „Lage. Lage. Lage." Erkläre diesen Ausspruch.

5.1.3 Wie wohnen Menschen zusammen?

Imke hat während ihrer Recherche festgestellt, dass Menschen sehr unterschiedlich zusammenleben. Darüber möchte sie mehr erfahren.

M7 Wie wohnen Menschen weltweit?

1

Hütten aus Lehm

2

Viele kleine Häuser und Wohnungen

3

moderne Hochhäuser

4

Einfamilienhäuser

M8 Wie wohnt ihr?

Chatportal Wohnen

Friesen-Imke: Hallo liebe Community, ich möchte bald von Zuhause ausziehen und überlege, wie ich leben möchte. Wie wohnt ihr denn so?

Basti_Bär: Ich bin armer Student *lach* und reduziere Lebenskosten, indem ich mit drei anderen Studierenden in einer WG lebe.

LoveFlowers: Meine Großeltern haben ein riesiges Haus und dort wohne ich gemeinsam mit meinen Eltern, meinem Partner und unseren Kindern. Auf jeder Etage eine Generation! ☺

Pete: Aktuell wohne ich noch allein mit meinem Hund in einer Einzimmerwohnung mitten in der City, aber mein großer Traum ist es, irgendwann mal ein Tiny House am Stadtrand zu haben!

Bearbeiterin

Tiny House
Ein winziges Haus, in dem durch effiziente Wohnraumgestaltung auf sehr geringem Wohnraum gelebt wird

M9 Bürgerinnen und Bürger bauen ihr Wunschdorf

Wir bauen ein Dorf. Ein Dorf, in dem wir nachhaltig leben und arbeiten wollen. Ein Dorf, in dem Platz ist für alle Nationalitäten und Generationen, für Arme und Reiche. Insbesondere auch für die, die bisher gesellschaftlich benachteiligt waren: Geflüchtete, Alleinerziehende, ältere Menschen oder Menschen mit Handicaps.

- In unserem Dorf wollen wir in verbindlicher Nachbarschaft leben, gemeinsam entscheiden und solidarisch handeln.
- Wir schaffen gemeinschaftliches und bezahlbares Eigentum in ökologischer Bauweise.
- Gemeinsam erforschen wir, wie ein gutes Leben auf dem Land aussehen kann, wie wir im 21. Jahrhundert leben wollen – in einem Europa der vielfältigen Kulturen.

Ein Traum? Nein, wir sind schon dabei, unser Dorf zu bauen. Und fangen an, unsere Vision zu leben.

Hitzacker Dorf: Eine große Vision. In: https://hitzacker-dorf.de, Abruf am 27.05.2025

Wendland: Die Neuerfindung des Dorfes

82311-149

solidarisch
aufeinander Rücksicht nehmen und zum Wohle aller handeln

AUFGABEN

82311-150

1. a) Beschreibe, was auf den Abbildungen zu sehen ist (**M7**).
   b) Erläutert zu zweit die Vor- und Nachteile der dargestellten Wohnsituationen aus der Perspektive einzelner Personen sowie der Gesellschaft. Betrachtet dabei insbesondere Aspekte wie Platz-, Energie- und Ressourcenverbrauch, Sicherheit und Privatsphäre (**M7**).
   c) Vergleicht eure Ergebnisse mit der Klasse (**M7**).
2. a) Ordnet die folgenden Wohnkonzepte den Antworten, die Imke gegeben wurden, zu: Single-Haushalt, Mehrgenerationen-Haushalt, Wohngemeinschaft, Tiny House (**M8**).
   b) Tauscht euch darüber aus, welche Vor- und Nachteile die jeweiligen Wohnkonzepte möglicherweise haben und bewertet, welches für euch persönlich am ehesten in Frage kommen würde (**M8**).
   c) Recherchiert in der Gruppe ein weiteres (alternatives) Wohnkonzept (→ Methode in Kap. 1, S. 24). Erarbeitet eine Übersicht mit den wichtigsten Informationen und Merkmalen und präsentiert sie in der Klasse.
3. a) Arbeitet zu zweit heraus, warum die Menschen ein neues Dorf gründen wollen. Welche Ideen wurden bisher umgesetzt, welche Ziele stehen noch im Raum und von welchen Herausforderungen wird berichtet? (**M9**, **QR-Code**)
   b) Nehmt gemeinsam in der Klasse Stellung, ob ihr euch persönlich vorstellen könnt, an solch einem Projekt mitzuwirken und darin zu leben (**M9**).
   c) Entwickelt mithilfe der Walt-Disney-Methode (→ Methodenglossar) in der Gruppe ein Wohnkonzept, wie Menschen in Zukunft (zusammen-) leben könnten und präsentiert es der Klasse (**M9**).

F zu Aufgabe 1b
Tauscht euch darüber aus, wie ihr wohnt.

H zu Aufgabe 2b
Oftmals wird in den Medien auch über Wohnkonzepte in eurer Region berichtet.

5.1.4 Wer baut an Wohn(t)räumen mit?

Imke bekommt eine immer deutlichere Vorstellung davon, wie Menschen wohnen und leben können und stellt daraufhin Überlegungen an, wie ihr erster eigener Wohnraum aussehen könnte. Da Imke Tischlerin werden möchte, fragt sie sich auch, ob sie wohl irgendwann selbst einmal am Bau von Häusern und Wohnungen mitwirken kann? Das wäre doch ein Traum …

M10 Welche Berufe bauen auf der Baustelle mit?

Bearbeitergrafik

M11 Welche Arbeiten fallen auf einer Baustelle an?

To-Do:

Statik berechnen
Grundriss erstellen
Baustoffbedarf ermitteln
Baugrube ausheben
Betonfertigteile gießen
Fundament betonieren
Baugerüst aufbauen
Einfahrt planieren und pflastern
Dach decken
Dachrinnen anbringen
Rohre löten
Boden verlegen
Wände tapezieren
Fenster verglasen
Wände verputzen
Treppe bauen
Türen und Fenster einsetzen
Wände isolieren
Elektrische Geräte installieren
Fassade streichen
...

Bearbeiterin

M12 Frauen auf dem Bau

Frauen auf dem Bau ist ein großes Thema für die Spenglerin Luisa Buck, auf Instagram unter dem Namen Lulu Metalroofer unterwegs: „Ich versuche insbesondere, junge Frauen fürs Handwerk zu begeistern." Dabei spricht sie auch Klischees und Vorurteile an und zeigt Männern „fünf Gründe, warum eine Handwerkerin eurem Betrieb guttun würde".

Bettzieche, Jochen: Die Bauinfluencer. In: www.sueddeutsche.de, 30.12.2021

Spengler/-in
Bezeichnung für Klempner/-in in weiten Teilen Süddeutschlands

AUFGABEN

82311-151

1. a) Beschreibe, welche Tätigkeiten die Personen ausüben (**M10**).
   b) Erkläre, um welche Berufe es sich jeweils handelt (**M10**).
2. a) Recherchiert gemeinsam in der Klasse, welche Berufe die auf der To-Do-Liste genannten Tätigkeiten jeweils übernehmen (**M11**; → Methode in Kap. 1, S. 24).
   b) Entscheidet euch zu zweit für einen der Berufe. Erstellt gemeinsam einen Steckbrief mit den wichtigsten Informationen und präsentiert ihn der Klasse (**M10**, **M11**).
3. Beurteilt gemeinsam in der Klasse, ob die auf der To-Do-Liste aufgeführten Tätigkeiten von Privatpersonen eigenverantwortlich fach- und sicherheitsgerecht ausgeführt werden könnten oder ob dafür ausgebildetes Fachpersonal beauftragt werden sollte (**M11**).
4. Diskutiert in der Klasse, mit was für geschlechtsbezogenen Vorurteilen Luisa Buck sich bei ihrer beruflichen Tätigkeit konfrontiert sehen muss und ob es noch zeitgemäß ist, Berufe in „Männer- und Frauenberufe" zu unterteilen (**M12**).

H zu Aufgabe 2b
Ihr könnt euch beim Anfertigen des Steckbriefs an diesen Fragen orientieren:

82311-152

H zu Aufgabe 2b
Wenn ihr einen bisher nicht genannten, am Bau beteiligten Beruf kennt, könnt ihr natürlich auch diesen vorstellen.

5.2 Meinen Wohn(t)raum planen

5.2.1 Was bedeutet wohnen?

Imke hat einen Ausbildungsplatz zur Tischlerin in Oldenburg bekommen und möchte deshalb in die Nähe ihres neuen Arbeitsortes ziehen. Sie freut sich auf ihre erste eigene Wohnung – doch was bedeutet es überhaupt, eine eigene Wohnung zu haben und dort zu wohnen?

M1 Was macht eine Wohnung wohnlich?

Imke

Bearbeiterin

M2 Wodurch kann der Wohlfühlfaktor beeinflusst werden?

Warmes Wasser aus dem Duschkopf

Im Internet recherchieren

Fernsehen

Wohnzimmer

M3 Welche Funktion haben Wohnräume?

1

Wohnzimmer

2

Schlafzimmer

3

Küche

4

Bad

AUFGABEN

82311-153

1. a) Gib an, was dir in bzw. an einer Wohnung besonders wichtig ist (**M1**).
b) Vergleicht zu zweit eure Ergebnisse und einigt euch auf drei bis fünf unverzichtbare Dinge, die eine Wohnung eurer Ansicht nach enthalten sollte (**M1**).

2. a) Beurteilt zu zweit, inwiefern die auf den Abbildungen zu sehenden Aspekte den Wohlfühlfaktor einer Wohnung beeinflussen (**M2**).
b) Ermittelt ein bis zwei weitere Aspekte, die für euch persönlich wichtig sind, um euch in einer Wohnung wohlzufühlen.

3. a) Erläutere, welche Funktionen die jeweiligen Wohnräume erfüllen und warum diese wichtig sind (**M3**).
b) Benennt ein bis zwei weitere Beispiele und deren Funktionen (**M3**).
c) Beurteilt gemeinsam in der Klasse, ob eine Wohnung viele verschiedene Räume haben muss, um lebenswert zu sein (**M3**).

H **zu Aufgabe 1a**
Beschränke dich dabei nicht nur auf Einrichtungsgegenstände.

H **zu Aufgabe 3c**
Denkt dabei z. B. an die Anzahl der Bewohnerinnen und Bewohner, deren Berufe, Hobbys und individuelle Bedürfnisse.

5.2.2 Was ist eine technische Zeichnung und wozu braucht man sie?

Grundriss
zweidimensionale zeichnerische Darstellung von Räumen

Imke recherchiert online nach Wohnungsanzeigen, kann aber anhand der Fotos und Beschreibungstexte die Größe der dort angebotenen Wohnungen nicht gut einschätzen. Einige Vermieterinnen und Vermieter veröffentlichen jedoch auch Grundrisse der angebotenen Wohnungen – können diese Imke helfen?

M4 Wie möchte Imke ihr Zimmer einrichten?

82311-154

Onno: Imke, hast du schon eine Idee, wie du deine erste eigene Wohnung einrichten möchtest?

Imke: Klar, Papa! Also hinten links soll ein großer Schreibtisch stehen, daneben meine Bücherregale und Regale für meine Gesellschaftsspiele, direkt daneben möchte ich noch einen kleinen Beistelltisch, auf der anderen Seite soll der TV-Schrank stehen und davor eine große Couch und dazwischen möchte ich einen schönen Couchtisch! Dann ist rechts noch Platz für ein großes Bett und den Kleiderschrank!

Bearbeiterin

TECHNISCHE ZEICHNUNGEN

In vielen technischen Situationen ist man darauf angewiesen, dass Informationen besonders präzise und unmissverständlich vermittelt werden. Hier gerät Alltagssprache an ihre Grenzen, weswegen technische Zeichnungen eingesetzt werden. Es handelt sich sozusagen um die „Sprache" der Ingenieurinnen und Ingenieure sowie der Handwerkerinnen und Handwerker, die auf eigenen Regeln beruht.

Ingenieurin bzw. Ingenieur
Berufsbezeichnung für studierte Fachleute im Gebiet der Technik

Die technische Zeichnung enthält dabei alle erforderlichen Angaben zu einem technischen Sachverhalt wie bspw. Informationen zur Herstellung und Beschreibung von Bauteilen, elektrische Schaltungen, Wohnungen usw.
Je nach Branche und Beruf, in dem die Zeichnungen verwendet werden, gibt es branchentypische Unterschiede. So wird beispielsweise in der Baubranche die Einheit in Metern angegeben, während bei Konstruktionszeichnungen Millimeter verwendet werden und im Bereich der Elektrotechnik gibt es eine Reihe von Symbolen, die eine eindeutige Bedeutung haben etc. Es kann sich dabei um eine einfache händische Skizze handeln, aber auch um eine mit einem digitalen Programm angefertigte Zeichnung.

Bearbeiterin

M5 Gibt es unterschiedliche Arten von technischen Zeichnungen?

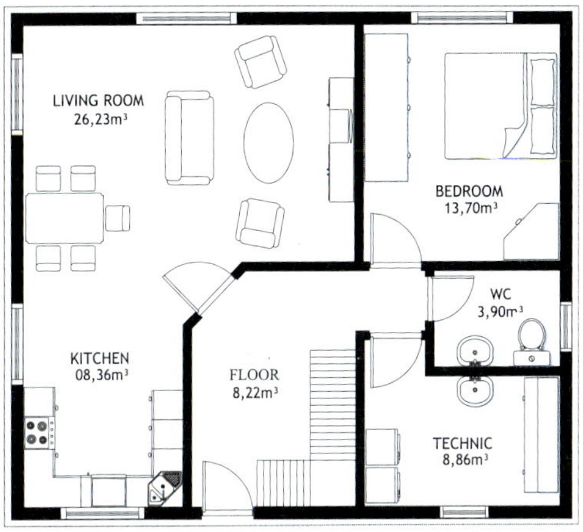

Wohnungsgrundriss

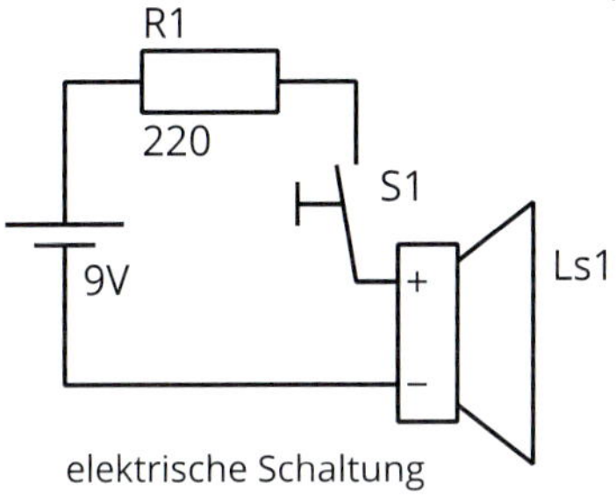

elektrische Schaltung

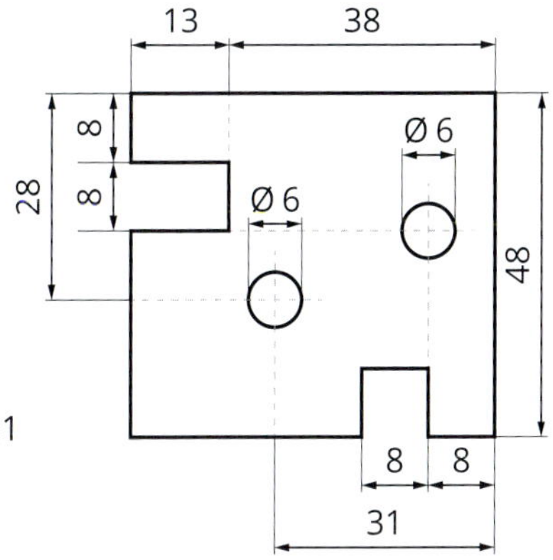

Bauteil aus Metallblech

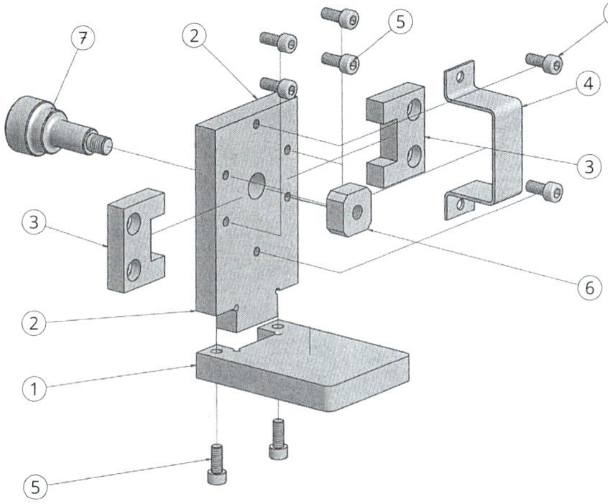

Eine Klemmbrettvorrichtung

Bearbeiterin

Pos.	Menge	Benennung
1	1	Grundfläche
2	1	Seitenplatte
3	2	Seitenteil
4	1	Bügel
5	8	Zylinderschreibe ISO 4762-M5x12-8.8
6	1	Klemmstück
7	1	Bolzen

Tabelle zur Klemmbrettvorrichtung

AUFGABEN

82311-155

1. Gib an, ob Imkes Beschreibung nachvollziehbar ist und mache Vorschläge, wie sie die Informationen verständlicher vermitteln könnte (**M4**).
2. a) Analysiert zu zweit, inwiefern sich die Darstellungen unterscheiden und stellt Vermutungen an, wo sie verwendet werden könnten (**#Technische Zeichnungen**, **M5**).
   b) Erläutert, bei welcher der Darstellungen es sich um eine technische Zeichnung aus dem Wohnungswesen handelt. Woran habt ihr das erkannt? (**#Technische Zeichnungen**, **M5**)
   c) Bewertet gemeinsam in der Klasse, warum es wichtig ist, technische Zeichnungen lesen und verstehen zu können (**#Technische Zeichnungen**, **M5**).

5.2.3 Wie zeichne ich mein Traumzimmer?

Onno hat nicht verstanden, wie Imke ihr Zimmer einrichten möchte. Daher will sie ihm, genau wie sie es bei den Wohnungsanzeigen im Internet gesehen hat, einen Wohnungsgrundriss zeichnen. Doch wie sieht so eine Zeichnung eigentlich aus und worauf muss sie achten?

M6 Wie sehen Skizzen und Zeichnungen aus?

1

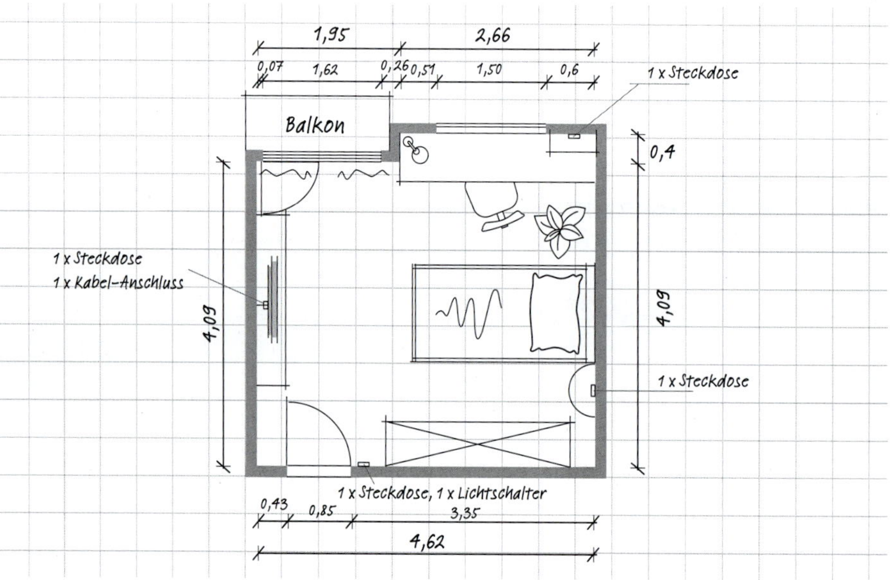

Bearbeitergrafik

2

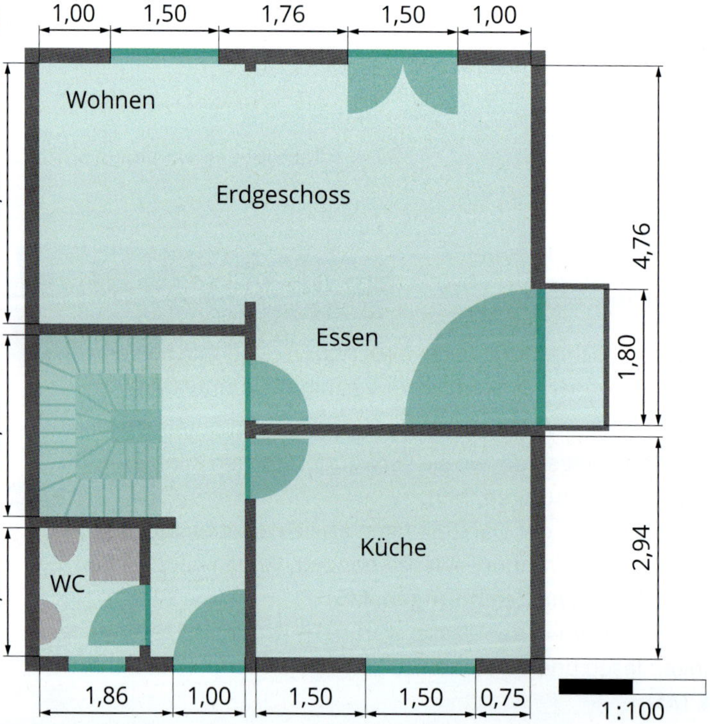

Bearbeitergrafik

M7 Worin unterscheiden sich Skizzen und Zeichnungen?

82311-156

Tante Anne hat früher in einem Bauplanungsbüro gearbeitet und erklärt Imke den Unterschied zwischen Skizzen und Zeichnungen.

Beim Anfertigen einer Skizze nimmst du dir einen Stift und weißes oder kariertes Papier. Dann skizzierst du den Grundriss freihand, also ohne Verwendung von Hilfsmitteln. Es ist dabei noch nicht wichtig, alles im korrekten Maßstab darzustellen. Die Position von Fenstern oder Möbeln sollten erkennbar sein, aber die exakten Proportionen sind noch nicht so wichtig. Bei der Skizze geht es darum, erste Ideen auf das Papier zu bringen und einen groben Eindruck von allem zu bekommen. Wenn du die Zeichnung anfertigen möchtest, ist es wichtig, dass du mit einem Bleistift und nur noch auf weißem blankem Papier zeichnest und dabei Hilfsmittel wie ein Geodreieck verwendest. Deine Zeichnung muss außerdem mit einem Schriftfeld versehen werden. Dort notierst du alle wichtigen Informationen zu deiner Zeichnung, wozu auch die Angabe des Maßstabs gehört. Diese Angabe ist notwendig, um die Proportionen von der Einrichtung zur Größe der Räumlichkeiten exakt berechnen und darstellen zu können.

Bearbeiterin

Proportion
ein mathematischer Begriff, der das Verhältnis von Größen zueinander beschreibt

MAßSTAB

Der Maßstab gibt das Verhältnis an, wie ein Gegenstand im Vergleich zu seiner realen Größe verkleinert (bspw. 1:2) oder vergrößert (bspw. 2:1) wird.
Ist bei einer Zeichnung zum Beispiel ein Maßstab von 1:2 angegeben, bedeutet das, dass der Gegenstand in der Realität doppelt so groß ist, als in der Zeichnung dargestellt. Maßstabsangaben findet man unter anderem auf Landkarten oder auf Wohnungsgrundrissen.

Maßstab 1:25.000
1 cm der Karte entspricht 250 m der Natur

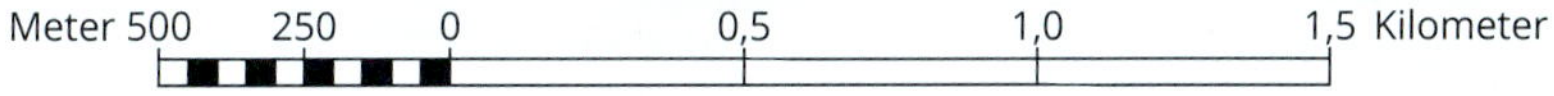

Bearbeiterin

M8 Warme oder kalte Wohnungsanzeigen?

Maßstab	Länge im Plan	Länge in Wirklichkeit
1 : 5	31 mm	... mm
1 : 10	... m	12 m
1 : 100	12 cm	... cm
1 : 72	2 cm	... cm

Bearbeiterin

M9 Wie bringt der Maßstab das große Zimmer aufs Papier?

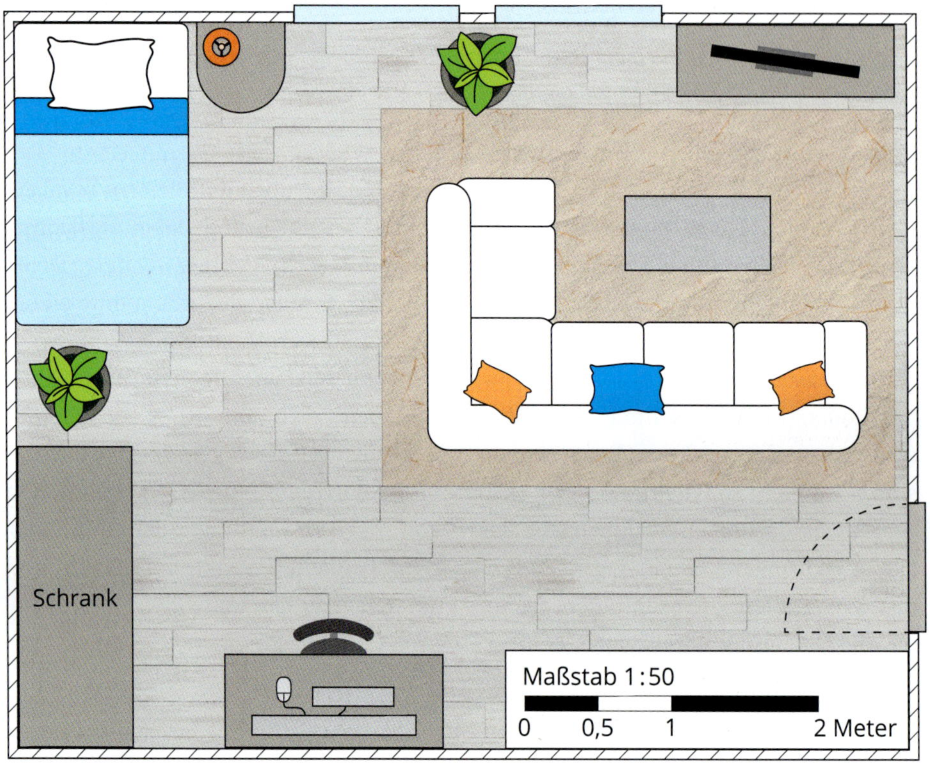

Bearbeitergrafik

H zu Aufgabe 4
zum Beispiel im Modellbau, in der Architektur und im Maschinenbau

AUFGABEN

82311-157

1. Beschreibe die Abbildungen. Welche Gemeinsamkeiten und Unterschiede fallen dir auf? (**M6**)
2. Vergleiche die Merkmale von Skizzen und Zeichnungen und stelle sie in einer Tabelle gegenüber (**M7**).
3. Trage die fehlenden Werte in die Tabelle ein (**M8**).
4. Recherchiert zu zweit, in welchen Branchen bzw. Anwendungsfeldern welche Maßstäbe üblich sind.
5. Miss die Möbelstücke in der Zeichnung mit dem Lineal ab und berechne unter Verwendung des angegebenen Maßstabs, wie groß sie im Original sind (**#Maßstab**, **M9**).
6. Bewerte, ob du zur Einrichtung deines eigenen Zimmers eine Skizze oder eine technische Zeichnung verwenden würdest.

5.2.4 Wird die Couch ins Zimmer passen? Ein Zimmer (digital) einrichten

Onno weiß, dass der Sohn eines Kollegen aus seiner Wohngemeinschaft (WG) in Oldenburg ausziehen möchte. Er vereinbart mit ihm, dass er es sich das WG-Zimmer einmal ansehen darf, als er beruflich in Oldenburg ist. Da das Zimmer noch bewohnt ist und Onno deswegen gebeten wurde, keine Fotos zu machen, versucht er Imke alle wichtigen Infos telefonisch durchzugeben.

M10 Wie sieht das Zimmer aus?

82311-158

Hallo Imke! Ich habe mir grad ein Maßband geholt und das Zimmer ausgemessen. Jetzt versuche ich es dir möglichst genau zu beschreiben. Ich habe alle Maße gerundet: Das Zimmer ist ca. 4 m breit und 5 m lang. Du kannst es dir wie ein Rechteck vorstellen. Die Tür befindet sich mittig an der „langen" Zimmerseite. Das Fenster ist mittig auf der linken Zimmerwand. Die Tür selbst misst mit Rahmen 1 m in der Breite, das Fenster ebenfalls. Reichen diese Informationen, damit du eine Vorstellung vom Zimmer bekommst?

Bearbeiterin

Onno

M11 Wird die Couch ins Zimmer passen?

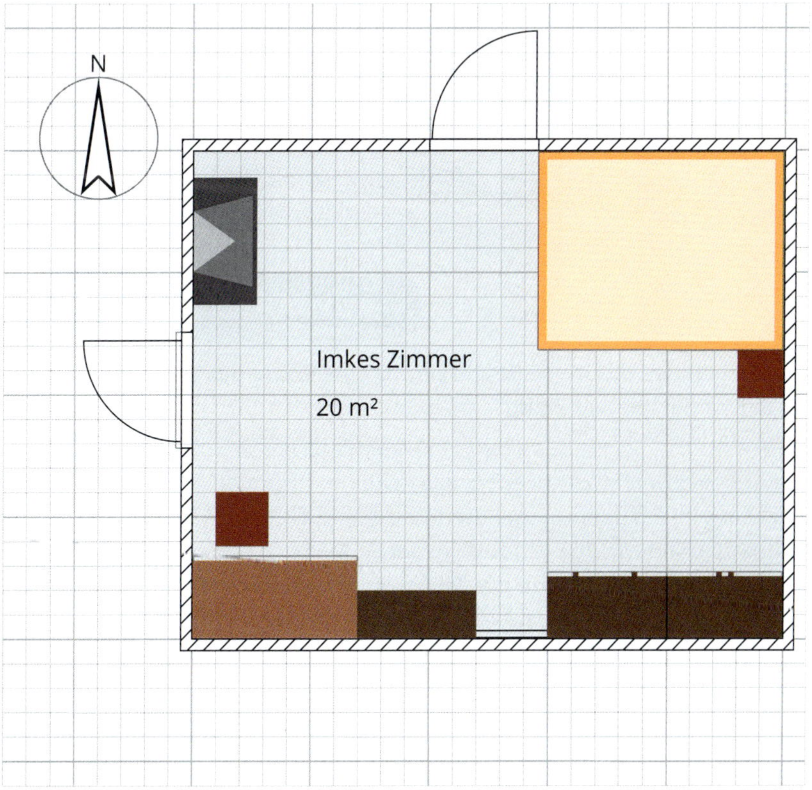

147 cm × 87 cm

Imke

Name	Breite	Tiefe
Bett	158	208
Nachttisch	38	38
Kleiderschrank	100	55
Schreibtisch	140	67,8
Stuhl	40	42
Fernsehtisch	100	52
Bücherregal	100	40

Bearbeitergrafik

QUADRATMETER

Der Quadratmeter ist ein Maß, das zur Messung und Berechnung von Flächen dient.
Ein Quadratmeter entspricht der Länge eines Quadrats mit einer Seitenlänge von 1 Meter. Das Einheitenzeichen ist „m²“. Die Angabe der Quadratmeterzahl spielt bei der Planung und Vermietung von Wohnraum eine wichtige Rolle.

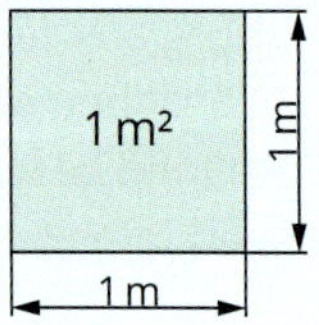

Bearbeiterin

M12 Auf dem Papier oder digital?

Wenn ich Stift und Papier nutze, kann ich auch unterwegs in meinem Notizblock Skizzen machen, aber ...

Mit einem digitalen Zeichenprogramm kann ich viel sauberer zeichnen, aber ...

Bearbeiterin

Imke

AUFGABEN

82311-159

1. a) Fertige mithilfe von Onnos Beschreibung eine Skizze des WG-Zimmers mit Stift und Papier an (**M10**).
   b) Erläutere, auf welche Herausforderungen du gestoßen bist.
2. a) Erläutert zu zweit Möglichkeiten, wie Imke herausfinden kann, ob alle Möbel aus ihrem Zimmer im Elternhaus sowie die Couch in das WG-Zimmer passen würden (**#Quadratmeter**, **M11**).
   b) Überprüft anschließend, ob alle Möbel aus ihrem Zimmer sowie die Couch in das WG-Zimmer passen (**#Quadratmeter**, **M11**).
3. Erörtert gemeinsam in der Klasse Vor- und Nachteile mit Stift und Papier erstellter bzw. digitaler Skizzen oder Zeichnungen (**M12**).
4. Entwirf dein Traumzimmer, indem du mithilfe Praxisseite eine digitale Zeichnung anfertigst.

H zu Aufgabe 2
Nutze auch #Maßstab und M8.

F zu Aufgabe 4
Gestalte ein 3D-Modell zu einem Schlüsselanhänger.

Mit TinkerCad® ein 3D-Modell erstellen

82311-160

Ein Zimmer mit Sweet Home 3D® digital zeichnen und einrichten

Den Grundriss einer Wohnung digital anzufertigen, bringt einige Vorteile mit sich. Das geht bspw. mit dem kostenfreien Programm Sweet Home 3D®. Dieses Programm wird dir im Folgenden vorgestellt.

Mithilfe dieser Praxisseiten lernst du:

- den Programmaufbau kennen,
- Wände zu ziehen,
- Räume festzulegen sowie Raumeigenschaften zu verändern,
- Räume mit Fenstern und Türen zu versehen,
- Räume einzurichten sowie Eigenschaften der Einrichtungsgegenstände zu verändern.

Hinweis
Wenn du lieber am Tablet arbeiten möchtest, findest du im App-Store auch gute und kostenlose Anwendungen wie beispielsweise die App „PaletteHome".

Die Nutzeroberfläche

Nach dem Öffnen des Programms siehst du eine in vier Bereiche unterteilte Nutzeroberfläche. Im Bereich oben rechts befindet sich die Zeichenfläche (im Programm auch Wohnungsplan genannt), im Bereich direkt darunter stellt das Programm das Gezeichnete automatisch in einer 3D-Ansicht dar. Oben links befindet sich der Möbelkatalog – von dort können ganz einfach via Drag and Drop Einrichtungsgegenstände in den Wohnungsplan gezogen werden. Alle verwendeten Möbelstücke werden daraufhin automatisch in der Mobiliarliste aufgelistet.

Drag and Drop
auf Deutsch „ziehen und ablegen"; bezeichnet eine Funktion, bei der grafische Elemente wie bspw. Icons oder Textstellen mit gedrückter Maustaste über den Bildschirm gezogen und wieder abgelegt werden

Die Menüleiste

Ganz oben links findest du die Menüleiste. Darüber kannst du alle wichtigen Funktionen des Programms aktivieren. Wenn du mit der Maus über die Symbole fährst, wird dir angezeigt, wie die Funktion jeweils heißt.

Gehe für deine Zeichnung wie folgt vor:

Schritt 1:

In der Menüleiste findest du die Funktion „Wand erstellen". Nach einem Klick auf die Funktion, kannst du mit der Maus im Zeichenraster virtuelle Wände ziehen. Das Programm selbst erklärt dir an dieser Stelle noch einmal ganz genau, wie.

Tipp: Wenn du im Raster am Nullpunkt zu zeichnen beginnst, wird dir die genaue Länge der Wände angezeigt. Wenn du an einer anderen Stelle beginnst, musst du selbst mitrechnen.

Zeichenraster
bezeichnet eine optische Hilfskonstruktion, die Gestaltungsaufgaben erleichtert

Schritt 2:

Zeichne nun den Grundriss deines Zimmers, indem du die Wände so ziehst, wie du möchtest. Achte darauf, dass alle Wände miteinander verbunden sind.

Schritt 3:

Das Gezeichnete muss als Raum festgelegt werden. Dazu klickst du oben in der Menüleiste auf „Raum erstellen". Klicke nun auf alle Ecken des Raumes und das Programm rechnet automatisch die Wohnfläche des Raumes aus und zeigt die Quadratmeter (m^2) an.

Tipp: Über die Menüleiste kannst du den Wohnungsplan vergrößern oder verkleinern. Das Reinzoomen macht es viel einfacher, die Ecken des Zimmers präzise anzuklicken.

Schritt 4:

Wenn der Raum erstellt ist, kannst du mit einem Doppelklick darauf ein weiteres Fenster öffnen. Dort kannst du den Raum benennen und weitere Einstellungen vornehmen, bspw. welche Farbe die Wände haben sollen oder ob der Boden so aussehen soll, als bestünde er aus Holz.

Schritt 5:

Damit der Raum auch betreten werden und Tageslicht hineinkommen kann, muss er noch mit einer Tür und mindestens einem Fenster versehen werden. Klappe dazu im Möbelkatalog den Ordner „Fenster und Türen" aus. Wenn du mit der Maus über ein Objekt fährst, zeigt das Programm dir eine kleine Vorschau an, wie es aussieht. Ziehe es dann ganz einfach mit Drag and Drop nach rechts an die gewünschte Stelle im Wohnungsplan.

Tipp: Der Halbkreis zeigt dir an, ob die Tür oder das Fenster nach außen bzw. nach innen öffnet.

Weitere Tipps

82311-161

Schritt 6:

Jetzt kann das Zimmer eingerichtet werden. Das funktioniert wie bei den Fenstern und Türen: Klappe den entsprechenden Ordner im Möbelkatalog aus und ziehe die Einrichtungsgegenstände an die gewünschte Stelle im Wohnungsplan.

Tipp: Das Programm richtet die Objekte automatisch aus, wenn du sie an eine Wand ziehst, bevor du die Maustaste loslässt. Du kannst aber jedes Objekt noch drehen, wenn du darauf klickst. Mit einem Doppelklick kannst du außerdem dessen Eigenschaften wie bspw. die Farbe verändern.

Jedes Möbelstück, das du verwendest, wird automatisch der Mobiliarliste unten links hinzugefügt, sodass du dort auf einen Blick sehen kannst, was in deinem virtuellen Zimmer steht. Außerdem erscheint eine dreidimensionale Ansicht des Raums in der 3D-Ansicht. Dort kannst du dich mithilfe der Kamera in alle Richtungen umsehen und deine Einrichtung betrachten.

Bearbeiterin

5.3 Der Reality-Check: Was kostet Wohnen wirklich?

5.3.1 Wie viel Wohnraum kannst du dir leisten?

Zu ihrer ersten eigenen Wohnung hat Imke bereits viele Einrichtungs-Ideen. Als ihre Freundin Clara erzählt, dass sie für ihre Ausbildung in ein kleines WG-Zimmer zieht, kommen in Imke Zweifel auf, ob sie sich ihre Traumwohnung leisten kann.

M1 Wofür gibst du Geld aus?

Bearbeiter

M2 Wie hoch sind die Lebenshaltungskosten in Deutschland?

Lebenshaltungskosten
alle Ausgaben, die eine Person für das alltägliche Leben benötigt

Konsumausgaben privater Haushalte in Deutschland im Jahr 2022

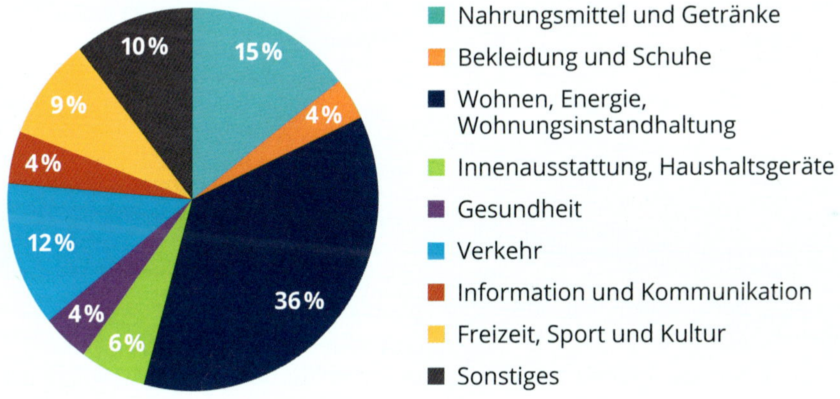

Nach: Statistisches Bundesamt, 2023

FAUSTREGEL ZUM WOHNRAUM

Eine verbreitete Faustregel besagt, dass man nicht mehr als 30 Prozent seines Einkommens für die Miete ausgeben sollte. Dadurch soll sichergestellt werden, dass genug Geld für alle weiteren Ausgaben zur Verfügung steht. Dazu können der Einkauf von Lebensmitteln, der Kauf von Bahntickets und die Kosten für ein Hobby gehören. Die sogenannten Lebenshaltungskosten können bei verschiedenen Personen sehr unterschiedlich hoch sein.

Bearbeiter

M3 Wie viel Gehalt geht für die Miete drauf?

Imke: Mein Ausbildungsvertrag ist da und ich 1.133 € im Monat – dass es so viel Geld ist, hätte ich nicht gedacht.

Onno: Dein Verdienst entspricht genau dem Durchschnitt des Gehalts von Auszubildenden im Jahr 2024. Davon gehen noch Steuern und Sozialabgaben ab. Daher werden dir in deiner Steuerklasse ungefähr 30 Prozent weniger von deinem Gehalt ausgezahlt. Wenn du das beachtest, kannst du abschätzen wie teuer die Miete maximal sein darf. Lass uns einen Blick auf deine verschiedenen Wohnoptionen werfen.

Steuern und Sozialabgaben
werden vom Gehalt abgezogen: Von Steuern werden z. B. Schulen, Straßen und Brücken, aber auch das Gehalt von Beamten wie Lehrkräfte oder Polizistinnen und Polizisten bezahlt. Von Sozialabgaben werden die Kranken-, Renten- und Arbeitslosenversicherung finanziert.

Steuerklasse
zeigt an, wie viel Steuern vom Gehalt abgezogen werden, das hängt davon ab, ob du alleine lebst oder verheiratet bist und ob du Kinder hast.

WG-Zimmer in der Königsstraße	Einzimmerwohnung in der Forststraße
Miete: 270 €	Miete: 550 €
Wohnfläche: 20 m²	Wohnfläche: 45 m²
WG-Zustand: Renovierungsbedürftig	Wohnungszustand: neuwertig
Anbindung an öffentliche Verkehrsmittel: gut	Anbindung an öffentliche Verkehrsmittel: schlecht

Bearbeiter

AUFGABEN

82311-162

1. a) Beschreibe wofür du Geld ausgibst und gehe darauf ein, welche Ausgaben unbedingt notwendig oder verzichtbar sind (**M1**).
b) Nennt Ausgaben, die neben den Kosten für das Wohnen im Alltag der meisten Menschen anfallen (**M2**).
c) Erklärt, warum Mietausgaben im Verhältnis zum Verdienst nicht zu hoch sein dürfen und wo Einsparungen bei den Lebenshaltungskosten möglich sind (**M2**, **#Faustregel zum Wohnen**).

2. a) Recherchiere, wie hoch aktuell das durchschnittliche Gehalt von Auszubildenden ist.
b) Berechne, wie hoch die Miete maximal sein darf (**#Faustregel zum Wohnen**). Nutze dafür das durchschnittliche Gehalt von Auszubildenden (**M3**), ziehe die durchschnittlichen Steuern und Sozialabgaben ab.
c) Tauscht euch zu zweit aus, welche Vor- und Nachteile sich für euch in den verschiedenen Wohnungsoptionen zeigen.
d) Beurteilt danach gemeinsam in der Klasse, für welche Wohnung sich Imke entscheiden soll (**M3**).

5.3.2 Mehr als nur die Miete – welche Kosten kommen noch auf dich zu?

Imke ist verwirrt. In jeder Wohnungsanzeige wird der Mietpreis mit dem Zusatz „warm" oder „kalt" angegeben. Imke denkt, dass eigentlich jede Wohnung zumindest im Winter warm sein sollte, was hat es denn damit auf sich?

M4 Warm- oder Kaltmiete?

2-Zimmer Wohnung 600 € KALT	2-Zimmer Wohnung 750 € WARM
Schöne offen geschnittene Wohnung mit 55 m² im EG. NK betragen ungefähr 175 € mtl. Bezugsbereit ab 01.04.2026.	Modern ausgestattete Wohnung mit KR. EBK vorhanden. Bezugsbereit ab sofort.

Bearbeiter

M5 Wie sieht eine Nebenkostenabrechnung aus?

Nebenkostenabrechnung Wohnung 8

Heiz- und Wasserkosten	417,05 €
Abfallgebühren	155,88 €
Versicherung und Steuern für das Haus	120,43 €
Hausreinigung	193,66 €
Abwasser	179,54 €
Beleuchtung des Hausflurs	23,77 €
Summe	**1.090,33 €**

Bearbeiter

Aufteilung der Kosten

Alle individuellen Verbräuche der Wohnungen werden anhand der Wasserzähler, Stromzähler und Heizkostenverteiler ermittelt. Pauschale Kosten werden gleichmäßig auf die 12 Wohnungen im Haus aufgeteilt.
Bereits gezahlte Nebenkosten 1.200 €, Abrechnung der Nebenkosten: 1.200 € – 1.090,33 € = 109,67 €
→ 109,67 € wurden zu viel gezahlt und werden im nächsten Monat zurücküberwiesen.

Heizkostenverteiler
am Heizkörper montiertes Gerät, das die Temperatur der Heizung über das Jahr ermittelt: Dadurch lassen sich die Heizkosten für ein ganzes Haus aufteilen, wenn nur der Gesamtverbrauch der Heizstoffe bekannt ist.

\# NEBENKOSTENABRECHNUNG

Eine Nebenkostenabrechnung listet zusätzliche Kosten auf, die über ein Jahr für die Vermieterin oder den Vermieter angefallen sind. Je nach Wohnungsgröße, Wasserverbrauch und Heizungsnutzung werden die Kosten abgerechnet. In jedem Monat muss eine Schätzung der anfallenden Nebenkosten mit der Miete mitgezahlt werden. In der Nebenkostenabrechnung wird das bereits gezahlte Geld gegengerechnet. Falls die Nebenkostenabrechnung höher als der bereits über die Monate gezahlte Betrag ausfällt, muss man nachzahlen. Falls nicht, bekommt man das zu viel gezahlte Geld zurück.

Bearbeiter

Rundfunkbeitrag
monatliche Gebühr, die jede Wohnung in Deutschland zahlen muss: Damit werden Fernsehsender, Radiosender und Online-Angebote von öffentlich-rechtlichen Sendern wie der ARD oder dem ZDF finanziert.

M6 Kosten für Kabelfernsehen ab 01.07.2024: Sache der Mieterinnen und Mieter

Aufgrund eines Gerichtsurteils dürfen ab dem 01.07.2024 die Kosten für das Kabelfernsehen nicht mehr über die Nebenkosten abgerechnet werden. Dadurch müssen Mieterinnen und Mieter, genau wie für Telefon, Internet und Strom, direkt einen Vertrag mit einem Anbieter abschließen. Der Rundfunkbeitrag muss auch ohne Fernsehanschluss gezahlt werden.

Bearbeiter

M7 Rundfunkbeitrag: Zwangsgebühr oder sinnvoller Beitrag?

Malik: Ich finde es sehr sinnvoll, dass von dem Rundfunkbeitrag unabhängige Medien finanziert werden. Ohne einen Rundfunkbeitrag würden vielleicht nur noch Reality-TV und Koch-Sendungen laufen.

Imke: Die öffentlich-rechtlichen Sender interessieren mich eigentlich gar nicht. Deswegen würde ich auch lieber keinen Rundfunkbeitrag zahlen.

Bearbeiter

AUFGABEN

82311-163

1. a) Tauscht euch zu zweit darüber aus, was der Unterschied zwischen Warm- und Kaltmiete sein könnte (**M4**).
b) Recherchiert im Internet, was die Abkürzungen EG, NK, KR und EBK bei Wohnungsanzeigen bedeuten (**M4**).
c) Erkläre, was alles typische Bestandteile einer Nebenkostenabrechnung sind (**M5**, **#Nebenkostenabrechnung**).
d) Erläutere, warum manche Mieterinnen und Mieter durch die Nebenkostenabrechnung Geld zurückerhalten und andere Geld nachzahlen müssen (**M4**).

2. a) Gib an, für welche Dienste ein gesonderter Vertrag abgeschlossen werden muss, weil diese nicht über die Nebenkosten abgerechnet werden (**M6**).
b) Erörtert gemeinsam in der Klasse eure Meinungen zum Rundfunkbeitrag. Geht dabei begründet auf die Aussagen ein (**M7**).

5.3.3 Ist nachhaltigeres Wohnen möglich?

Imke sieht eine Werbung für einen Laden, sieht, bei dem man ausschließlich gebrauchte Möbel kaufen kann. Was kann an einer Wohnung und ihrer Einrichtung so umweltschädlich sein?

M8 Warum sprechen alle über nachhaltiges Wohnen?

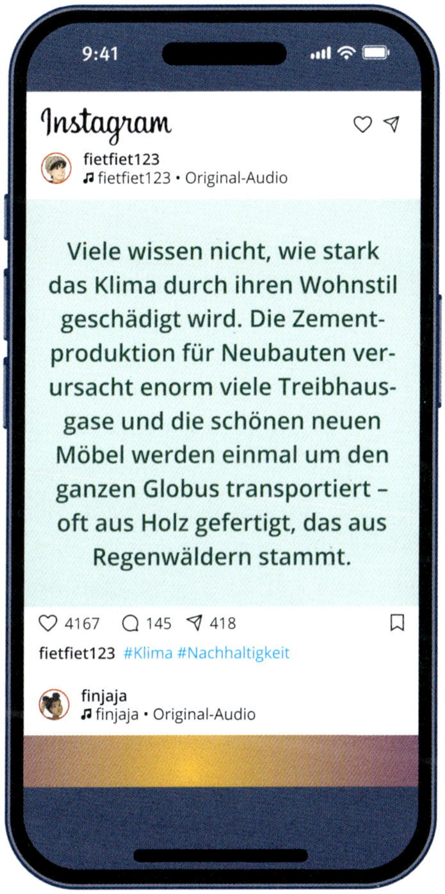

Bearbeiter

M9 Wie kann man nachhaltig wohnen?

82311-164

Imke: Ich habe ein Video geschaut, in dem erklärt wird, wie man nachhaltiger wohnen kann. Eine Möglichkeit ist die Wohnungseinrichtung mit gebrauchten Möbeln, weil die Produktion und der Transport von neuen Waren immer CO_2 ausstößt.

Opa Fritz: Dann wohne ich schon lange nachhaltig. Für meine erste Wohnung habe ich mir z. B. schon gebrauchte Möbel gekauft, weil ich damals nicht mehr Geld hatte.

Imke: Heute kann man gebrauchte Möbel im Internet kaufen und es gibt viele weitere Möglichkeiten, um nachhaltiger zu wohnen. Ganz wichtig ist es, nicht mehr Wohnfläche zu haben, als man braucht. Die Wohnfläche muss nämlich auch immer beheizt werden.

Bearbeiter

NACHHALTIG WOHNEN

Nachhaltig wohnen beschreibt den Anspruch, so zu leben, dass die Umwelt möglichst geschont bzw. möglichst wenig belastet wird.
Dabei wird darauf geachtet, möglichst wenig Energie und Wasser zu verbrauchen, Müll zu vermeiden und natürliche Ressourcen zu schonen. Um nachhaltig zu wohnen, müssen Häuser beispielsweise aus natürlichen Materialien (z. B. Reet, Lehm und Holz) gebaut werden und erneuerbare Energien für elektrische Energie und zum Heizen genutzt werden. Möbelstücke sollten möglichst gebraucht gekauft oder repariert werden. Oft kann man sich Dinge für den Haushalt auch leihen, z. B. Werkzeuge wie einen Bohrer, die man selten nutzt oder größere Anschaffungen mit Nachbarinnen und Nachbarn teilen, wie z. B. einen Rasenmäher.

Bearbeiter

M10 Ein Tiny House für Florian

Dieses Tiny House steht in Neuseeland in einem Wohngebiet.

Freising – Es ist ein Meisterstück im XXL-Format: Im Rahmen der Großen Arbeit an der Montessori-Schule hat Florian Dittmar (15) ein Tiny House gebaut. Seit zwei Jahren vergießt der Freisinger für das Riesenprojekt viel Schweiß und auch ein wenig Blut. Ende April soll die Präsentation des Projekts erfolgen. Der 15-Jährige wäre dann wohl der jüngste Tiny-House-Bauer in ganz Deutschland, und auch weltweit einer der Jüngsten.

Eser, Manuel: Er ist der Jüngste in Deutschland: 15-jähriger Schüler aus Freising errichtet sein eigenes Tiny House. In: www.merkur.de, 22.04.2021

M11 Mehrere Generationen unter einem Dach: Mehrgenerationenhäuser

Stell dir vor, deine Oma wohnt direkt nebenan oder sogar im selben Haus wie du. Das war früher ganz normal. Großfamilien haben oft unter einem Dach gelebt. Heute nennt man das ein Mehrgenerationenhaus. Das hat Vorteile für alle. Die Älteren können den Jüngeren etwas beibringen. Die jüngeren Generationen können die körperlich schweren Aufgaben übernehmen. Durch die Vorteile der gegenseitigen Unterstützung wächst der Trend zum Mehrgenerationenhaus.

Bearbeiter

M12 „Zu-verschenken-Kiste“: gelebte Nachhaltigkeit oder Müll in der Öffentlichkeit?

Khalil: Ich freue mich immer sehr, wenn in den Kisten interessante Bücher oder andere Gegenstände finde. Für mich ist das wie Shopping – nur nachhaltig und kostenlos.

Onno: Für mich sind die Kisten mit alten Sachen und dem Hinweis „Zu verschenken" Müll in der Öffentlichkeit. Jeder sollte Verantwortung für sein Eigentum übernehmen und die Gegenstände über Online-Portale verschenken, verkaufen oder einfach wegwerfen.

Bearbeiter

AUFGABEN

82311-165

1. a) Erstelle eine Liste mit allen Möbeln und Einrichtungsstücken, von denen du denkst, dass sie für deine erste Wohnung wichtig wären.
b) Analysiere, welche Möbel du aus deinem aktuellen Zimmer in die neue Wohnung mitnehmen könntest und halte dies auf deiner Liste fest.
c) Vergleicht zu zweit eure erstellten Listen: Welche Gemeinsamkeiten und Unterschiede könnt ihr feststellen? Ergänzt ggf. eure Listen oder streicht etwas weg.
d) Recherchiert in Internet-Portalen, lokalen Läden oder Flohmärkte etc. in eurer Nähe, bei denen man gebrauchte Wohnungsgegenstände umsonst oder sehr günstig kaufen kann (**M9**).
e) Ermittelt, welche Möbel ihr nachhaltiger und günstiger gebraucht kaufen oder kostenlos z. B. von Verwandten bekommen könntet und wo bspw. Werkzeuge geliehen werden können (**M9**).

2. Erkläre, durch welche Maßnahmen nachhaltigeres Wohnen möglich ist (**M9**, **#nachhaltig Wohnen**).

3. a) Tauscht euch in der Klasse dazu aus, ob ihr euch das Leben in einem selbstgebauten Tiny House oder einem Mehrgenerationenhaus vorstellen könntet (**M10**, **M11**).
b) Stellt hierzu Chancen und Herausforderungen beider Wohnformen gegenüber (**M10**, **M11**).
c) Nehmt begründet Stellung: Wer von euch würde in ein Tiny House ziehen? Wer könnte sich ein Leben in einem Mehrgenerationenhaus vorstellen?

4. Stelle begründet deine Meinung zu „Zu-verschenken-Kisten“ dar (**M12**).

M1 Wohnen, wie du willst

Wie willst du wohnen?

1 Hochhaus mit Wohnungen

2 Hausboot

3 Kleine Wohnung

4 Wohngemeinschaft

5 Haus mit Garten und Pool

6 Mehrere Generationen

Bearbeiter

M2 Gut geplant, ist halb gemacht

Imke hat nach langem Suchen endlich eine kleine Einzimmerwohnung am Rande von Oldenburg gefunden. Die Wohnung ist aber noch vermietet. Zwischen ihrem Einzug und dem Beginn ihrer Ausbildung bleiben nur wenige Tage Zeit. Sie muss also aus der Ferne planen, wie sie die Wohnung einrichtet. Zwar hat sie den Grundriss notiert und Bilder der Wohnung gemacht. So richtig vorstellen kann sie sich das Ganze aber nicht.

Imke: Wenn da etwas schief geht, wird der Umzug noch stressiger und teurer, als er ohnehin schon ist. Du bist doch so kreativ, Bruderherz. Kannst du mir einen Tipp geben?

Fiete: Du könntest mit einem **digitalen Planungstool** arbeiten. Oder du **zeichnest** dir den Grundriss der Wohnung im passenden Maßstab auf ein großes Blatt Papier auf. Dann kannst du dir die Grundflächen der Möbel im selben Maßstab auf Papier oder Pappe aufzeichnen, ausschneiden und anordnen. Alternativ kannst du dir mit **Knete**, **Modelliermasse** oder mit dem **3D-Drucker** kleine **Modelle herstellen** und auf dieser Fläche frei platzieren, um zu schauen, wie alles zusammenpasst und wirkt.

Bearbeiter

M3 Das Einrichtungsproblem

Imke: Mein Bett ist erst ein Jahr alt und ich schlafe super auf der Matratze. Aber die Farbe passt nicht zur neuen Einrichtung und zur Wandgestaltung. Außerdem wollte ich schon immer ein Boxspringbett haben … Die sind aber echt sehr teuer. Finja, hast du eine Idee, was ich machen kann?

Finja: Lass mich kurz darüber nachdenken.

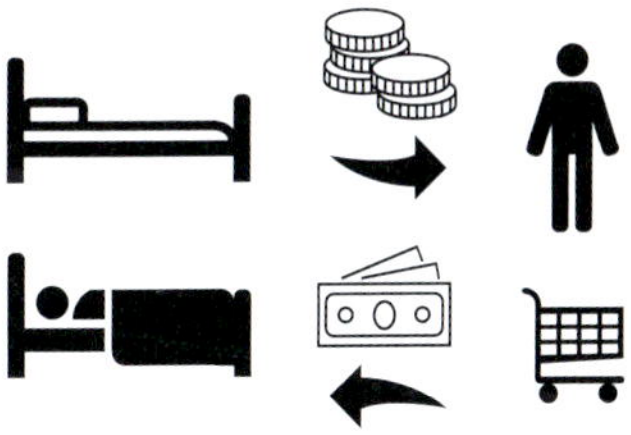

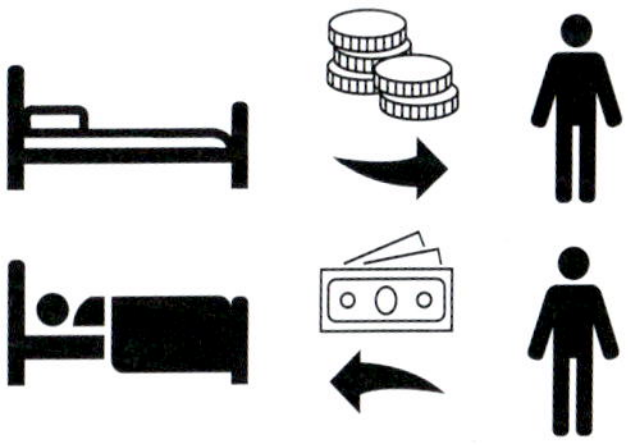

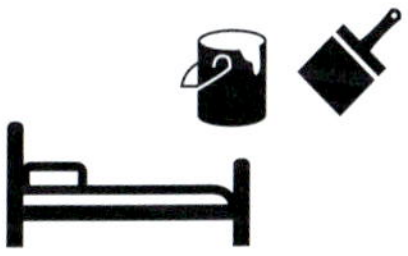

Bearbeiter

AUFGABEN

82311-166

1. a) Beschreibe die Abbildungen in **M1**.
   b) Benenne die abgebildeten Wohnkonzepte und ihre Vor- und Nachteile. Notiere sie in einer Tabelle (**M1**).
2. a) Vergleicht zu zweit die genannten Planungsmethoden miteinander (**M2**).
   b) Welche Planungsmethode ist euer Favorit? Begründet eure Antwort. Geht dabei auf Aufwand, Dauer, Kreativität, Anschaulichkeit ein.
3. a) Erschließt anhand der Piktogramme Finjas Ideen (**M3**).
   b) Diskutiert Finjas Ideen in der Klasse. Beachtet dabei die Gesamtkosten der Einrichtung, den Aufwand der Umsetzung, die individuellen Bedürfnisse und das Thema Nachhaltigkeit.
4. Diskutiert in der Klasse die folgende Aussage: „Wohnen ist viel mehr, als nur eine Wohnung haben" (**M1–M3**).

Piktogramm
Ein grafisches Symbol, das Informationen vereinfacht darstellt

Die Walt-Disney-Methode anwenden

Worum geht es?

Bei der Walt-Disney-Methode handelt es sich um eine Kreativitätstechnik, die der namensgebende Erfinder von Donald Duck, Mickey Maus und Co. angeblich bei seiner Arbeit regelmäßig angewandt hat.
Die Methode läuft in drei Phasen ab, wobei ihr als Gruppe in jeder Phase eine andere Rolle einnehmt. Die Methode hilft euch dabei, starre Denkmuster aufzulösen und andere Perspektiven einzunehmen. Bei Bedarf können die Phasen jederzeit erneut durchlaufen werden.

Kopiervorlage

82311-167

Geht dabei so vor:

Schritt 1: Rolle der Träumerin oder des Träumers

Lasst euren Ideen freien Lauf. Was wäre schön? Was wäre ideal? Was wäre euer Traum? Verwendet die Kopiervorlage im QR-Code, um eure Ideen unter dem Titel „Träume“ festzuhalten.

Schritt 2: Rolle der Realistin oder des Realisten

Ordnet und beurteilt eure Ideen auf tatsächliche Umsetzbarkeit. Was würde das kosten? Wer könnte es umsetzen? Wie lange würde das dauern? Notiert eure Ergebnisse unter dem Titel „Realist“ in der Kopiervorlage.

Schritt 3: Rolle der Kritikerin oder des Kritikers

Versucht, alle möglichen Risiken und Schwachstellen eurer Ideen aufzudecken. Was könnte scheitern? Was wurde noch nicht mitgedacht? Was müsste besser gemacht werden? Notiert eure Ergebnisse unter dem Titel „Kritiker“ in der Kopiervorlage.

Bearbeiterin

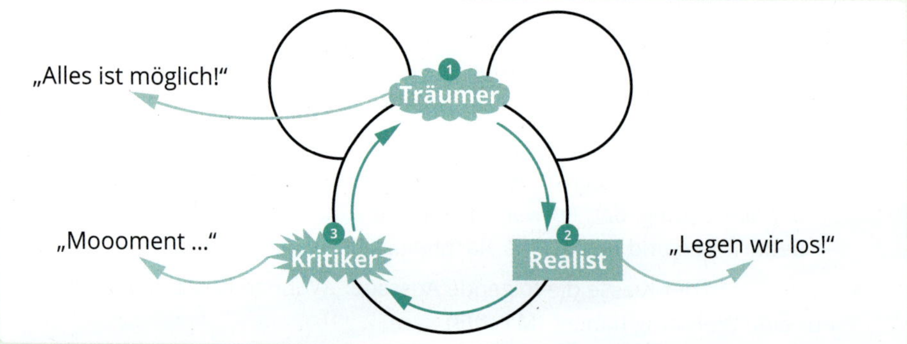

Bearbeitergrafik

Eine Mindmap erstellen

Worum geht es?

Eine Mindmap (englisch: mind map; auch: Gedanken[land]karte, Gedächtnis[land]karte) erstellen, ist eine Technik, die für das Erschließen oder das visuelle Darstellen eines Themengebietes oft zum Einsatz kommt. Hierbei sollen Gedanken freien Lauf erhalten und so die Fähigkeit des Gehirns zur Kategorienbildung genutzt werden.

Geht dabei so vor:

Schritt 1: Das Thema bestimmen

Zuerst gilt es, ein möglichst konkretes Thema bzw. einen bestimmten Begriff zu bestimmen. Schreibt dieses Thema/diesen Begriff in die Mitte eines Papiers.

Schritt 2: Hauptäste setzen

Zieht Linien/Hauptäste von dem Thema/Begriff in verschiedene Richtungen. Schreibt dann Oberbegriffe in Großbuchstaben am Ende der Hauptäste. Mit diesen Oberbegriffen strukturiert ihr das Thema/den Begriff grundlegend, überlegt hier also genau, welche Begriffe ihr für die Hauptäste wählt.

Schritt 3: Erweiterung und Abschluss

Ergänzt nun Nebenarme mit einer zweiten (und evtl. dritten) Gedankenebene.

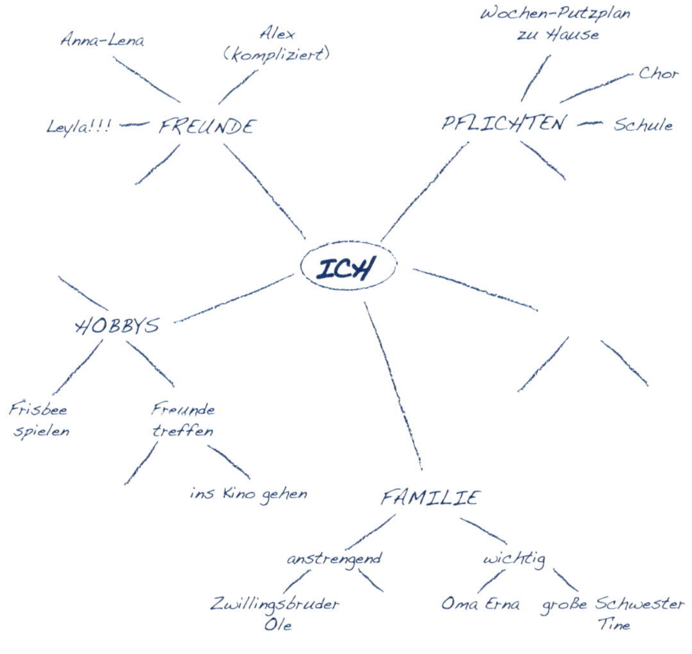

Bearbeiter

Einen Flyer gestalten

Worum geht es?

Auf einem Flyer werden Informationen kurz, präzise und anschaulich dargestellt. Hierzu müssen kurze Texte formuliert und das Papier ansprechend gestaltet werden.

Gehe dabei so vor:

Schritt 1: Computer oder von Hand?

Entscheide, ob du den Flyer mit der Hand (a) oder am Computer (b) gestaltest.
(a) Nimm ein Papier oder eine Pappe im DIN A4-Format. Wähle eine Farbe aus, die zu deinem Thema passt und auf der man die Schrift gut lesen kann.
Falte das Blatt entlang der langen Seite so, dass drei gleichgroße Spalten entstehen. Du kannst die Knickfalten auch mit einem Lineal ausmessen.
(b) In einem Computerprogramm zur Textverarbeitung kann man das Seitenlayout des Dokuments einstellen: Wähle das Querformat und drei Textspalten. So kannst du den DIN A4-Ausdruck im Anschluss einfach falten.

Schritt 2: Inhalte anordnen

Der Flyer hat eine Vorder- und eine Rückseite und vier Innenseiten.
Die Vorderseite muss ansprechend gestaltet sein und das Thema bzw. die Fragestellung zeigen. Auf der Rückseite kannst du einen Appell an die Leserinnen und Leser richten oder die Namen der Autorinnen und Autoren nennen. Wenn beide Außenseiten aufgeklappt sind, bleiben drei Innenspalten nebeneinander, die Platz für größere Zusammenhänge bieten können.

Schritt 3: Inhalte erstellen

Formuliere einen ansprechenden Titel. Erstelle eine grobe Gliederung der Inhalte und entscheide, was wo stehen soll. Formuliere anschließend die Inhalte vollständig.
Wichtig: Auf einem Flyer ist nicht viel Platz. Nutze (Zwischen)Überschriften, kurze Sätze und möglichst wenig Text.

Schritt 4: Flyer gestalten

Die Handschrift muss leserlich sein; die Schriftgröße am Computer sollte mindestens 12 pt groß sein. Die Überschriften sollten sich in Größe und Farbe von dem übrigen Text abheben. Ergänze passende Bilder oder Illustrationen.
Nenne unter Texten und Bildern die Quellen, die du genutzt hast.

Bearbeiter

Ein Placemat erstellen

Worum geht es?

Mithilfe der Placemat-Methode könnt ihr in Kleingruppen verschiedene Ideen zu einem Thema mit grafischer Unterstützung zusammenführen. Das Placemat-Verfahren hilft, eigene Arbeitsergebnisse mit Gruppenergebnissen zu vereinen.

Geht dabei so vor:

Schritt 1: Gruppen bilden und Placemat vorbereiten

- Bildet Vierergruppen und versammelt euch an einem Gruppentisch.
- Nehmt ein weißes Blatt Papier und zeichnet die nebenstehende Grafik nach.
- Legt die Grafik mitten auf den Gruppentisch.

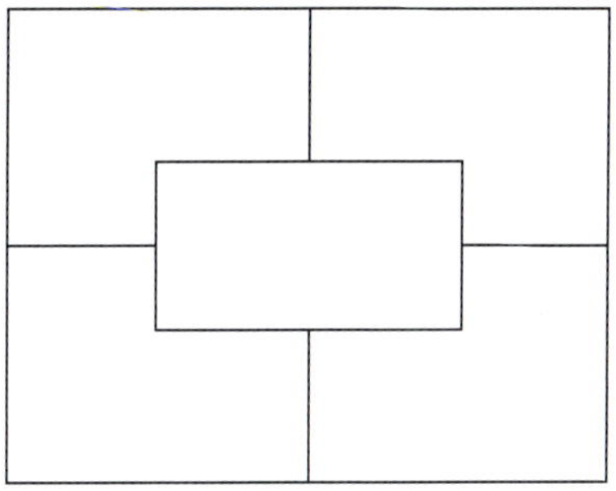

Schritt 2: Durchführung des Placemat-Verfahrens

- Jede Schülerin und jeder Schüler hat einen Außenbereich in der Grafik für sich. In diesen Bereich könnt ihr eure Ideen zu einem bestimmten Thema stichpunktartig eintragen.
- Wenn alle ihre Felder ausgefüllt haben, tauscht euch über eure Einträge aus. Dreht hierfür das Placemat einfach immer ein Stück weiter. So erfahrt ihr die Ideen der anderen.
- Ihr könnt die Ideen der anderen auch mit eigenen Ideen ergänzen.
- Wenn das Placemat wieder in der Ausgangsposition liegt, könnt ihr lesen, was eure Mitschülerinnen und Mitschüler in eure Felder hinzugefügt haben.
- Nun werden die Einträge in der Gruppe diskutiert. Einigt euch auf 3 Ideen/ Punkte, die im leeren Feld in der Mitte notiert werden.

Schritt 3: Vorstellung

- Stellt eure Ergebnisse in der Klasse vor.
- Vergleicht eure Ergebnisse mit den Ergebnissen der anderen Gruppen. Gibt es Gemeinsamkeiten oder Unterschiede?

Bearbeiter

Karikaturen analysieren

Worum geht es?

Eine Karikatur (ital. caricare = „übertreiben“, „verzerren“) ist eine Darstellungsform, bei der ein Zeichner gesellschaftliche, politische und wirtschaftliche Sachverhalte bewusst überspitzt darstellt. Dabei soll die betrachtende Person nicht nur unterhalten, sondern auch zum Nachdenken über die dargestellten Ereignisse, Entwicklungen, Zustände oder Personen angeregt werden. Um die Aussageabsicht einer Karikatur zu entschlüsseln, muss diese zunächst genau analysiert werden. Für eine vollständige Entschlüsselung von Karikaturen empfiehlt sich folgendes Vorgehen:

Gehe dabei so vor:

Schritt 1: Beschreibung

- Wie ist die Karikatur aufgebaut? (Bild-/Textelemente ...)?
- Wen oder was zeigt die Karikatur?
- Was wird thematisiert?
- Welche Darstellungsmittel werden gewählt?

Schritt 2: Deutung

- Welche Bedeutung haben verwendete Symbole?
- Was ist die Kernaussage?
- An wen richtet sich die Karikatur?
- Welchen Standpunkt nimmt die Karikaturistin oder der Karikaturist ein?

Schritt 3: Bewertung

- Worin stimmst du zu?
- Was siehst du anders und wie?
- Wird die Kernaussage der Karikatur deutlich? Begründe.

Bearbeiter

Richtig lesen: die 5-Phasen-Methode

Worum geht es?

In deinem Alltag musst du viele Texte lesen und verstehen. Doch hast du auch den Inhalt verstanden? Dazu gibt es Schritte, die dir dabei helfen.

Gehe dabei so vor:

Schritt 1: Orientiere dich im Text

Überfliege den Text und suche das Thema.

↓ ↓ ↓

Schritt 2: Suche Verstehen-Inseln

- Suche bekannte Begriffe und Formulierungen.
- Finde Gedanken, die du schon gut nachvollziehen kannst.

↓ ↓ ↓

Schritt 3: Erschließe dir den Text Abschnitt für Abschnitt

- Lies genau und beachte Wortangaben.
- Markiere oder notiere dir Wörter, die du erfragen oder nachschlagen musst.
- Versuche das, was du schon verstanden hast, mit den neuen Informationen zu verbinden.

↓ ↓ ↓

Schritt 4: Suche nach dem roten Faden

- Verbinde in Gedanken die Abschnitte miteinander – was ist der inhaltliche „rote Faden" des Textes?
- Erstelle z. B. eine Gliederung und fasse den Text für dich in kurzen Sätzen zusammen.

↓ ↓ ↓

Schritt 5: Überprüfe dein Textverständnis

- Suche den Sinn des Textes.
- Denke darüber nach, ob und wie du den Text verstanden hast.
- Schreibe den Text in einen anderen Text um (z. B. Lexikonartikel, ausgedachtes Interview).

Nach: 5-Phasen-Modell – Studienseminar Koblenz (Hrsg.): Sachtexte lesen im Fachunterricht der Sekundarstufe, Klett 2009

Eine Powerpoint-Präsentation erstellen und halten

Worum geht es?

Eine digitale Präsentation zu erstellen ist eine wichtige Kompetenz, die du immer wieder anwenden kannst: Egal, ob in der Schule für ein Referat oder später im Berufsleben. Doch wie erstellst du eine gute und übersichtliche Präsentation, die Themen und Inhalte professionell veranschaulicht?

Gehe dabei so vor:

Schritt 1: Vorbereitungen treffen

- Wähle und öffne ein Programm, mit dem du die Präsentation erstellen möchtest.
- Wähle ein passendes Layout für die Präsentation.
- Entscheide, ob das Thema ein schlichtes oder farbenfrohes Layout benötigt. Du kannst schlicht gestaltete Folien später noch mit Fotos aufwerten.

Schritt 2: Texte verfassen und in die Präsentation einfügen

- Schreibe dir die wichtigsten Aspekte aus deinen Informationstexten heraus.
- Gliedere den Inhalt in eine sinnvolle Reihenfolge.
- Füge die Texte in die Präsentation ein. Jetzt kannst du damit beginnen, die Folien mit Texten zu füllen. Unterscheide zwischen Überschriften und Textbausteinen.
  Tipp: Formuliere eine aussagekräftige und prägnante Überschrift, die das Thema treffend wiedergibt. Formuliere die Textbausteine kurz und übersichtlich. Vollständige Sätze sind für die Zuhörerinnen und Zuhörer schwierig zu erfassen.

Schritt 3: Präsentation gestalten

- Schrift ändern. Achte darauf, dass die Schriftart und die Schriftgröße gut lesbar sind. Verwende eine Schriftfarbe, die einen guten Kontrast zum Hintergrund bietet.
- grafische Elemente und Bilder einfügen
- weitere Folien einfügen

Schritt 4: Präsentation üben und halten

- Für eine gelungene Präsentation solltest du vorher deinen Vortrag üben. Erstelle dazu Notizzettel auf Karteikarten, oder nutze die Notiz-Funktion in der Software. Stelle dich zu Hause vor einen Spiegel und sprich den Text laut. Lerne einige Formulierungen auswendig, um frei sprechen zu können. Achte auf eine angemessene und aufrechte Körperhaltung. Behalte Augenkontakt mit deinen Zuhörerinnen und Zuhörern.
- Wähle eine Folienvariante und starte deine Präsentation.

Bearbeiter

Eine Positionslinie bilden

Worum geht es?

Mithilfe einer Positionslinie können Einstellungen körperlich zum Ausdruck gebracht werden. Dies kann in jedem größeren Raum geschehen, z. B. in eurem Klassenraum.

Geht dabei so vor:

Schritt 1: Vorbereitung

Auf einer gedachten oder durch einen Klebestreifen auf dem Boden markierten Linie positionieren sich die Schülerinnen und Schüler zu einer Frage oder zu einem Problem.
Die Enden dieser Linie stellen alternative Pole (ja/nein; stimmt/stimmt nicht), der Abstand zwischen diesen Punkten entsprechend abgestufte Positionen dar.

Schritt 2: Durchführung

Die Schülerinnen und Schüler werden dann aufgefordert, ihre Positionen zu begründen und sich auch argumentativ aufeinander zu beziehen.

Scholz, Lothar: Spielerisch Politik lernen. Methoden des Kompetenzerwerbs im Politik- und Sozialkundeunterricht, Frankfurt/M, 2003, S. 114

Register

Bildnachweis

AdobeStock / dlyastokiv – S. 28 (2); - / franzdell – S. 169; - / Imaginis – S. 150; - / Alexander Konradi – S. 37; - / Monticellllo – S. 226; - / victoria p. – S. 251; - / roostler – S. 251; - / Christian Schwier – S. 232; - / Yvonne Weiss – S. 180; Alamy Stock Photo / David Esser – S. 192; - / roberto hunger – S. 39; - / imageBROKER.com – S. 40; - / Carolyn Jenkins – S. 88 (2); - / Jon Arnold Images Ltd – S. 146; - / Torsten Krüger – S. 210; - / Joana Kruse – S. 175; - / MBI, Stockbroker – S. 196; - / PhotoSG – S. 108; - / rcphotostock – S. 204; - / studio v-zwoelf – S. 198; - / Jim West – S. 150; - / Zoonar GmbH – S. 37; Lisa Bauer, Lugau – S. 96; BMZ – S. 93; © Bundesanstalt für Landwirtschaft und Ernährung (BLE), CC BY-ND, Stand 2025 – S. 189, 202; - / Stand 2024 – S. 215; CartoonStock / Mark Heath – S. 227; - / Kelly Kincaid – S. 227; © CLARYS21 – S. 86; Dreamstime.com / Peter Lewis – S. 54; Fairtrade Deutschland e.V. – S. 93; Fair Wear Foundation – S. 93; fischertechnik GmbH – S. 142; Fotolia / Elisabeth Coelfen – S. 154; - / EvrenKalinbacak – S. 80; - / nata777_7 – S. 195; - / Rainbow Junkie – S. 195; - / M. Schuppich – S. 204; - / Smileus – S. 29; Getty Images Plus / hanbr – S. 169; - / iStock Editorial, gargantiopa – S. 119; - / iStock Editorial, NataliaCatalina – S. 256; - / iStock Editorial, Ozbalci – S. 88; - / iStock Editorial, Prykhodov – S. 240; - / iStockphoto, 3quarks – S. 133; - / iStockphoto, a_namenko – S. 208; - / iStockphoto, автор – S. 176; - / iStockphoto, aireowrt – S. 208; - / iStockphoto, AlexRaths – S. 212 (2); - / iStockphoto, ALLEKO – S. 168, 176; - / iStockphoto, Animaflora – S. 37; - / iStockphoto, AnnapolisStudios – S. 160; - / iStockphoto, aphotostory – S. 146; - / iStockphoto, artisteer – S. 32; - / iStockphoto, ASphotowed – S. 43; - / iStockphoto, Azure-Dragon – S. 60; - / iStockphoto, BaderElbert – S. 196; - / iStockphoto, Andre Banyai – S. 164 (2); - / iStockphoto, Klaus Bargheer – S. 236; - / iStockphoto, Bertl123 – S. 118; - / iStockphoto, bigacis – S. 184; - / iStockphoto, bluejayphoto – S. 133; - / iStockphoto, bon9 – S. 236; - / iStockphoto, Sonia Bonet – S. 222; - / iStockphoto, BrianAJackson – S. 156; - / iStockphoto, bsd555 – S. 190; - / iStockphoto, by Ch0Fu – S. 65; - / iStockphoto, c12 – S. 61; - / iStockphoto, Cameramannz – S. 195; - / iStockphoto, ChamilleWhite – S. 186; - / iStockphoto, Claudio Caridi – S. 12; - / iStockphoto, Charoenchai Tothaisong – S. 26; - / iStockphoto, Liudmila Chernetska – S. 192; - / iStockphoto, Choreograph – S. 112, 240; - / iStockphoto, Customdesigner – S. 16; - / iStockphoto, Daisy-Daisy – S. 156; - / iStockphoto, davit85 – S. 146, 151; - / iStockphoto, dayice – S. 77; - / iStockphoto, Demianastur – S. 240; - / iStockphoto, DenisKot – S. 156; - / iStockphoto, design56 – S. 173; - / iStockphoto, Designer_things – S. 109; - / iStockphoto, DGLimages – S. 258; - / iStockphoto, Dimedrol68 – S. 16; - / iStockphoto, DimoSobko – S. 225; - / iStockphoto, Birol Dincer – S. 184; - / iStockphoto, dirkr – S. 196; - / iStockphoto, doeh – S. 172; - / iStockphoto, donstock – S. 177; - / iStockphoto, Dragon Tiger – S. 191; - / iStockphoto, Dreamer Company – S. 16; - / iStockphoto, DronG – S. 168; - / iStockphoto, Easy_Asa – S. 172; - / iStockphoto, Eivaisla – S. 184, 192; - / iStockphoto, el_clicks – S. 156; - / iStockphoto, Elnur – S. 16; - / iStockphoto, elxeneize – S. 234; - / iStockphoto, enrouteksm – S. 60; - / iStockphoto, Enskanto – S. 61; - / iStockphoto, EugeneTomeev – S. 164; - / iStockphoto, evgenyatamanenko – S. 258; - / iStockphoto, evpv – S. 20; - / iStockphoto, Explora_2005 – S. 228; - / iStockphoto, Faiz Dila – S. 222; - / iStockphoto, Anna Fedorova – S. 118; - / iStockphoto, Feverpitched – S. 234; - / iStockphoto, fitzkes – S. 146; - / iStockphoto, fongfong2 – S. 204; - / iStockphoto, Björn Forenius – S. 16; - / iStockphoto, foto 76 – S. 204; - / iStockphoto, fotofermer – S. 37; - / iStockphoto, Fototocam – S. 22; - / iStockphoto, Foto-Video-Studio – S. 90; - / iStockphoto, FRANCOIS-EDMOND – S. 195; - / iStockphoto, fudfoto – S. 169; - / iStockphoto, gaelgogo – S. 146; - / iStockphoto, Gingagi – S. 184; - / iStockphoto, gkrphoto – S. 196; - / iStockphoto, gmaydos – S. 204; - / iStockphoto, golfcphoto – S. 225; - / iStockphoto, Sabrina Gordon – S. 88; - / iStockphoto, Grassetto –

S. 66; - / iStockphoto, grzymkiewicz – S. 169; - / iStockphoto, Yury Gubin – S. 67; - / iStockphoto, Suat Gürsözlü – S. 232; - / iStockphoto, HANA76 – S. 38; - / iStockphoto, hanohiki – S. 16, 88; - / iStockphoto, Angelika Heine – S. 209 (2); - / iStockphoto, heinteh – S. 65; - / iStockphoto, HellenJ – S. 32; - / iStockphoto, herreid – S. 204; - / iStockphoto, I_rinka – S. 82; - / iStockphoto, Ihor_Tailwind – S. 80; - / iStockphoto, industryview – S. 44; - / iStockphoto, irina88w – S. 241; - / iStockphoto, ivanmollov – S. 38; - / iStockphoto, JackF – S. 82; - / iStockphoto, jacoblund – S. 171; - / iStockphoto, Jevtic – S. 216; - / iStockphoto, jirkaejc – S. 222; - / iStockphoto, john-hallett – S. 35; - / iStockphoto, Jollier_ – S. 190; - / iStockphoto, JoseIgnacioSoto – S. 12; - / iStockphoto, kabVisio – S. 41; - / iStockphoto, karandaev – S. 160; - / iStockphoto, kenmind77 – S. 184; - / iStockphoto, KEVMA21 – S. 160; - / iStockphoto, koya79 – S. 30; - / iStockphoto, Alexey Koza – S. 218; - / iStockphoto, KrimKate – S. 39; - / iStockphoto, Stephan Kuhn – S. 43; - / iStockphoto, Olga Kurbatova – S. 120, 154; - / iStockphoto, kvsan – S. 41; - / iStockphoto, Octavian Lazar – S. 32; - / iStockphoto, Lazy_Bear – S. 158; - / iStockphoto, LeManna – S. 118; - / iStockphoto, LightFieldStudios – S. 86; - / iStockphoto, LindasPhotography – S. 221; - / iStockphoto, Lyubov Demus – S. 12; - / iStockphoto, Magone – S. 188; - / iStockphoto, Majopez – S. 60; - / iStockphoto, margouillatphotos – S. 169; - / iStockphoto, MarianVejcik – S. 67; - / iStockphoto, marilyna – S. 170; - / iStockphoto, Max2611 – S. 209 (3); - / iStockphoto, MAXSHOT – S. 65; - / iStockphoto, Melnikof – S. 107; - / iStockphoto, Luca Melo – S. 163; - / iStockphoto, miriam-doerr – S. 31; - / iStockphoto, Dmytrii Nadutyi – S. 80; - / iStockphoto, nambitomo – S. 201; - / iStockphoto, Nanisimova – S. 80; - / iStockphoto, nataistock – S. 106; - / iStockphoto, naumoid – S. 190; - / iStockphoto, nemoris – S. 54; - / iStockphoto, Ilia Nesolenyi – S. 208; - / iStockphoto, Nguyen Dinh Minh Quan – S. 122; - / iStockphoto, Nickolya – S. 122; - / iStockphoto, NikWaller – S. 225; - / iStockphoto, nitrub – S. 157; - / iStockphoto, Olga_Anourina – S. 108; - / iStockphoto, olgakr – S. 208; - / iStockphoto, olvas – S. 188; - / iStockphoto, Paket – S. 38; - / iStockphoto, Paralaxis – S. 40; - / iStockphoto, Evgeniya Pavlova – S. 41; - / iStockphoto, Damian Pawlos – S. 26; - / iStockphoto, pechevoy – S. 168; - / iStockphoto, peekeedee – S. 65; - / iStockphoto, photoschmidt – S. 234; - / iStockphoto, PicturePartners – S. 208; - / iStockphoto, PictureSyndicate – S. 56; - / iStockphoto, piotr_malczyk – S. 186; - / iStockphoto, piovesempre – S. 169; - / iStockphoto, poco_bw – S. 236; - / iStockphoto, popovaphoto – S. 31, 160 (4), 164, 172 (2); - / iStockphoto, Hesti Pranowo – S. 26; - / iStockphoto, ProCreators – S. 241; - / iStockphoto, Prostock-Studio – S. 157; - / iStockphoto, Anna Pustynnikova – S. 204; - / iStockphoto, Quanthem – S. 158; - / iStockphoto, ramzihachicho – S. 172; - / iStockphoto, Rhys Leonard – S. 94; - / iStockphoto, Rimglow – S. 195; - / iStockphoto, Rimma_Bondarenko – S. 38, 188; - / iStockphoto, robynmac – S. 154; - / iStockphoto, romrodinka – S. 112; - / iStockphoto, Alison Rose – S. 158; - / iStockphoto, Nikita Rublev – S. 67; - / iStockphoto, Minakryn Ruslan – S. 39; - / iStockphoto, RuudMorijn – S. 213; - / iStockphoto, Sacura14 – S. 218; - / iStockphoto, sagarmanis – S. 122; - / iStockphoto, sanapadh – S. 169; - / iStockphoto, mirsad sarajlic – S. 66; - / iStockphoto, SB Media Arts – S. 183; - / iStockphoto, scanrail – S. 192; - / iStockphoto, Scharfsinn86 – S. 144; - / iStockphoto, Schlegelfotos – S. 243; - / iStockphoto, Tarcislo Schnaider – S. 20; - / iStockphoto, Bernd Schwabedissen – S. 212; - / iStockphoto, Alexander Shapovalov – S. 54, 56, 80; - / iStockphoto, Vera Shestak – S. 213; - / iStockphoto, shironosov – S. 228; - / iStockphoto, Polina Shurygina – S. 158; - / iStockphoto, Sielan – S. 158; - / iStockphoto, simpson33 – S. 122; - / iStockphoto, Siyin Zhou – S. 211; - / iStockphoto, sl-f – S. 258; - / iStockphoto, Sophie Sparks – S. 222; - / iStockphoto, Armin Staudt – S. 258; - / iStockphoto, Pavlo Stavnichuk – S. 36; - / iStockphoto, stickytoffeepudding – S. 160; - / iStockphoto, Suradech14 – S. 119; - / iStockphoto, Andrey Suslov – S. 67, 68 (2); - / iStockphoto, Tarzhanova – S. 54,

56, 66; - / iStockphoto, Jennifer J Taylor – S. 61; - / iStockphoto, tfoxfoto – S. 31; - / iStockphoto, TG23 – S. 240; - / iStockphoto, ThamKC – S. 66; - / iStockphoto, Thammasak_Chuenchom – S. 160; - / iStockphoto, ARISA THEPBANCHORNCHAI – S. 186; - / iStockphoto,The_Pixel–S. 195;- / iStockphoto,THEERASAK–S. 164;- / iStockphoto,tiler84–S. 190; - / iStockphoto, Tohid Hashemkhani – S. 12; - / iStockphoto, Marcelo Trad – S. 204; - / iStockphoto, tumsasedgars – S. 12; - / iStockphoto, tylim – S. 186,188; - / iStockphoto, U.J. Alexander – S. 118; - / iStockphoto, urfinguss – S. 41; - / iStockphoto, valio84sl – S. 214; - / iStockphoto, venemama – S. 133; - / iStockphoto, vikif – S. 184; - / iStockphoto, vinicef – S. 38; - / iStockphoto, visdia – S. 133; - / iStockphoto, Vital Hil – S. 213; - / iStockphoto, Vitalina – S. 179; - / iStockphoto, wabeno – S. 56 80; - / iStockphoto, WRS Photos – S. 158; - / iStockphoto, Nataliia Yankovets – S. 228; - / iStockphoto, Yarygin – S. 225; - / iStockphoto, YelenaYemchuk – S. 201; - / iStockphoto, yokeetod – S. 22; - / iStockphoto, Yomka – S. 36; - / iStockphoto, YuanruLi – S. 204; - / iStockphoto, Yuri – S. 204; - / iStockphoto, yuriz – S. 171; - / iStockphoto, Vladimir Zapletin – S. 218; - / iStockphoto, zeleno – S. 157; - / iStockphoto, OLGA Zhukovskaya – S. 12; - / iStockphoto, z1b – S. 20; - / Stockbyte, George Doyle – S. 154; - / Zoonar RF – S. 168; © Herrenknecht AG – S. 55; Carsten Hinz, Luckenwalde – S. 162, 163, 164 (2), 165 (6), 186; https://makermauz.de/naehmaschine/ - S. 94; imago images / CTK Photo – S. 31; - / Daniel Kubirski – S. 31; - / Shotshop – S. 210; - / Joa Souza – S. 236; - / Ulrich Wagner – S. 210; iStockphoto / almaphoto – S. 118; - / alvarez – S. 43; - / Arpad Benedek – S. 234; - / Bekir inanli – S. 20; - / boschettophotography – S. 22; - / CostinT – S. 119; - / Csondy – S. 241; - / deepblue-4you – S. 22; - / FatCamera – Cover; - / fotografix – S. 44; - / fotografixx – S. 217; - / GM-Vozd – S. 118; - / hadynyah – S. 90; - / ilbusca – S. 251; - / JohnnyGreig – S. 207; - / Vladimir Mladenovic – S. 112; - / Pekic – S. 258; - / PeopleImages – S. 112; - / SolStock – S. 112; - / svetikd – S. 241; - / tupungato – S. 112; - / wayra – S. 258; Pauline Kortekaas, Bamberg – S. 96, 97, 111 (6); Mauritius Images / Alamy Stock Photo, Rupert Weidemann – S. 232; - / Manfred Habel – S. 232; Naturland - Verband für ökologischen Landbau e.V. – S. 28; OEKO-TEX® Service GmbH – S. 93; Isabelle Penning / Julia Alisch – S. 52 (5), 53 (3), 54 (2), 57 (4), 58 (6), 59 (3); picture-alliance / ASSOCIATED PRESS, © Maxar Technologies – S. 71; - / dpa, Matthias Balk – S. 220; - / dpa, Christophe Gateau – S. 131; - / dpa, Daniel Karmann – S. 22 (6); - / dpa, Guido Meisenheimer – S. 92; - / dpa, Sina Schuldt – S. 70; - / dpa, Silas Stein – S. 218; - / dpa, Roland Weihrauch – S. 33; - / dpa-infografik GmbH – S. 71; - / dpa-Zentralbild, Peter Endig – S. 210 (2); - / ZB, Soeren Stache – S. 210; Pixabay / ariesa66 – S. 54; - / geralt – S. 139; Peter Poprawa, Potsdam – S. 95, 100, 101 (4), 102 (4), 103 (3), 104 (4), 105 (6), 110; Refill Deutschland / https://refill-deutschland.de – S. 190; Shutterstock / Cherdchai Charasri – S. 119; - / Anatoly Vartanov – S. 110; Siemens Stiftung / https://medienportal.siemens-stiftung.org – S. 19; Nikita Solodilow, Groß Kreutz – S. 50 (2), 51, 56 (2), 62 (2), 63 (3), 64 (4), 81; Klaus Stuttmann, Berlin – S. 126; © Südtiroler Archäologiemuseum / Harald Wisthaler – S. 34; Too Good To Go – S. 155; toonpool.com / Cloud Science – S. 140, 145; Verbraucherzentrale Hamburg – S. 198; www.energiewinde.orsted.de – S. 133; www.wikimedia.org / Cdang – S. 55; Zentrum für Schulqualität und Lehrerbildung (ZSL) – S. 243.

Mediencodes
fischertechnik GmbH – S. 141 (82311-088);
© Bundesanstalt für Landwirtschaft und Ernährung (BLE), CC BY-ND, Stand 2025 – S. 202 (82311-189).